上田風子
UEDA Fuco

★（表紙）
上田風子《学校 連作「廊下掃除」》2000年、300×300mm
（p.1から順に）
上田風子《学校 連作「水道」》2000年、297×210mm
上田風子《学校 連作「彼岸花」》2000年、300×300mm
上田風子《学校 連作「放課後の教室」》2000年、297×210mm
上田風子《学校 連作「下駄箱」》2000年、300×300mm
上田風子《学校 連作「かくれんぼ」》2000年、297×210mm
いずれも、紙／アクリル絵の具

谷神健二 TANIGAMI Kenji

ノスタルジーの領域を侵食する黒色の狂気の影

郷愁という甘くもほろ苦い果汁の染み出るような、あまりにも懐かしすぎる光景の数々。机の並ぶ木造校舎の教室、板張りの床が広がる少し薄暗い体育館、太陽の光を地面に満たす広々とした校庭……。

各々の場所には、遊び戯れ、学校行事に没頭し、ときに、何をしているのやら、奇妙なしぐさやポーズに固まった子供たちが、幾人も描き込まれている。少女の魅惑と郷愁のエロスの様々な断面を幻想の鏡に反映させる画家・谷神健二の学校をテーマにした作品群、たとえば《夏の日の自画像》《身体検査》《体育館》《保健体育2》などには、

それらの絵を細部から細部へとゆっくりと眺めていくと、前方に位置する子供たちはもちろんのこと、遠くにうっすらとその姿の確認できる子供たちも含め、その一人一人に画家の描く欲望が定着されているとにかくたくさんの子供たちが登場するのである。

★ (p.6上) 谷神健二《送別会》2002年
 (p.6下) 谷神健二《保健体育2》1999年
 (p.7上) 谷神健二《心躰検査》2005年
 (p.8上) 谷神健二
 《ミィちゃんの学校の夏休み前の身体検査》
 1994年
 (p.8下右) 谷神健二《体育館》1993年
 (p.8下左) 谷神健二《夏の日の自画像》1994年
● 谷神健二
 http://members.jcom.home.ne.jp/kenjione/

人形に近いぎこちない動きを強要されているように思えてくる。その人物像のそれぞれに、そのしぐさやらポーズやら表情に、あるいは本人にすら正体不明で謎めいているのかもしれない、無心のうちに筆を動かさざるをえないような強い衝動が染み込んでいる、そんな感想がふと頭をよぎるのである。そして、画家が刻み込んだ謎めいたエキスを、子供たちの行動に歪みのエキスを注入しているのだ。画家の妄想の産物なのか、それともあらゆる人間、むしろ羞恥のかけらも抱くことなく健康的な裸人かの子供たちは、人間というより、むしろ

体を誇示するかのようだ。太陽の光が彼女の体をくまなく照らし出し、輝かせている。

だが、一歩ひいて全体として眺めてみると、なにやら奇妙なずれ、日常のリズムの狂いに視線がつまずくような違和感を誰もが覚えるのではなかろうか。楽しい学校生活にひそむエロスの狂気とでもいうべき何かが、見る者の視線を撹乱する。からっとした明るさに貫かれてはいるが、その明るさのなかに、視覚ではとらえ切れない純度の高い黒色、ブラックホールのごとき闇が溶けりと侵食していくのである。(相馬俊樹)

《夏の日の自画像》と題した作品を見ると、ある女学生はピーターパンのように楽しそうに舞い、またある女学生は笑顔を浮かべて踊っている。無邪気な女の子たちは、御伽噺の世界に、心躍る夢の世界に連れていかれる。また、素裸になった女学生は、開放的なヌーディスト・ビーチにおけるがごとく、自らの裸体に

させる。彼らの動きのぎこちなさは、彼らが性衝動の迷宮に迷い込み、狂いの生じた欲望に翻弄されているように見える。この作品を見ていると、ノスタルジーがエロティックな混乱に揺さぶられるような印象を受ける。

谷神健二の夢想する学校のイメージにおいては、つねに、あたかも皆既日食のごとく、視神経を射るほどの眩しきノスタルジーの領域を深い黒色の狂気の影がゆっくりと侵食していくのである。

込んでいるような冷ややかさに、一瞬たじろいでしまう。

一方、女子の身体検査の一部始終を白日の下にさらした《身体検査》においては、少年時代の無邪気な覗き見願望(スコプトフィリア)が妄想的な拡張・展開を遂げて、体育館はエロスに危険な狂気の香りが混淆する。

さらに《体育館》と題した作品ではみだらな夢想の解放は加速度を増し、子供たちの姿に歪みを生じ

甲秀樹
KOH Hideki

★（上）甲秀樹《ときめきの空間》455×379mm
　（左頁上）甲秀樹《背徳の戯れ》530×455mm
　（左頁下左）甲秀樹《聖歌隊の少年》227×166mm
　（左頁下中）甲秀樹《a letter（一通の手紙）》409×318mm
　（左頁下右）甲秀樹《鼓笛隊の少年》227×166mm
※いずれも、2009年6月26日（金）〜7月6日（月）に渋谷のポスターハリスギャラリーでおこなわれた甲秀樹・浅野勝美「L'internat 寄宿舎―美しさと哀しみの庭―」展の出品作。

●記事☛p.142

★(p.12上) 渡邊ゆりえ《放課後》2008年、364×515mm
　(p.12下) 渡邊ゆりえ《少女B（ひみつ）》2009年、364×515mm
　(p.13) 渡邊ゆりえ《水疱眼》2010年、257×182mm
　(p.14上) 渡邊ゆりえ《左利きと甘覚鳥》2009年、364×515mm
　(p.14下) 渡邊ゆりえ《誘惑》2009年、364×515mm
　(p.15) 渡邊ゆりえ《遭難日和》2008年、515×364mm
●記事 ● p.144

石橋秀美 ISHIBASHI Hidemi

★（右頁）石橋秀美《天道虫。》2009年、273×220mm
　（左頁）石橋秀美《なわとび。》2010年、273×220mm　●記事☞p.145

お嬢様学校少女部
似た服装で過ごす
同じ時間

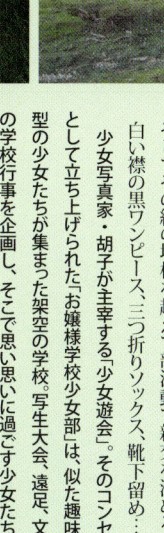

"黒髪の少女のみ入学を許されるお嬢様学校少女部。不思議なことに、髪型によってクラスを分けられている。「おかっぱ組」「つぃんて組」「みつあみ組」そしてその組の垣根を越えて部活動で親交を深める。

白い襟の黒ワンピース、三つ折りソックス、靴下留め……"

少女写真家・胡子が主宰する"少女遊会"。そのコンセプト企画として立ち上げられた「お嬢様学校少女部」は、似た趣味、嗜好、髪型の少女たちが集まった架空の学校。写生大会、遠足、文化祭などの学校行事を企画し、そこで思い思いに過ごす少女たちの何気ない風景を、過ぎゆく四季とともに写真におさめ、最終的には1冊の卒業アルバムにまとめるのだという。

その学校に"入学"するためには、髪の色や髪型、服装などに、結構厳格な制約がある。だが、当然そうした制約があるからこそ"学校"なのであり、それを満たして集うことによって生まれる連帯感の演出が、この企画の目的のひとつなのだろう。それはいわば、"同じ"であることを楽しむこと。出会ったばかりの者どうしでも、まるで長い時を一緒に過ごしてきたかのような感覚に陥るだろうし、胡子の写真は、そこに生まれる物語性を丁寧に掬い取ろうとしているように見える。

卒業アルバム完成予定は来年4月。時間をかけて季節感も一緒に写し取ろうとしているところもユニークな企画だ。(S)

★少女遊会 http://selfer.net/shoujo_yukai/ これまで写生大会などをおこない、2010年11月6日・7日のデザインフェスタでは、文化祭と称して少女たちが制作した絵画や写真などを展示する。参加方法等は上記サイトを参照のこと／掲載写真はいずれも、撮影:胡子 ●p.31に胡子の個展情報あり

辛しみと優しみ 〈1〉

人形・文＝与偶

おなじ向こうにむかうけど
いつも一緒をみるんだけど
繋がない手、離れてく
そんなふうないつもいっしょ

そんな孤独は辛くないね

同じ視線だってことを知っているから
同じ向こうをみてるはずだものね

そばにいなくてそれでいい
視界に入るより遥かに近いもの

だれかが、なにかが
かけらをすこし残してくれれば
一瞬の思い出だけであたたかい

心からのやさしい微笑みや
真剣なまなざしをのこしてくれさえすれば
ブッ倒れながらも、まいにちをたたかえる

photo: SATSUKI Kyo

今現在を、全てに絶望していても
過去の力で今を乗り越える
強靭な盾と化した、彼方の思い出とで前へ進もう

眼には眼を、のヤイバはなんかいらないから
そんな武装しないでくれ
あなたのことを知らない
まだ巡り逢えてないどこかのだれかが
あなたの本来の姿を知ることが出来たとき
かならず全身全霊であなたを想ってくれるのよ
ほんとにね

だから独りは大丈夫
後ろ向きでいいじゃない？
後ろ向きに後退りすれば前に進むんだよ
カタワで何が悪い？
後ろ向きで前に進もう
…疲れるけどね

★(上左)「ラ・アルヘンチーナ頌」1977年
(上中)「蟲びらき」1988年
(上右)「わたしのお母さん」1981年
(中央)「御殿、空を飛ぶ」1993年
(下左)アトリエ公演、2001年
(下右)ガラ公演「百花繚乱」
　　〜百歳の大野一雄に捧げるオマージュ
　　2006年
(頁下下)「花鳥風月」1991年
(左頁)「花」2001年

いずれも、撮影:池上直哉

大野一雄が、二〇一〇年六月一日、亡くなった。土方巽とともに「舞踏」を創り出し、それを世界に広めた大野一雄。「大野一雄の舞台を初めて見て、なぜか涙がこぼれた」という人に、どれほど多く出会ったことか。いや、涙を流している人を何度目撃したことか。それは九十歳を超え、百歳を超えたとか、動けなくなった体で踊り続けているといったことによる感動ではない。元気だった三十三年前、七七年の『ラ・アルヘンチーナ頌』からずっとそうなのだ。(→193頁に続く)

★上の写真2点は、大野一雄お別れ会にて、最後の姿と愛用していた椅子
(撮影:志賀信夫)

舞姫の死
追悼・大野一雄

●文=志賀信夫

大野一雄が最後まで踊り続けた記憶を搾り出したような映像

大野一雄さんが103歳と7ヶ月の天寿を全うされ、人々の記憶が薄れないうちに、こうしてDVDが世に出たことを喜ぶべきなのだろう。これは、舞踏家のDVDだけれど、踊りの作品を観るためのDVDではない。もちろん、貴重な踊りの映像も収録されているのだけれど、ここに収録されているのは踊ることを生きた男へのたくさんの人の想いだ。いつも文章を書きながら、人に伝えたいと思っていても、伝えられなかったもの。そのすべてがあるとはいえないけれど、言葉で言えなかった想いが、ここにはある。

たとえば、文学や絵画は、その批評を読むときに現物にあたることができる。けれど、音楽や身体表現は、一期一会。だから、一夜限りの公演でその客席にいた人間しか共有できなかった作品を批評することは、映像の中には本当はない。私の記憶の中の大野一雄さんはいつまでも立っているか、笑って踊っている。けれど、その記憶を人に見せることはできない。

「大野一雄 花／天空散華 いけばな作家中川幸夫の挑戦」は、先行して発売された「美と力や、欧米の大野ファンを魅了したダニエル・シュミットの「Kazuo Ohno」と比べると、踊る作品というよりも大野さんが最後まで踊り続けた記憶を搾り出したような映像だ。2010年1月、大野一雄さんは103歳、中川幸夫さんは91歳。この、時を超越した2人の作品を保存した人間の覗きこんだカメラを通じた年以降の「二期一会」の記録。これが最後、最後と渾身の思いで作り続けた踊りの場自体も批評行為に通じるものがあるのだけれど、その片鱗が、文章で残された「すばらしかった舞台」の香りを伝えてくれるものもある。もちろん、映像は映像、写真もそれは一瞬を切り取った作品なので、伝わらない匂いや気配は多く、大野さんの場合なら、舞台の上に現れた花そのものの大野さんは、映像の中には本当はない。私の記憶の中の大野一雄さんはいつまでも立っているか、笑って踊っている。けれど、その記憶を人に感謝したいと思った。(いわためぐみ)

★「大野一雄 花／天空散華 いけばな作家中川幸夫の挑戦」大野一雄と中川幸夫の出会いの頂点をなす、妻有アートトリエンナーレでの「天空散華」を捉えたNHKドキュメンタリー、大野一雄の2001年ソロ公演「花」を中心に近年の活動を収録した2枚組DVD。9,800円（税抜）

★写真：木山晃子、白谷達也

26

TH RECOMMENDATION

闇を照らす
艶やかな光

★美島菊名「THE BEAUTIFUL WORLD」
2010年9月3日(金)〜25日(土)
日・月休/13:00〜19:00
場所／東京・八丁堀アート・アイガ
tel.050-3130-1316
http://www.artaiga.com／

「苦しみの森の中にこそ本当の美しさがあると信じたい。光の中では光は見えないのだから。暗闇の中でこそ、力強く肯定する」——美島菊名は、その暗闇の中でこそ、「美しい世界」があると言う。主に少女をモデルに、少々奇矯ともとれる奔放な発想で作り込んだ写真を発表し、2009年のGEISAIでは銀賞を受賞した美島。やはりその視線は少女が内面で抱えている闇の部分に向いているようだ。だが、その闇をもって華美な表現をもって照射しようとするところが美島ならではの特色か。その作品には艶やかな光が満ちている。(S)

27 ★(上)「HER EYES WERE WATCHING GOD 1」(下左)「STRANGE FRUIT」(下右)「Cinderella ayumi」

闇に華開く多様な耽美世界に陶酔!
黒き血の宴〜幻想耽美展〜

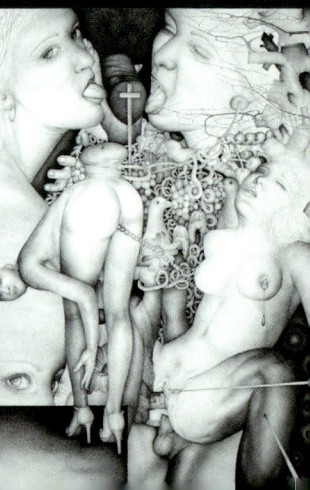

TH RECOMMENDATION

若手からベテランまで、技法もさまざまだが、それぞれ独特の世界を構築している作家たちが集結した果敢な作品展。少々危険な香りも漂う濃密な作家ばかりで、これほどのラインナップが揃うのはなかなか稀なことなのではないか。多様な耽美世界に酔い痴れたい！

★「黒き血の宴～幻想耽美展～」
2010年7月23日(金)～8月3日(火)
13:00～20:30(最終日～18:00)
水曜休
場所／アートスペース亜蛮人
大阪市浪速区日本橋4-17-15
http://www.aband.jp/

★図版は右頁右から左、中段右から左、下段右から左の順番で、横田沙夜、アイノ、町野好昭、城景都、古川沙織、坂上アキ子右頁も同様の順番で、Toru Nogawa、Nos、木村友美、鳥居椿、みそら、木村紗由香、江村あるめ

オブジェ作家と仮面作家のコラボ

オブジェ作家、アートディレクターなど様々な肩書きをもつ菊地拓史と、舞台衣裳や仮面製作者として数多くの作品を発表してきた柴田景子による2人展。1998年よりおよそ5年の歳月を費やして作り上げた「コスチュームタロット」など、2人のコラボレーション活動は多岐に渡っている。今回は、菊地による空間演出と音楽、柴田の新旧作品で、深い情感に満ちた神話的世界を構築し、観る者の心を妖しく変身させる。

★菊地拓史＋柴田景子「Mythos Erotica」
2010年10月8日(金)〜10月25日(月) 水曜休
月〜金13:00〜20:00、土日祝12:00〜19:00
入場料：500円
場所／東京・浅草橋 パラボリカ・ビス
Tel.03-5835-1180
http://www.yaso-peyotl.com

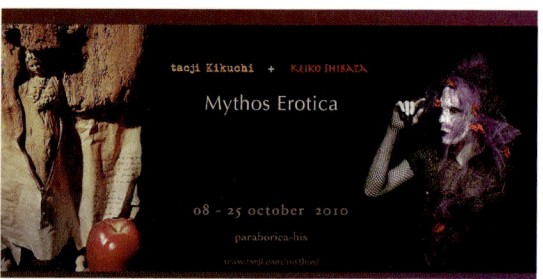

※10月9日(土)にはオープニングパーティ、10月16日(土)・23日(土)には、マメ山田(マジックショウ)、寺嶋真里(映画上映)、清水真理(人形)らによるスペシャルイベントあり。また、柴田景子による仮面製作講座、仮面ウォーキング、タロット占いも開催予定。詳細は特設サイトへ　www.tacji.com/mythos/

風水と量子論が練り込められた少女人形

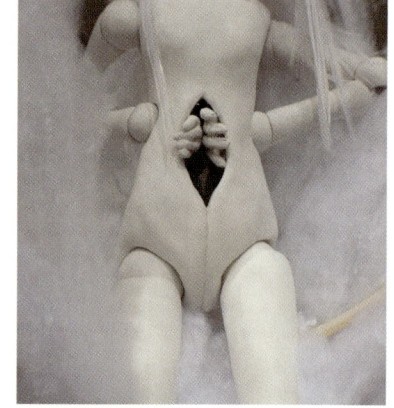

★写真：胡子(3点とも)

美少女という名での活動で知られる木村大地が、昔人形青山の新進作家向け展示スペース「アートボックス」で新作球体関節人形を展示。時にスラリと伸びすぎる手足など、アンバランスさが独特の存在感を形成する。いわく、「石塑を素材に風水と量子論を練り込み、空虚と密度を渡る秘法」が彼の人形にはあるのだそうだ。同時展示：糸洲学、大塩ユミ。

★美少女(=木村大地)人形展示「秘鍵の双眸」
2010年7月2日(金)〜9月29日(水) 木曜休
13:00〜19:00
場所／京都 昔人形青山/K1ドヲル
Tel.075 415-1477
http://www2.odn.ne.jp/k1-aoyama/

●美少女(=木村大地) http://fengshui.blog65.fc2.com/

<div style="background:#c00;color:#fff;display:inline-block;padding:2px 8px;">**TH RECOMMENDATION**</div>

少女の陰翳の中にあるなまめかしさ

「少女とは、群れず、媚びず、けして笑わない存在だ」として、「〝かつての少女たち〟をテーマに、羨望と焦燥、陰翳の中にあるなまめかしさ」を写し出そうとする少女寫眞家・胡子。ヴィヴィッドな色彩感覚がインパクトあるが、同時にそこには少女らしい繊細さも写し出されている。撮りためた写真作品のほか、映像上映もある作品展が開かれる。

●胡子 http://selfer.net/

★胡子作品展「Cocopedia」
2010年7月24日(土)〜8月28日(土) 火曜休15:00〜23:00
場所/東京・高円寺 前衛派珈琲処マッチングモール Tel.03-5378-1517
※要ドリンクオーダー ※初日と最終日に8mm映像作品「少女三部作」の上映あり(要予約)

仏像のようで仏像でない奇妙な立体作品

涌井晃展

仏像のようで仏像でない。フィギュアのようでフィギュアでない。球体関節人形でもなく、彫刻と呼ぶのも座りが悪いが、いずれの愛好者も惹き付けてしまう。そんなカテゴリーの隙間を突いた、奇妙な立体作品が、涌井晃の作品である。よく見ると顔や体のあちこちには、ビスでとめた痕や継ぎ目があり、人造人間のようである。作品の背景には物語があって、路傍に捨てられ、風雨にさらされた機械の廃物たちが意識を持ち、人間に混じってひっそりと暮らしている、という設定。まさに「Pretenders」、偽るものたちなのである。

この「Pretenders」のシリーズのほかに、会場には「Peel & Core」というシリーズもあった。まるでケーキかパフェのような人体が描かれるが、本当に生クリームを絞り出すのと同じ要領で、クリーム状の粘土を絞り出して作られている。作品を作るときに出た、粘土の削りカスを再生しようと、クリーム状に溶かして作ったという。よくよく「捨てられるもの」に関心があるらしい。ちなみに「Peel & Core」というのは、英語で果物などの皮を剥き、芯を抜くことを指す。おそらく作品を作る際に、果物の皮を剥くように作るのだろう。このシリーズにはそれぞれ果物の名前がついているので、それにかけた洒落でもある。

作者の涌井晃は一九七六年、長野県生まれ、京都精華大のデザイン学科卒。イラストレーターとしての活動歴も長く、ユニバーサルスタジオジャパンのキャラクターデザインや、サマソニのライブペインティングも手掛けてきたという。米ナイキ社のCEO、マーク・パーカーや、中国Fubon Art 財団も、彼の作品のコレクター。本展での売れ行きは上々で、会期は一週間延長された。十一月には東京コンテンポラリーアートフェアへの参加も予定している。興味を持たれた方は是非ご覧あれ。（樋口ヒロユキ）

★涌井晃《微笑むH氏》2010年

★涌井晃《昨日を送信するL氏》2010年

★涌井晃《天使あるいは悪魔-mango-》2010年

★涌井晃「Pretenders〜偽るものたち〜展」は、2010年5月21日（金）〜29日（土）に大阪・淀屋橋の乙画廊にておこなわれた。

TH RECOMMENDATION

古風であるがレトロではない林アサコの世界

★林アサコ個展「りぼんむすめ」
2010年9月11日(土)～18日(土)
11:00～19:00（最終日～18:00)
場所／東京・代々木 ギャラリー代々木
Tel.03-3408-6630 渋谷区千駄ヶ谷4-30-1
●林アサコ https://www.creatorsbank.com/users/systerboy/

なんとも突拍子もない発想の絵を発表し続けている、本誌でもおなじみの林アサコ。版画中心に活動してきたが、今度は墨によるモノクロ作品と、カラー作品で個展を開催する。過剰で混沌としたその世界は、古風でありながらレトロに陥るのを拒絶し、その結果薄っぺらい印象も受けるのだが、それが彼女の持ち味であることは間違いなかろう。

★高嶋ちぐさ写真展 魅惑のバレリーナ「ウリヤーナ・ロパートキナ」
2010年8月16日(月)～21日(土)日曜休 10:00～19:00（最終日～17:00)
場所／東京・銀座 ギャラリー・アートグラフ Tel.03-3563-0372
http://www.shashinkosha.co.jp/gallery.htm
●写真展HP http://chigusa.at.webry.info/201006/article_1.html

バレエの美の真髄を写す

「白鳥の湖」を踊らせたら世界一と言われるプリマバレリーナ、ウリヤーナ・ロパートキナと出会ってから十四年。彼女の動きに込められたバレエに対する深い愛と尊敬に心を打たれたという、バレエダンサー出身の写真家・高嶋ちぐさは、特別な思いでその美をカメラにおさめてきた。その集大成となる写真展。無二の美しさを堪能したい。

伝説のカルト監督 石井輝男のドキュメンタリー

「恐怖奇形人間」「徳川女刑罰史」「網走番外地シリーズ」「盲獣VS一寸法師」「ねじ式」など、知る人ぞ知るカルト的名作で知られる鬼才、石井輝男。その知られざる創造の秘密に迫る初のドキュメンタリーが公開される。「無頼平野」の撮影風景や石井輝男ゆかりの人々のインタビュー、さらに石井輝男自身が撮影した1987年の「土方巽野辺おくり祭 むしびらき」の記録映像などで構成され、その伝説の現場を体感できる貴重な機会だ!

★「石井輝男映画魂」http://ishii-teruo-eigatamashii.blogspot.com/
監督/ダーティ工藤
2010年8月7日(土)渋谷・ユーロスペースでレイトショー!
以下、全国順次公開

※シネマヴェーラ渋谷では、7月31日(土)〜 石井輝男復活祭と称して代表作など30作品を一挙上映!

種村季弘七回忌に合わせた記念展&出版

特異な独文学者、魔術や錬金術や悪魔崇拝や薔薇十字団などヨーロッパの影の文化の研究者、マイナー幻想小説の優れた翻訳家、マニエリスムと魔術的リアリズムの美術史研究者、そして場末の温泉をはじめ、日常の徘徊から材を拾った軽妙なエッセイの書き手……多様な仮面を使い分ける種村季弘の仕事はあまりにも広大で、いまだにその全貌を把握するのは難しい。

二〇〇四年に逝去した彼の七回忌にあわせて、その仕事を回顧する展などのエッセー群に書かれた洞察奥深い日常的思索の仕事を、貴重な生原稿、写真、書簡、私家本などを展示して追う。同時に、赤瀬川原平、秋山祐徳太子、井上洋介、片山健、平賀敬、四谷シモンなど関係の深い作家によるオマージュ作品に加え、種村の論じた外国作家(ゾンネンシュターン、ベルメール)へのオマージュ作品も出品される。

なお、この展示に合わせてアトリエサードから種村に関するムック本も刊行される予定で、この機に種村季弘という巨大な迷宮に迷い込んで、ひと夏を心地よい迷子体験に捧げるというのもまた、この上ない贅沢といえよう。(川本 義一)

★オマージュ種村季弘展(仮称)
2010年8月28日(土)～9月25日(土)
11:00～19:00(最終日～17:00)
場所／東京・銀座 スパンアートギャラリー
Tel.03-5524-3060 http://www.span-art.co.jp/
前期=8月29日(土)～9月8日(水)
後期=9月11日(土)～25日(土)
★アトリエサードより、種村季弘の単行本未収録評論や各種資料などを収録した単行本を発売!!(8月末発行予定)

山崎俊夫の「蛇屋横町」が、竹邑類の演出、舘形比呂一の主演で舞台化。愛と官能の妖しい同性愛の世界であり、性を超越した身体美を持つ舘形はまさにハマリ役なのではないだろうか。共演に清水フミヒト、田口守を迎え、また、甲秀樹もボディアートで参加している。濃密な3日間。これは見逃せない。

★《シューレ=超性》第1回公演
「蛇屋横町」
2010年7月30日(金)～8月1日(日)
前売5,500円、当日6,000円
場所／東京・中目黒 キンケロ・シアター
問合せ／ザ・スーパー・カムパニイ
　　　Tel.047-407-1698
予約／E-mail onishi.noriko@dream.com
　　　Fax.047-407-1698

異端作品を描く思い、読む思い
「聖ヴァニラ学園」を聴講して

★右より大越孝太郎、田亀源五郎、町田ひらく、東方力丸

　大越孝太郎、田亀源五郎、町田ひらくというと、活躍の舞台はそれぞれ他者の追随を許さない独自の路線を突き進んでいるマンガ家である。大越は猟奇ものを得意とするが、そこから醸し出されるのはグロテスクさよりも耽美さである。田亀はゲイ・エロティック・アーティストとしてマンガはもちろん、イラスト、小説などもこなし、海外でも人気が高い。町田はもちろん成年指定のロリータもので知られているが、ただ犯し犯されるだけでなく繊細な心理描写で叙情的に関係を描き出している。

　"大人のための異色カルチャースクール"と銘打たれた「聖ヴァニラ学園」。二〇一〇年五月十六日におこなわれた第一回は、これら三人に加えて、下北沢駅前などの街頭でマンガを読むことで知られる東方力丸を迎え、東方による三人の作品の朗読を挟みながら、それぞれの作家へのインタビューや三人の鼎談がおこなわれた。

　いろいろと面白い話を聞くことができたが、三人とも世間一般から見れば異端的な作品を発表しているだけに、そのような世間の耳目の中でどのように作品を生み出そうとしているのかという部分に、より興味を惹かれるところである。折しも、東京都の青少年健全育成条例改正案が話題になっていたころだ。

　大越孝太郎は『猟奇刑事マルサイ』が不健全図書に指定されて、アマゾンで買えない状態になってしまっているという。成年指定でないことがかえってそのような事態を招いてしまったらしい。大越は「ふつうの目で見ることや、ふつうに紛れこむ」ことが自分の特質だと述べたが、成年コミックではない作品に「世界を意識して欲しい」「扉を開いたとき、世界を感じて欲しい」と言うように、大越は猟奇的な描写そのものよりもまず、そうしたものが生み出される世界の空気や人間の心理の描写にこだわりがあり、作品の魅力もそうしたところに発していると思う。しかし、単に猟奇的なシーンだけに目を向けて害があると断じてしまうとするなら、それは至極残念なことだと言わざるを得ない。

　田亀源五郎は、どちらかと言うと暑苦しい感じの絵柄でゲイの世界を描き出すが、「精神は肉体に従属する」という言葉を聞くと、その絵柄には必然性があるのだと気付かされる。肉体の存在感があってこそ、精神も厚みを持つようになるのだ。「自分の好みのタイプをどうしてやろうかという、サド的な視点で描いている」というのも、肉体的な遊戯を先行させていることをうかがわせる。田亀には女性のファンも多いようで、実際、ゲイのSNSなどでも女性三割程度はじめてやろうかという、サド的な視点で描いている」というのも、肉体的な遊戯を先行させていることをうかがわせる。田亀には女性のファンも多いようで、実際、ゲイのSNSなどでも女性三割程度は女性なのだという。「女性が持つセックスに対するファンタジーとして、受け身の女性の方に感情移入するのがボーイズラブのパターンで、能動的な上から目線の方に感情移入するのがレディースコミックの方に感情移入するのがボーイズラブ的な視線は重なる。なるほどそう考えると、田亀のサド的な視線はボーイズラブ的な視線と重なる。

　そして今、とりわけ危険視されがちな作品を描いているマンガ家といえば、町田ひらくだろう。だが彼自身は「夢は売るけど希望は売らない」「女の子とセックスする指南書みたいなものは書きたくない」と言い、決してペドファイルの側に立っているわけではない。幼い女の子を描くのも、小さい頃好きだった女の子のことを、そのときの状態のまま描いているというところがあるそうだ。「小さい女の子が好きなのではなく、大人になる前の未発達な生きものに興味がある、という感じです。その子に、大人相手ならったいしたことはないかもしれないけど子供相手なら非常に無理を強いる荷重をかけ、それでいじめるというか、どういうふうに壊していくのか楽しむ気持ちでいじめるというか、どういうふうに壊していくのか楽しむ気持ちでいじめる」

TH RECOMMENDATION

パワフルなゲイエロスの世界!

日本のゲイアート研究など、多彩な活動で海外での人気も高いゲイ作家・田亀源五郎。初期から最新作までを一挙に展示する初めての個展。

★田亀源五郎展「WORKS」
2010年8月9日(月)〜21日(土) 日曜休
入場料500円、お土産付

★照沼ファリーザ写真展「食欲と性欲」
2010年9月6日(月)〜18日(土) 日曜休

いずれも場所／東京・銀座 ヴァニラ画廊
12:00〜19:00 (土・祝は〜17:00)
Tel.03-5568-1233
http://www.vanilla-gallery.com/

一方、照沼ファリーザは食欲と性欲を結びつけた、なんともはしたない世界。ちょいグロ注意。心して足を運べ!

なんてはしたない!乙女ワールド

うになるか見たい部分がある。でも女の子は殺さないんですよ。いたずらをされたりして、そのまま大きくなっちゃいなさいという感じで、この子は将来どうなるだろうというのを思い描きながら描いてますね」。

町田自身も驚きだと言うが、町田の作品も女性のファンが少なくない。「最近は女の子を犯す中年男を描くことの方にも関心を持っている」と言うように、町田は男の方の心理描写も丁寧に描いてきた。そのあたりも女性を惹きつけるのめかなと思っていたのだが、実際は若い入る前には客層は男中心でしかも年齢高

だろう。女性ファンからは「子供のころいたずらをされたりして、いたずらをする男の方の気持ちを知りたくて読んだ」という声もあるらしい。作品はどう読まれるか、作家自身も想定できない、というか、いい作品というのは読者によってさまざまな側面を発見されるものもそうだが、いい作品というのは読者によってさまざまな側面を発見されるものである。今回の聖ヴァニラ学園も、会場に

女性が大多数を占め驚かされた。世間の目と実際の読者の思いとはさらに乖離が激しいだろう。このように多様な読まれ方があることや、背後にさまざまなメッセージが秘められていることを決して忘れてはならないし、それを無視してひとつの極端な側面だけに目を向けて多様性を摘み取ってしまうことなど、あってはならない。(S)

※聖ヴァニラ学園は毎月1回開催予定。(8月は休み)詳細はhttp://www.vanilla-gakuen.com/

★荒川修作《抗生物質と子音にはさまれたアインシュタイン》1958-59、国立国際美術館蔵
©Shusaku Arakawa photo:福永一夫

二○一○年四月一七日。この日、大阪の国立国際美術館は、ルノワール展の初日を迎えていたが、同時に荒川修作の初期作品を一堂に集めた展覧会を開催していた。ルノワール展の行き帰り、この荒川展に立ち寄った観客は眉をひそめ、「これのどこが芸術なのか」と、苦々しげにうめいていた。

さもあろう。薄暗く照明を落とされた会場には、棺桶状の木箱がスポットを浴びて、幾つも並んでいたからだ。その様子は凄惨な大事故のあとの、遺体安置所を連想させた。焼き板やベニヤ製の黒い棺桶、その中に絹のような光沢を帯びた布が張られ、汚物のようにも臓物の化石のようにも見える、セメントの塊が横たわっている。"排泄物のようにトグロを巻き、カビのような綿毛やガーゼに覆われた、異物たちの群れである。

この連作が発表されたのは一九六○年、荒川の初個展「もう一つの墓場」でのことだった。「反芸術」の運動が、燎原の火のごとく燃え盛った時代。作者の荒川修作も、反芸術を掲げた前衛芸術グループ「ネオ・ダダイズム・オルガナイザーズ」の一員だった。つまり荒川の作品は、いわゆる旧弊な「お芸術」を、葬るかのように制作されたのである。

のちに美術作家の篠原有司男は、その著書『前衛への道』のなかで、荒川のこの連作について「胎児の死体」であると書いた。もちろんこれは篠原一流の、最大限の讃辞である。だが、こうした評価の一方で、この連作は思わぬ波紋を拡げていく。

「昭和三十五年九月、銀座村松画廊B室で個展を開いた荒川修作を、グループ行動を乱した理由でネオダダでは首にした。ぼくは事前に個展の相談を彼から受けたとき、最終的にはあくまでも個人プレーだと彼を個展に踏み切らせなかったが......」(前掲書)

この事件があって以降、荒川は国内の前衛シーンから離れ、翌一九六一年に渡米。そこで大きな転機を迎える。パート

死なない荒川修作のために
肉体的なその死を迎えて
●文＝樋口ヒロユキ

ナーの詩人、マドリン・ギンズと出会い、あの暗い情念に満ちた棺桶のシリーズとはまったく逆の、クールな記号が乱舞する連作「ダイアグラム〔図式絵画〕」に着手したのだ。

白地のキャンヴァスに記号や矢印、数字や文字が軽やかに踊る、ダイアグラムの作品群。ここで正直に告白すると、私は長らくこのシリーズの意味が、さっぱり理解できなかった。それをようやく朧げながら、身近なものとして感じたのは、ほんのつい最近のこと。長らく絶版となっている荒川＋ギンズの共著『意味のメカニズム』を図書館で見かけてからだ。

この著書はもともと二人の共同プロジェクトとして、一九六三年に着手されたシリーズ作品《意味のメカニズム》をまとめたものだ。ダイアグラムと並行して制作された本シリーズは、七〇年のヴェネツィア・ビエンナーレ日本館で発表され、七一年にドイツで書籍化。以降フランス、米国、日本と、相次いで出版された。そこには図像と記号が散りばめられ、その間をメモと矢印が結ぶ。だがその矢印や注釈は、図像や記号の絵解きでなく、逆にその意味を解体するものなのだ。どんな記号であれ図像であれ、表象とその意味は一対一対応するものでなく、

表象からは無数の意味へ、迂回路や脱出口が伸びている。そうした迂回路の亀裂を探す、多種多様な練習問題。その集積が『意味のメカニズム』であった。つまり荒川は「図」の持つ意味を解体する「図式→図」、つまり一義的に意味が決定されるチャートとして、それを「読もう」としていたのだ。わからなくて当然だったのである。

「意味のメカニズムを解体せよ」と迫る、禅の公案集にも似た彼らの仕事は、物理学者のハイゼンベルクと、彼が率いたマックス・プランク研究所の科学者に、強い共感を抱かせる。ハイゼンベルクは「不確定性原理」と呼ばれる物理学理論の提唱者だ。世界的物理学者であるハイゼンベルクの絶賛によって、荒川らの名声は飛躍的に高まり、ドイツでの展覧会開催や『意味のメカニズム』出版へとつながっていく。だが一体、荒川作品の何が、この科学者を惹き付けたのか。

不確定性原理の概要を大まかに記せば「モノの位置と運動量を同時に知ることは原理的に出来ない」というものである。モノの位置を知るには光をぶつける必要があるが、強い光をぶつけると、光の持つエネルギーのために、対象の運動量が変わってしまう。とはいえ弱い光だと、今度

は暗すぎて位置が曖昧にしか特定できない、つまり超微細な領域では、観測するという行為によって観測対象の性質が変わってしまい、客観的な対象の観測ができないのだ。このパラドックスを説いたのが、不確定性原理なのである。

不確定性原理は電子のようなごく微細な対象を観測する際に現れるものであって、我々が日常を送るマクロな世界に、単純に応用することはできない。だが、文学や美術といった芸術的表象を我々が鑑賞＝観測するとき、鑑賞する場所や方法、参照する記号や人生の経験によって、まるで違った意味を持つ作品に変貌するという体験は、誰もが経験したことがあるはずの事実だ。

おそらくハイゼンベルクたちは、荒川＋ギンズが《意味のメカニズム》で示したマクロな世界観のなかに、彼らが不確定性原理で示したミクロな世界観と、並行する何かを読み取ったのだろう。荒川＋ギンズが、そしておそらくハイゼンベルクが示したのは、世界が「観測するもの＝主体」と「観測されるもの＝客体」という二項対立から成るのでなく、その両者が不可分に、インタラクティブに結びついた世界観だったのだ。

荒川＋ギンズ的世界観では、主体によって世界は変容し、その意味を変えて

★「養老天命反転地」、1995竣工
©Shuasaku Arakawa + Madeline Gins

この頃から荒川+ギンズは、しばしば「死なない」という言葉を、制作上のテーマに掲げだす。「死ぬのは法律違反です」「我々は死なないことに決めた」。こうした一連の発言は、そこだけ見れば突飛なものだ。だが、上記のような主客未分の世界観を念頭に置けば、これらの発言が必然的なものだったとわかるだろう。

九〇年代以降の二人は、狭義の美術作品から、建築の仕事へと転身する。岐阜県に作られたテーマパーク「養老天命反転地」(一九九五)や、都内に建設された集合住宅「三鷹天命反転住宅」(二〇〇五)などがそれである。観客によって観測されるだけの美術作品に対して、建築は観客を内部に嵌入型の芸術である。彼らの世界観を念頭に置けば、美術から建築への転身は、ごく自然なものだったかもしれない。のちに彼らは建築から、都市計画にも手を伸ばす。この五月に京都工芸繊維大で開催された展覧会「荒川修作+マドリン・ギンズ 天命反転プロジェクト」で

いく。そこでは「主体と客体」という二分法は無効となり、人と環境が相互に嵌入しあう、主客未分の状態が現れる。人は世界の中で孤立した存在ではなく、シームレスに世界とつながっている。そこでは個体の死も死とはならず、世界の変化の一つでしかないのだ。

は、こうした都市計画も展示されたが、そこで印象的だったのは、建築物の間を縦横に、曲線状の段々畑だった。自然と人間が相互嵌入的に結びつく場である段々畑は、彼らの世界観に不可欠な、重要なモチーフだったのだろう。

これは穿った見方かもしれないが、彼らの建築的作品には、要素どうしが相互に嵌入したものが多い。日本のど真ん中、岐阜県に空いたクレーターの中に、二つの日本列島の巨大彫刻を配した養老天命反転地は、その典型であると言える。そこには部分と全体とが相互嵌入する、荒川+ギンズ特有の世界観が現れているのではないか。

この二〇一〇年は、そんな彼らの世界観が、再び注目を浴びた年だった。国立国際美術館と京都工芸繊維大で、同時に展覧会が開催され、三鷹天命反転住宅に住む人々を追ったドキュメンタリー映画「死なない子供たち」が完成、渋谷慶一郎が書き下ろした楽曲が初演されるのだから。いわば「荒川+ギンズ・ルネサンス」とも呼ぶべき、そんな今年の五月一九日、荒川修作は亡くなった。このタイミングに合わせた来日が、直前まで検討されていたなかでの、まったく突然の訃報だった。
だが、肉体としての荒川が亡くなって

40

TH RECOMMENDATION

★「三鷹天命反転住宅 In Memory of Helen Keller」、2005完成
©Shusaku Arakawa + Madeline Gins　photo：中野正貴

★映画「死なない子供たち」(2010)より
山岡信貴監督／今秋より順次公開

★「死なないための葬送　荒川修作初期作品展」は、
2010年4月17日(土)〜6月27日(日)に国立国際美術館にて、
「荒川修作＋マドリン・ギンズ　天命反転プロジェクト」は、
2010年5月10日(月)〜6月25日(金)に
京都工芸繊維大学美術工芸資料館にておこなわれた。

　も、荒川の問いは生きている。その何よりの証明が、冒頭に掲げたルノワール展の観客のうめきだ。「こんなものが芸術なのか」。そのもっとも初期の作品でさえ、いまだに反芸術として、その命脈を保っている。いわんや後期の都市計画においてをや、だ。

　晩年の荒川が夢想したのは、人間と環境がシームレスとなるばかりか、病院と学校、農場と美術館が相互に嵌入して一つとなった、都市＝農村環境だった。我々が現在暮らす環境が、荒川の思い描いたものと、いかにかけ離れているかは、改めて記すまでもないだろう。だが、荒川の仕事は言葉の真の意味において「Work in Progress」なのであり、我々が彼の思いを引き継ぐ限り、荒川修作は「死なない」のである。

　奇しくも国立国際の展覧会タイトルは「死なないための葬送　荒川修作初期作品展」だった。そこでは初期の棺桶のシリーズが、修復不可能とされたものも含めて、見事に再生されていた。荒川＋ギンズのサイトには、「生きている荒川」への呼びかけが、いまだに書き込まれ続けている。自身の生死さえも作品の一つとして演じきった、その見事な生涯は、いまなお多くの人々によって、「死なない」ものとされ続けているのだ。

いま輝く、日本の前衛芸術家
池田龍雄、吉増剛造、佐々木耕成

●文／写真＝志賀信夫

★池田龍雄「BRAHMAN第七章結象」（1983-4年）と踊る田中泯

戦後の日本の前衛が注目を集めている。海外から研究者が訪れて調査・研究を行い、現在の日本の若者も関心を持つ者が増えている。しかし、国内の研究者は必ずしも多くない。日本美術研究は相変わらず古典中心であり、新しいものは海外という一種の啓蒙主義がいまだに続いているといっていい。

そんな現在、五〇年代、六〇年代から活動を始めた昭和一桁から十年代の美術家、アーティストが実に活発に活動を展開しているといっていい。今回、彼らの活動に注目して紹介する。

池田龍雄の世界

六月十九日から七月十九日まで、山梨県立美術館で大規模な池田龍雄展が開催された。池田龍雄は一九二八（昭和三）年生まれの八十二歳、澁澤龍彦、土方巽と同い歳である。

池田は九州・佐賀県に生まれ、第二次大戦時には特攻隊にいた。幸い終戦によって生き残ったが、戦後、多摩造形美術専門学校（多摩美術大学）で美術活動を始める。敗戦によって、共産主義や社会主義思想が広まった時代。美術、演劇など多くの芸術家も社会変革を含めた新しい活動に参加したが、池田もそこに加わった。当時、「前衛」は左翼用語だった。元々軍隊の最前線などを指す言葉。それが変革、革命の先頭・先鋭的という意味になった。

池田は当時、岡本太郎、花田清輝などが先導する前衛芸術運動「アヴァンギャルド芸術研究会」「世紀」などに加わり、「NON」「エナージ」などいくつものグループをつくり、雑誌を刊行するなど、活発に活動する。さらに、青年美術家連合などで社会活動に参加、四八年に始まる日本アンデパンダン（無審査）展、四九年からの読売アンデパンダン展に参加し、カリカチュア（戯画）的作品などを書きつづける、金沢の米軍試射場反対闘争による五四年の『網元』は高い評価を受ける。また、五五年からは、「制作者懇談会」に参加する。ここには美術、映画、演劇、文学などの人々が集まり、池田も舞台美術や映画などに関わるようになる。

池田の作品の初期はディフォルメされた人物などを描く『無風地帯─壊された風景』（五一年）のような抽象的具象、そしてペンによるカリカチュアの作品『反原爆』『化物の系譜』『禽獣記』『百仮面』などのシリーズが六〇年代まで続く。また『網元』や『反原爆シリーズ』のように当時の社会問題を背景とした作品もある。そして「楕円空間」「玩具世界」シリーズから抽象やオブジェ的な作品に積極的に取り組むようになる。

アンデパンダン展を経て

六四年に読売アンデパンダン展が中止となると、仲間と'64アンデパンダン展を組織したり、また、瀧口修造や松澤宥など多くの前衛芸術家とともに活動した。松澤宥の観念芸術などの影響も受けて、有名な「音会」（七一年）などのパフォーマンスにも参加し、自ら「ASARAT 橄欖環計画」「梵天の塔」などのパフォーマンスも、当時から現在まで続けている。そのなかで、

TH RECOMMENDATION

池田龍雄 vs 田中泯

この展覧会のオープニングとして、舞踏家田中泯が踊った。展示スペースの一角を三角形の空間として、池田の作品『BRAHMAN 第七章起結』（八三〜八四年）とともに無音で踊る。上手（右側）から帽子とともにコートで登場した泯は、当初、右壁の端に立ったまま動かない。そして徐々に中央に来るが、次に中央奥の壁の角、隅に入り込んで、そこでくるり、くるりと回転し始める。狭い空間で体を壁にぶつけながら回転する動きは目を奪う。やがて、舞台の前に進みつつ、壁の池田の絵の線の動きを体で追うように踊り出す。身体の醸す緊張感が広がり、無音のなかから、池田のパフォーマンス映像に付けられた小杉武久の音楽が微かに重なり、踊りと見事に重なる。無音ではない空間ながら、泯と池田の本当の意味での共演が成立した。泯は欧米での活動のときに、小杉武久とも共演しており、それを感じながら踊ったと話す。

この池田龍雄展は、川崎市立岡本太郎美術館、福岡県立美術館を巡回する。岡本太郎美術館でも舞踏家が踊る予定だ。

澁澤龍彦とも交流も深く、そして土方巽などの舞踏家との交流も深く、多くの舞踏などの作品を現在まで見続けている。八〇年代の「BRAHMAN」連作のような球体から生命体、宇宙を感じさせる曼陀羅的世界など、新たな作品を生み出している。このように、大きい抽象的絵画から小さいカリカチュアや、九〇年代の「箱の中…」シリーズのようなものを使ったミクストメディア作品やオブジェ、パフォーマンスなど実に多様にある。現在は木を使いつつも、平面作品として日本画的筆致も感じさせる「場の位相シリーズ」のように、まったく独自の世界を作り出している。そのなかでも通底しているのは、丁寧な仕事と批判精神、自分の作品作りに没頭しつつ淫しすぎず、明るさ、ユーモアも感じられる。

吉増剛造と笠井叡

慶應義塾大学では、新入生歓迎行事として、舞踏家が踊るプログラムを九四年から続けてきた。きっかけは、日吉校舎のある横浜市で活動する大野一雄、石井達朗の発案で依頼したところ、快諾、それから七年間、大野一雄が毎年踊っており、僕もそのうち三年間、見に行った。そして大野が倒れてからは、和栗由紀夫、山本萌、室伏鴻などの舞踏家が舞台に立って来た。今回は吉増剛造と笠井叡という大物二人の顔合わせである。

吉増剛造は日本の現代詩を牽引してきた人物である。七〇年、詩集『黄金詩篇』で注目された吉増は、以降も『王国』（七三年）『オシリス、石の神』（八四年）など数多くの詩、詩集を発表してきたが、近年は詩の朗読と先駆的に行ってきたが、以前から詩を彫刻家若林奮による銅版に打刻するパフォーマンスを行い、それとともに朗読にも独特の抑揚かつき、力がこもった読、単なる朗読ではなく、独自のヴォイス・パフォーマンスの世界を作り出している。また、写真も発表しており、パノラマカメラや多重露光によるその写真は実験的で、詩人の感性を伝える詩的写真ともいえるものだ。近年はgozoCinéという映像表現も製作している。

舞踏家、笠井叡は大野一雄に師事し、二人の舞台に出演する一方、六〇年代後半から『磔刑聖母』（六六年）など自分の舞台を展開し、舞踏創世期を担った舞踏家である。七一年には天使館を設立、七九年からドイツに渡りオイリュトミーを学び、オイリュトミーダンスを日本に導入した。『花粉革命』（二〇〇一年）などは、世界各地で上演されている。また、舞踏のみならず、コンテンポラリーダンスのダンサーたちを指導・振付、その活動は飛躍的に展開している。また、バレエ界の至宝、ファルフ・ルジマトフを振り付けた作品『レクイエム』もある。

三九年生まれ、七十を超えるとなる吉増剛造と、四三年生まれ、六十七歳である笠井叡。言葉と身体表現で日本の前衛であり続ける二人の共演は、まさに一つの「対決」といってもいい点でも注目され、多くの観客を集めた。

弾けるパフォーマンス

六月三十日、『閃光のスフィアーレクイエム』と名づけられた今回の舞台は、慶應義塾大学日吉校舎のテラス。大野一雄のころは、通常の大教室や体育館などを使ったが、新しい校舎で完成してからは、この広いガラス張りの空間で行われている。

笠井叡は、舞台前から弾けていた。というのは、定刻の十分以上前、笠井が屋外、ガラスの外で踊り出したのだ。内側の二百人を超える観客はそのまま室内に、過激に踊り回る笠井に張り付き、見ると、吉増剛造も既に舞台上手に陣取り、フィルム状のオブジェを展開している。そして再び、笠井は観客席で踊り出し、やがて司会者のところに行き、マイクを取って声を出し、開始の言葉を出させてそれを脇でリフレインしながら踊りま始める。地面に倒れ込み、ガラスに光を当てるなどのパフォーマンスで、台上に昇って踊る。見ると、吉増剛造も舞

★踊る笠井叡と朗読する吉増剛造

よって音を立てる。これらを合わせて吉増のパフォーマンスが静かに、時には荒ぶる音楽が入り混じった舞台。過去の前衛の再現ではなく、前衛すなわち同時代コンテンポラリーであることを感じさせる一日だった。

笠井は、リズミカルな曲に合わせてクラブダンスのような動きも垣間見せながら、再び観客席に乱入していき、踊り回っている。吉増は巻物を両手で広げて挑むような姿勢で言葉を発し、時に体を床に這いつくばるように激しく曲げる。やがて、透明OHPシートに描いたものに光を当てる。このようなものには何が描かれていたのか。ただ、今回の企画で観客に配られたものには、黒い同様のシートがあった。企画した森下隆は、「吉増の発案でこれを使うことになった。舞台の中でも使われる」と最初に発言していた。その言葉どおり、笠井はこれを二枚持ってパタパタ音を立てながら暴れ出すするとシートを振り鳴らす場面もあった。

このシートには吉増の手書きの詩と笠井の写真が印刷されている。また、これを入れて配られた茶色の袋には、笠井の妻、久子がブログに載せた文章が印刷されている。そこには、大野一雄逝去を受けた文章が二つあり、会場にしつらえられた、小さな祭壇とともに、大野を追悼する企画でもあった。それゆえに「レクイエム」でもあるのだ。激しいパフォーマンス、詩と舞

くる。

映画でいう導入、アヴァンセーヌというよりも、時間外のハプニングという様相を呈し、舞踏を知らない観客はあっけにとられている。いや、舞踏でも近年、笠井のこれまでの舞台は滅多にない。ここ十年はこういう暴れる舞台はない、それほど弾いていた。

大野一雄を感じて

笠井がこれほど弾いていたのには、理由がある。大野一雄が七年間、踊り続けた慶應大野一雄の影を見ているのだ。

台に立つこと。そして、亡くなったとき、ドイツにいて帰国して空港から弔問に駆け付けたこと。笠井が舞踏において先生とよぶ、一番大きな存在だった。若いころ通い続けた大野一雄の稽古場。それ以前の土方同様、片道の電車賃だけで通ったこともあるという。また、吉増とはもちろん何度も合っているが、今回初めてのコラボレーションということもあり、笠井の意欲もさらに高まっていた。

笠井は黒い上下の衣装で踊り、やがてそれを脱ぎ捨てパンツ一枚で踊る。とても七十近い男とは思えない身体とエネルギーで踊りまくる。一方、吉増は上手に舞台内側を向いて座り、金属板に刻みつつ、巻き紙に書かれた詩「古代天文台」を朗読する。「しろがねの 殺人から世界は開扉する!」というその声は時に憤怒のように強く、独特の抑揚、文節と間をもって響く。上手奥には金属片が下がり風に

新たな前衛画家、佐々木耕成

秋葉原の駅近く、旧練成中学校の学校校舎を活用してアートスペースが生まれた。名前は、3331 Arts Chiyoda(旧四谷第四小学校四谷三丁目の四谷ひろば)など、いくつか同様の試みはあるが、今回は以前から「コマンドN」などを主宰する中村政人が統括ディレクターとして、多くのレジデンスアーティストや画廊などが入って、充実した展開となっている。プレオープンの展覧会やダンスなどの企画が今春からあり、その一つが四月二十三日から五月二十三日まで開かれた佐々木耕成展だ。

佐々木耕成の名を知る人は本当に少ない。六〇年代、「ジャックの会」という前衛グループがあった。ネオダダ、ゼロ次元と同様にハプニング、パフォーマンスを展開したが、のみならず面白い試みをするグループだった。その中心人物が、佐々木である。ただ、ネオダダなどに比べて、知る人ははるかに少ない幻のグループといっていい。僕もジャックの会の名は何度か、佐々

木の名は池田龍雄の著書で見たのみである。

ジャックの会の活動は、初期は一律千円で作品を売る展覧会など、ユニークなものが多かった。それは、美術とマーケットを考えた独自の発想によるもので、現在の美術とマーケティングに先駆ける活動だった。その後、ハプニングなどに先駆ける活動だった。その後、ハプニングなどの活動をしていた。銀座で釣りをやり返し、メンバーにはビタミンアートとして知られる小山哲生もいた。ちなみに小山は、リンゴを入れたバケツに大便をして、それを投げつけるというハプニングでも知られる。

ハプニングから米国へ

佐々木耕成は一九二八（昭和三）年、熊本に生まれる。池田龍雄と同世代で、現在八十二歳。武蔵野美術学校（武蔵野美術大学）に学び、五四年より独立美術展に出展し、六一年からは読売アンデパンダン展に出展し、六二年には『気2』というアクションペインティング的な作品によって、汎太平洋青年美術展で国際青年美術家展賞を受賞する。そして美術家たちの交流のなかから、風倉匠などが発起人だったジャックの会に参加するのだ。佐々木は設立

者のみではないが、自然と彼が中心の活動となったようだ。当時はネオダダ、ゼロ次元のみならず、クロハタ、埼玉前衛、関西などのザ・プレイ、九州の蜘蛛、埼玉前衛、関西など多くのグループがハプニング、アクション、儀式といったパフォーマンスを展開し、個人でもダダカン（糸井貫二）、秋山祐徳太子などのパフォーマーが個人で、時にはこれらのグループに加わるなどして活動していた。

佐々木はデーティングショウ（小山とち・ういによる模擬デート、新宿、銀座）、前橋でのシャッター絵画（六六年）などのハプニングを経て、六七年、米国に渡り、あのウッドストック（六九年）に参加するなどの美術活動と同時に、インテリア会社を起こして経営し事業は順調だった。八七年には、ジャックの会の仲間だった小林七郎のアニメスタジオの仕事などを行っていたが、九〇年、群馬県桐生市に居を構えて、しばらく作品制作から遠ざかり、看板描きなどで生計を立てていた。それが、二〇〇〇年代から、再び活動を始めた。

その作品の特徴は、ペンキで描いた大きい平面である。そして色がブルー、黄色などを基調としたビビッドで独特の曲線と柔らかい鋭角の線をもったことだ。文字をデフィルメしたとも、何かの細胞図とも見える絵画、黒などで縁取られたこの柔

らかい線と色の生み出す世界は、他にない独自の魅力を持っており、またペンキゆえの奥行きのなさと質感が面白い。ペンキを選んだのは、生活のため看板描きをしていたことと、画材の安さゆえだったという。米国にいるときに、キース・ヘリングの自由さに引かれたという佐々木だが、実は六四年に発表した「三倍体の現具」シリーズにその原型がある。

全肯定の思想

オープニング展に合わせて、美術評論家のヨシダヨシエ、今回のキュレーションを行った福住廉によるシンポジウムが行われた。今回の展覧会のタイトルは、「全肯定」。佐々木は六六年、「PERFECT」（完全）というタイトルで展覧会を発表するなど、単なるパフォーマーではなく、理論家の側面を持っていた。そして、六〇年代から七〇年代という「革命」そしてそれに伴う「否定」の時代に、佐々木は「否定芸術」に疑問を示した。「否定、否定といいながら、自己は肯定する。そんなものは否定ではない」とする佐々木の発言は明快である。

その意味で、佐々木はとことん「肯定」でいこうと決意している。静かに語る佐々木の言葉には、ある種の落ちつきと深さがあり、かつての理論家としての側面を垣間見せる。また展覧会では、在米時代に佐々木とともに萩原建吉が撮影したフィルム、さらに最近の萩原が撮影したアトリエでの活動を佐々木が撮影した姿は映像作品としても、見応えがあった。

このように、佐々木の作品と思想は、六〇年代からいささかもぶれていない。そしてその作品は現在、独自の光を放っている。この昭和三年生まれ、現在、八十二歳の佐々木はこれからさらに輝く、新しい前衛作家だ。

★左から佐々木耕成、ヨシダヨシエ

デロリ系花鳥画の祖、仲静
稲垣仲静・稔次郎兄弟展

★稲垣仲静《太夫》1919年頃、京都国立近代美術館蔵

なんとも異様な花魁である。口許がまるで狐のように、笑みで歪んでお歯黒が覗く。そのまま口がにゅうっと伸びて、狐に化けてしまいそうだ。

この《太夫》という作品、作者は日本画家の稲垣仲静。腸疾患に倒れて二十五歳で亡くなり、埋もれてしまった作家だという。明治三十年の生まれというから、甲斐庄楠音の三つ下、岸田劉生の六つ下。岸田劉生は江戸末期の錦絵を高く評価して「デロリ」という造語を生み出し、自身もデロリとした絵を描き、甲斐庄楠音の作品を「デロリとした絵」であると評した。そんなデロリとした時代、仲静もまたデロリと描いた。

彼にかかると花鳥画も、どこか怪異めいたものになる。木乃伊のように痩せた《軍鶏》、地獄の花のような《鶏頭》権謀術数を凝らすかのような笑みを浮かべた《猫》、などなど……。このほかにも不気味な《人形の首》や、マニエリスム絵画のように不安定な構図の《三羽の鶴》など、いずれもまさに「デロリ」とした絵だ。

特に異様な印象なのが《深淵》と題された一枚だ。森の中の湖水をストレートに描いた、木炭によるデッサンだが、これが奇妙に恐ろしい。人間や動物を描いた絵なら、滑稽にもグロテスクにも描けようが、ここまで恐ろしい風景画も珍しく思う。

たとえば現代の松井冬子やフジイ・フランソワといった画家は、桜の巨木や菱びた花を、まるで幽霊画のように描いてみせる。そんな彼女たちの感性のルーツは、実はこの仲静にあるのではないか。いわば「デロリ系花鳥画の祖」とでも言おうか。

ちなみに今回の展覧会は、弟の稲垣稔次郎との兄弟展だ。弟の稔次郎は人間国宝にまで登り詰めた染織家で、デロリとは真逆の端正な作風。これが初の兄弟展とのことで、その意味でも意義深い。岡山、東京にも巡回するので、是非ご覧いただきたい。

（樋口ヒロユキ）

★「稲垣仲静・稔次郎兄弟展」は、2010年5月18日(火)〜6月27日(日)に京都国立近代美術館にておこなわれた。
また、2010年7月17日(土)〜8月29日(日)は笠岡市立竹喬美術館に、
2010年9月15日(水)〜10月24日(日)は練馬区立美術館に巡回する。

★稲垣仲静《軍鶏》1919年、京都国立近代美術館蔵

TH RECOMMENDATION

始原への郷愁が
もたらす陶酔
ご子息に聞く、
幻想画家・秋吉巒の
知られざる素顔
● 文=相馬俊樹

生前、自らの絵を一点も売らず、個展さえ一度たりとも開かなかったという、伝説の幻想画家・秋吉巒。現在は美術界の記憶の奥底にその名を封じられてはいるものの、その妖しい磁力を敏感にキャッチし、彼のとりことなる少数の崇拝者は後を絶たない。死後、銀座の青木画廊で開催された初個展にして遺作展のパンフレットに短いオマージュを捧げた、故澁澤龍彥もその一人と考えてよかろう。

ボッシュ、ブリューゲルなどの古典絵画からシュルレアリスム絵画までをも消化した独自の幻想絵画の世界は、緻密にして、かつ濃密。画家の脳髄から湧出したイ

メージの奔流が、四辺形の枠の中にところせましと満ち満ちている。

そこでは絶世の美女たちが蠱惑的な裸体をあらわにし、若干ユーモアをも含んだ奇妙な怪物たちがわがものがおに跋扈する。また、ときに奇抜な建造物がそびえ立ち、どことも知れない夢想的風景が遠方にまで広がっている。

個々人の記憶の深奥に通底する始原的至福への郷愁へと、見る者を導いていく夢幻の吸引力。秋吉の絵には、見る者をその濃密なミクロコスモスの中にとり込んでしまう、麻薬のごとき酩酊の効果が含まれているのだろうか。

そして、秋吉の幻想世界はエロティックな融合原理に支えられているようにも思われる。だが、それは、決して、性交という矮小な融合にとどまるわけではない。女体の群れは官能のうちにひしめき合って集結し、ときに女体の一部が植物や多様な幻想的・怪物的要素と融合してしまうこともある。あるいは、人間と大地（島）が融合を果たすことさえあるだろう。引力は男女の性器の間に働くだけでなく、あらゆるものを結合させ、凝縮し、融合させる。それは、まさに神秘的な力といってよいだろう。

　　　　＊　　　＊　　　＊

秋吉巒は大正十一年、旧日本帝国軍支配下の京城に生まれた。実は、ご子息・裕一氏によると、秋吉の幻想風景はこの異国の地をそのイメージの基盤にしていたらしい。

また、裕一氏は大陸生まれという特殊な生い立ちについて次のように語る。

「京城という異国の地にいたことで、おやじは日本人だけど日本人じゃないといく感覚がずっとあったみたいですね。でも、そういう国際都市にいたおかげで、爛熟した外の文化に触れられたのはよかったみたいです。当時の日本人が見た

り聞いたりできなかったような映画や音楽を、随分吸収できたようですから。だから、たとえば小沢征爾のようなちょっと日本人離れした人たちに共感をもっていましたね。何かに制約されず、自由に活動している人たちっていうか……。渋澤龍彥さんのサド裁判なども、応援してましたね。あのときも、せっかく自由になったのに！って荒れ狂ってたのを覚えています」

終戦後は「油絵具のチューブに紙幣を詰め込んで」（裕一氏談）どうにかこうにか帰国し、昭和二十一年、上京する。翌年、九州を経て、結婚し、米軍将校の肖像画などを描いて生計の資を得ていたらしい。やはり、裕一氏によれば絵は独学だったが、生涯、絵以外で金を稼ぐごとはなかった

TH RECOMMENDATION

という。

その後、澁澤が羨望を込めて「通俗シュルレアリスム」と称した特異な幻想絵画を描きながら、肖像画の仕事以外でも生計を立てるため、『デカメロン』『風俗草紙』『裏窓』『SM奇譚』『SMキング』『SMクラブ』といった七〇年代のSM雑誌にいたるまで数多の媒体に表紙絵や挿絵を描いた。

「おやじの場合、こういう風に描くって決めるまでは結構時間がかかるんですが、いざ描き出すと、多分みなさんが思ってるほど、時間はかかってないと思います。アクリルを使い出してからは特に時間はかからなくなりましたね。水彩だと印刷物になったとき、大きく印象が変わっちゃうから、それを避けるため、アクリルを使うようになってました」

「点描の挿絵がいくつかあるでしょう、実はあれは腱鞘炎にかかったとき、なんとか仕事を乗り切ろうとしてやったんですよ。ここだけの話、僕も手伝ったりしました」

「それと、アメリカの『イラスト年鑑』は常備していました。そこから自分の絵に使えそうなテクニックを拾っていたんでしょう」

また、雑誌に描いた表紙絵・挿絵群は膨大で様々なタイプのものを含むが、たとえ生計の資のためとはいえ、それらの中にもまた特異な傾向のものが多く、秋吉の生涯をかけて打ち込んだ幻想絵画に通じる作品も少なくない。

「よくこの小説の挿絵にこれですか、すごいびっくりするほどの想像力ですねって言われるほど、それは、たとえ仕事であっても、なんとか自分の世界に引き付けようって相当努力してたからだと思います」

 * * *

さて、秋吉は、昭和五十四年、不運にも五十七歳で病に倒れ、その二年後に心不全で亡くなった。その晩年について、裕二氏は次のように回想する。

「昭和五十四年に高血圧で倒れましたが、やはり病気の前と後では画風が少し変わりましたね。処方されていた薬の影響もあったかもしれません。何となくちがうっていうくらいで、微妙な変化ですけどね。

まず僕が気づいたのは女性の顔ですね。昔のおやじの描く女性の顔っていうのはものすごくピントが合ってるっていう感じがしたものですけど、病気の後はちょっとピントがずれちゃうというか……でも、それがかえって今までとはちがった色っぽさというか、女性の魅力を引き出していた。だから、ピントが合わないっていう状況にもうまく対応して、その状況を使いこ

49

減らしてました。結構、高い原稿料はもらっていたんですが……多分やりたいことのために、なるたけ多くの時間を割きたかったのでしょう。つまり、自分独自の幻想絵画の制作に打ち込みたかったんでしょうね。

実は、おやじにとって描くっていうのは、ある意味、たいした問題ではなかったんです。要は、頭の中でイメージを膨らませるってことが大切だった。根っから、幻想の画家だったんですね。

そのために、安いスケッチブックにたくさんイメージを描きつけてました。それから、いっぱいため込んだそれらのイメージを頭の中で練っていってね。イメージを組み立てていく。つまり、構築するっていうことが大切だったんだと思います。イメージの源はほんとう、いろんなところから拾ってきていました。テレビなんかも見てたんですが、たとえばテレビでムーミンなども見てたんですが、おそらくそれが自分の頭の中に投影されたときには、全然別のものになっていたんだと思う」

「あと、やはり病気の後だと記憶してるのですが、ウィーン幻想派のエルンスト・フックスなどの新しい幻想絵画の流れを自分の中に熱心にとり入れようとしていました。きっと、いつか自分の養分になればよいと思ったのでしょう。だから、ある種のトレーニングというか……しっかりまだ死ぬことなんて考えてなくて、ずっと先を見ていたんですね。

ちなみに、青木画廊のフックスのDMを教えたのは僕なんですが、びっくりして、すぐに丸善に画集を注文してましたね」

「晩年は、やりたくない仕事はどんどん

「おやじは亡くなるときも前の日まで仕事をして、多分雑誌の表紙だと思いますが、朝、編集者にちゃんと渡した。その後、風呂に入って、出てきて、亡くなった。ちゃんと渡してから亡くなるまでに、一つも描きかけはなかった。だから、一つも描きかけはなかった。ちゃんと渡してから亡くなるまでに、真摯な態度で仕事に取り組み、しかもずっとマイペースでしたね」

「もし亡くならなかったら、その先に見ていたのは、どうやら古事記の世界だったみたいですね。小さいころから興味があったらしい。あと、子供のころは伊藤彦三の挿絵に夢中になっていた時期もあったし、国枝史郎なども好きでした。

だから、日本の古代などの幻想世界に向かおうとしていたようですね。卑弥呼や須佐之男は、生前、すでに描いていました。ウィーン幻想派をはじめとする新しい幻想絵画・エロティック絵画を研究熱心に秋吉が見て、それらのエキスを自らにとり込んだとしたら、新たなミクロコスモスが生まれたかもしれないという、無い

TH RECOMMENDATION

風俗誌だからこそ華開いた、幻想とエロスのアート！
風俗資料館が秘蔵してきた原画の中から、秋吉巒、四条綾という稀有な2人の才能を発掘！
秋吉巒はカラー8点を含めて約70点、四条綾も約50点の作品を掲載し、
埋れていた作品の数々を、初めてここに甦らせた作品集！
巻末には、風俗資料館館長・中原るつと美術評論家・相馬俊樹との対談も収録。

★「秋吉巒・四条綾 エロスと幻想のユートピア～風俗資料館 秘蔵画選集1」
発行：アトリエサード／発売：書苑新社
ISBN：978-4-88375-115-0
A5判変型・並製・136頁・定価2100円（税込）
好評発売中！

※四条綾に関しては本誌p.158に記事あり！

物ねだりの妄想は、わたくしも『秋吉巒・四条綾 エロスと幻想のユートピア～風俗資料館秘蔵画選集1』に書いたが、秋吉版『古事記』の世界というのも何とも魅力的ではなかろうか。きっと、古代日本幻想と大陸の夢幻的光景の、異様ではあるが、不思議と心地よいダブル・イメージが現出されたにちがいあるまい。

また、死の直前まで絵に従事し、しかもしっかりとやり終えてから死を迎えたというエピソードは秋吉の仕事に対する真摯な姿勢を伝える感動的なものであるが、描くことより多くの時間を自らの幻想を育むために費やしていたというのも、真の幻想構築（画）家としての姿をわれわれファンに再確認させてくれる貴重な証言といえよう。

　　＊　　＊　　＊

あらゆる快楽が至福の内に溶け込んだ始原への郷愁。特異な幻想画家・秋吉巒は、その郷愁のもたらす陶酔のなかに自らを埋没させ、尋常ならざる熱意をもって築き上げたミクロコスモスの住人として、その決して長いとはいえない生涯を幸福のうちに閉じたのではなかろうか。故澁澤龍彥も「ここまでぬけぬけと自分の夢に溺れることができた画家は、その絵が売れようと売れまいと幸福だったのではあるまいか」といみじくも書いている。

★目次写真：堀江ケニー

■目次

図版構成

001	上田風子
006	谷神健二●文＝相馬俊樹
010・142	甲秀樹●文＝相馬俊樹
012・144	渡邉ゆりえ●文＝沙月樹京
016・145	石橋秀美●文＝沙月樹京
158	四条綾●文＝相馬俊樹
068	森伸之 インタビュー～制服研究30年。制服から見えてくる日本の人と社会。●取材・文＝西川祥子
114	新城カズマ インタビュー～巨大学園ものは現実の日本の縮図●取材・文＝徳岡正肇
018	お嬢様学校少女部
020	こやまけんいち絵本館・2
132	うじ虫奇譚●南真樹
146	児童プレイが終わらない●斎藤栗子
156	絵と回文●古川沙織
054	男性を学ぶ学校●高原英理
058	JUNE系文化とベレー帽の詩人●樋口ヒロユキ
082	学校という葬送のユートピア～天使ちゃんが待ち受ける場所●沙月樹京
088	ベルゼバブの教室～イノセントから遠く離れて●浦野玲子
098	学校と犯罪～日常と非日常の間●志賀信夫
102	隠微なる学校～躾けてあげる●大野英士
126	学校という無政府地帯と宮下あきらと自由と死●本橋牛乳
136	ある隠遁者Sの書斎談義 第3話～欲望の迷宮としての学校●相馬俊樹
129	四方山幻影話4●写真・文＝堀江ケニー
152	ある通学路の風景～死体を運ぶ子供たち●文・写真＝釣崎清隆
065	揺るぎない価値観を育む閉ざされた学校システム――宝塚音楽学校●いわためぐみ
081	テレビドラマに描かれた学校の無力さ●本橋牛乳
097	入学式も卒業式もない芸舞妓の学校～八坂女紅場学園 祇園女子技芸学校●いわためぐみ
113	社会から隔離された修行僧の奇妙な生活～坊主漫画の楽しみ●いわためぐみ
164	『クラバート』の中のプリミティブな魔法学校●本橋牛乳
165	五感の記憶【味覚】～給食あれこれ●文・写真＝有科珠々
066	少年学徒のメランコリア～美しく儚き少年愛夢想●絵と文＝林アサコ
166	Review
	吉屋信子「わすれなぐさ」●絵と文＝さえ
	皆川博子「倒立する塔の殺人」●朝宮運河
	大槻ケンヂ「ステーシー」●鈴木真吾
	山本直樹「学校」●沙月樹京
	ルシール・アザリロヴィック「エコール」●梟木　ほか
024・193	小特集／追悼・大野一雄～舞姫の死●文＝志賀信夫、写真＝池上直哉
	舞姫へのオマージュ～追悼文
202	80年、ナンシー演劇祭の大野一雄●写真・文＝神山貞次郎
204	優しい視線で大野さんを撮り続けた吉田隆一さんを偲んで●いわためぐみ
026	「大野一雄 花／天空散華 いけばな作家中川幸夫の挑戦」●いわためぐみ
022	辛しみと優しみ●人形・文＝与偶
182	美のバルマコン4～当為意思としての芸術●樋口ヒロユキ
027	TH RECOMMENDATION
	「黒き血の宴～幻想耽美展～」
	涌井晃「Pretenders ～偽るものたち～展」●樋口ヒロユキ
	「死なないための葬送」荒川修作初期作品展」●樋口ヒロユキ
	いま輝く、日本の前衛芸術家～池田龍雄、吉増剛造、佐々木耕成●志賀信夫
	始原への郷愁がもたらす陶酔～ご子息に聞く、幻想画家・秋吉巒の知られざる素顔●相馬俊樹
206	TH FLEA MARKET／加納星也、小林美恵子、志賀信夫、村上裕徳

表紙／上田風子　All pages designed by ST

男性を学ぶ学校

高原 英理

そうした話が続くのを心底厭うての発言と見受けられた。

だが「校則でも禁じられていた」という言葉の根拠が事実であれば、それこそ、校則で禁じねばならないほど、戦前、学内の少年愛がポピュラーな事象であったことが逆に証されている。学生同士の少年愛がもはや例外的な事件でしかないと見られている現在、それをわざわざ校則で禁止している学校はおそらくない。そんな暇があるならば、中高生の「不純異性交友」の方をこそ取り締まらねばならないというのが敗戦後日本の発想であった。

折口信夫、江戸川乱歩、稲垣足穂、山崎俊夫、南方熊楠、木下杢太郎、堀辰雄、武者小路実篤、川端康成、三島由紀夫、福永武彦、加賀乙彦、こういった作家たちが幾度かテーマにし、密かに、ときにあからさまに、語り続けた戦前の、少年たちの愛の園を、ストレートの方々はさぞ厭わしくお思いだろうが、実のところ、そのストレートらしさは戦後時代にはまだ形が定まってもいなかった、たかが明治時代の風習である。

といって、人権意識も皆無に近かった戦前の、閉ざされた寄宿舎内での年長者による年少者へのレイプはどう考えても好ましいものでない。確かに、そうした指向からは最も遠かったらしい作家の一人、星新一が、ある機会、さも厭そうに「戦前はそういうものがあったんでね」と語っていた。ただしその嫌悪は冒頭の団塊文人の怯え気味の想像によるホモフォビアと異なり、現場を見てきた人の感想である。

齢のころは世に団塊の世代と呼ばれるくらいの方だったと記憶するが、何名かで談話中、戦前の中学・高校での少年愛の隆盛の件に話が及んだとき、「そんなもの、当時の校則でも禁じられていたくらいなんだから真剣な問題として語る価値はない」と言い出す文人がおられた。

イラスト：さえ

稲垣足穂の報告にあったことと思うが、明治の頃はさらに甚だしく、学舎ごとにボスと部下がおり、そこへ訪れる他学舎からの客人に、もてなしとして芋をさしあげるか、そうでなければ好きな少年を犯していただいてかまわない、という意味である。客人が「少年がよい」と答えるとすぐさまそこで布団が敷かれ、掛け布団の中に待つ少年とごそごそ二、三十分、といった有様だったそうで、これが笑い話ならよいが、毎度犯されっぱなしの柔弱な少年の側から見れば、その暴力的な被支配のさまは岩井志麻子の「魔羅節」さながらの悲惨さである。

だが、その野蛮と無残の狭間、ごく稀に、折口や乱歩、山崎らが語った稚児的な少年同士の相愛が、実際にはどうであったにせよ、夢見られもした。

しかも、当時、少年の美貌の保証はまず男性たちから、男性からなされたものらしく、女に愛されることを知る前の思春期、美少年たちはまず男性たちからの賞賛を得て自己愛を育てたもようだ。

そして年長者たちは綺麗な少年を、現在の男性たちが美少女を見る目と同じ視線で眺めた。

その事情を知れば、夏目漱石の『こころ』で、「先生」が語り手に、「年長の男性から言い寄られ、フィクションか実体験かはともあれ、君は美しいと褒められた、だが、そうした野卑な言い寄りを厭い、同年の美少年との権力的格差のない相愛を経験したい」。ところがこのときの自己愛の根拠は、自らは棄却したところの年長の思い人、つまり念者からの愛の告白にある。

乱歩の『孤島の鬼』の語り手が自分は同性を愛することはないと、通俗小説の主人公の条件として必要な、自己が美青年であることの保証を、どこまでも諸戸という念者から与え続けてもらわねばならないのはこうした由来による。

齢のほぼ同じ美少年同士という想像も雅びではあるが、やはり古来の男色の様式の方が優勢で、まず多くは年長と年少の組み合わせとなっただろうし、それが美青年美少年となれば世界は彼らに微笑みかけたことだろう。二人で敵を殺しに行くもよく、浮世のしがらみを絶って地下の暗闇で睦みあうもよい。何をしても様になり、二人が肩を組んで街を行けば皆がその男ぶり少年ぶりに羨望の眼を向ける。

想像とは常にこうやって肥大する。現在の映画漫画はじ

め映像表現に美女美少女が不可欠なように、戦前の、ある向きにとって、美青年美少年は、女のいくらか可愛らしいものより、いかほどか価値が上であったことだろう。

ところで、美青年・美少女の対、と、美青年・美少年の対、とはいかに異なるか、戦前に限るなら、前者は主人と婢であり、後者は主人と主人見習いの関係が基本にある。現在の女性の方にこのように言うのはどうも残念ながら、戦前、同じ階級の男性とともにいる女性をまとめに主人扱いする関係は殆どなかった。少女が婦人となっても社会的地位はないに等しい。

それに対し、少年は、ある者は跡取りであり、ある者は家を出て立志の人、と異なりはしても、前提としていずれ一家を構えるべき男子と見られたはずで、つまりは主体となって立つことが期待される、少なくともされるべき存在であった。明治国家はこうした、もともとは武士の発想を一般市民にまでも求め、それによって兵として殺し侵略し女を犯しつつ新たな「家」をも獲得せんとする「日本男児」を形成した。

ならば、その「男子ぶり」に先んじる青年には、ときに貪るように欲望しつつも、相手である少年の主体性を認めねばならない局面が必ず来る。これが戦前、対女性ではありえない。

そこでの念者・稚児関係が、ときに師弟関係に近づくこともないとは言えず、とすればそれはどうも彼方、古代のギリシアにあったと記録される青年少年関係と似通って

くる。

『性の歴史』第二巻以後、ミッシェル・フーコーが報告するところによれば、ギリシア時代に、わが邦なら「念者と稚児」の関係にあたる男性年長者年少者のカップルが、愛し合いまた求め合いつつ、年長者は年少者を教育するという習俗が市民の一般としてあった。むろん市民のみの話で、奴隷は男女ともに奴隷である。そこは江戸なら武士同士での話と等しい。

少年の教育の場は知識と倫理の伝授とともに身体の交わりであった。

しかし、これもフーコーの記すところによれば、そうした関係によって男性教育がなされるさい、最も気遣われたのは、少年が自らを自らの主人と見る意識を損なわないことだったという。つまり、たとえ年長者に肛門を犯される場合があってもそれはたまたまの結果であり、犯される側専門の男になってはならない。男性と愛し合うことは男らしさを学ぶこととして賞賛もされたが、受身であろうとだけ望むのは後々の市民・家長たるまじき意識であるというのだ。

さらに、肛門性交は大目に見るにしても、口による男性の性器を吸うことをことさら好む吸茎者は殊に蔑まれた、という。たまさか密かにならばありとしても、口を用いる行為が一方的な常態であることは問題視されたらしい。おそらく、それが相互の愛の戯れであるあいだはよいが、跪き、相手の性器をいただくだけ姿勢となって支配被支配の含みを持ち

56

始めるのがまずかったのだろう。少年に被支配者の自覚を持たせてはならなかった。

どこまで真実か私には判じることができないが、なるほど主体意識を画然とさせる西洋の礎を築いた発想としてはそういった配慮もうなずける。いずれ一家の主人となり、また侵略者となるべき者が、他者に犯されたがる、他者の男性器を口に含むことばかり喜ぶような習慣に馴染んでは困る。いや、人の見ていないところでともかく、そういった「女役」としての評判が立ってしまってては、リーダーとなりえない、といったところだろうか。

唐突ながら、三池崇史監督の映画『46億年の恋』はそのの、少年が男を学ぶための、死と暴力を前提にした恋愛の方法をいくらか描いていたように思う。

身分や分際に非常に厳しく、語らずとも自然に成る「我」とは別の、意識化された「主体」というものを論外としていた前近代から、いきなり近代の個が形成されようとしていた明治期、前述のとおりそれは男性だけの問題で、とすれば、少年が一時政権を握った薩摩藩古来の風習・男色・男道を見習うことによってしばらく広まったとされる男色・男道だが、その伝播も案外必然でもあったのではなかろうか。

少年を性の具としつつも、いずれ日本男児たる人格を持つべき余地を残すよう配慮する。意識無意識はともかく、

そのような傾きが政治的に生成されていたとするなら、だ。

古くは平安時代まで遡るという稚児教育の伝統は、女性よりもさらに受身でかつ有能なしかも性教的パートナーである理想の客体者を作る技法の連鎖であった。そこで主体として立つことは教えられない。案外、後々そうした立場地位に就く元稚児も多かったとはいえ、確固たる人格を持つ手段方法自体は当人に任されていたことだろう。

それがあるときから、国策として、帝国日本という国家のための意志主体を育む方向が模索され始めた。このとき前近代の「念者稚児」は「国士たちの愛の絆」として再構成されてくる。その愛はたとえば西郷隆盛と若い部下たちのような友愛集団として図像化もされた。

強く、意志、かつ権利義務を弁え、使命を知り、団結力に富む男たちを作るには、性愛を伴う男性教育が最も効果が高かった、というのはあるいは世界共通なのかも知れない。強い軍隊を作りたければ互いに愛し合い犯しあう男たちで軍団を構成すればよい。

さすがに昨今、もうあまり聞かなくなったが、「最近の男たちは弱くなった、女の言いなりだ、情けない」云々と嘆きの諸兄、もし今もいらっしゃるなら、貴方がたには是非、日本全国津々浦々に「男色学校」の設立をお勧めする。そこに学ぶ凛々しい少年たちは、国と友のためには死ぬが、女の要求など凛々と聞きいれはすまい。お望みどおりの真に強い男がこうして続々と作られてゆくことだろう。

JUNE系文化とベレー帽の詩人

●文＝樋口ヒロユキ

社会を拒否するJUNE系少女

 一九八〇年代前半、私の通った高校は、福岡市内の郊外にある進学校で、かなりの人数が国公立の大学に進んだ（私学に進んだ私などは、いわば劣等生だった）。かといって真面目一本槍な学校でもない。KANとか椎名純平とか、草野マサムネが出た学校と言えば、なんとなく雰囲気がわかるだろう。
 一番校みたいに勉強はできないが、私学ほどには個性もない、とはいえ不良の溜まり場でもない。基本的に中庸で、まったく無個性というわけでもない。そんな我が母校の片隅に、ちょっと変わった少女たちがいた。基本的には真面目だが、その真面目さがあまりに際立ちすぎて、かえって人目を引いてしまう、一群の少女たちである。
 福岡市内の学校だから、当然誰もが博多弁で話すのに、彼女たちだけはなぜか標準語で話す。決して暗いわけではなく、むしろ明るい方なのだが、それが妙に芝居がかった明るさで、話している方が当惑する。「正しい言葉遣い」で話す「真面目」で「明るい」子たちなのだが、いずれも過剰適応で、フツーの基準からはズレているのだ。
 文化部によくいたこうした子たちが、密かに、だが熱烈に支持したのが、現在の腐女子の源流ともいうべき「JUNE系」の文化であり、その中心を担ったコミック誌『JUNE』だった。現在も『コミックJUNE』としてボーイズラブ（BL）系の作品を掲載し続ける同誌だが、この頃の『JUNE』は現在の『コミックJUNE』と、ちょっと色合いが違っていた。耽美、退廃の色が濃く、文学的で理論肌の路線だったのである。なにやら香ばしい色彩もあるという、文学的で理論肌の路線だったのである。
 ちなみに我が母校のそうしたサークルの中にいた少女の中からは、ガイナックス広報を経て現在は腐女子評論家として健筆を振るっている川原和子女史が出たが、これはまあ余談である。問題は、当時これらのJUNE系文化に魅了されたのが少女たちばかりではなく、私のようなヘテロセク

シュアルの男子生徒も、彼女たちとマンガや雑誌の貸し借りを楽しんでいた、という事実である。こうした文化に魅了された男子学生は、決して少なくなかったのだ。

現在のBL系作品では、ことのほか「攻め─受け」の関係を明快かつ執拗に描くものが多い。こうした「攻め─受け」関係の克明な描写は、いつしかヘテロな性愛にも似た、奇妙な粘度と熱っぽさを帯びていく。同性愛のようでもあり異性愛のようでもある、そうした隔靴掻痒のムズムズ感が、現在のBLの持つ面白さだろうと思う。ところがかつてのJUNE系作品は、こうした現在のBLとは違った、ひどく淡くて硬質で、無重力的な性愛の姿を、我々の前に描きだしてみせていた。当時のJUNE系作品が、男性をも含む幅広い支持を得たのは、そんなJUNE系特有の恋愛観、エロス観があったのである。こうした独特の感情を、見事に要約した一文を、ここに紹介しておこう。

「ぼくは成熟しただけの子どもだということはじゅうぶんわかっている」

（『トーマの心臓』萩尾望都）

ドイツの男子校の寄宿舎を舞台にして、夭折した美少年をめぐる複雑な愛憎関係を綴ったこの作品は、一九七四年に発表されたものだが、私が実際に読んだのは、ほんのつい最近のことだ。八〇年代中盤に入って、やっとJUNE系にめざめた私にとって、『トーマの心臓』は既に古典的作品であり、内容も高度過ぎたのである。

遅まきながら同書を手にとって思ったのは、この本の冒頭に出てくるこの言葉くらい、のちにJUNE系と呼ばれた文化の本質を言い当てたものはない、ということだ。いやむしろ、この言葉の延長線上にこそ、JUNE系文化は組織されたのだと言えるだろう。

この作品についてはいずれ機会を改め、その奥深くに秘められたエロス（性愛）とアガペー（神への愛）の闘争

について論じてみたいが、いまはその紙幅がない。ここで確認しておきたいのは、要するにそこに描かれたのが／性もなく正体もわからないなにか透明なものへ向かって／投げ出される一切の肉体的器官を持たないかのような抽象的な愛のかたち、「性を否定した性」のようなものだったという点だ。

JUNE系文化はこのように「性を否定した性」を描いた。それでは、その中心をなした『JUNE』とは、一体どういう雑誌だったのか。ここで簡単に振り返ろう。

同誌における主筆、もしくは理論的指導者のような役割を担ったのは、昨年亡くなった文芸評論家の中島梓だった。彼女が当時『JUNE』に執筆していた評論や対談は、のちに『美少年学入門』としてまとめられ、現在も文庫で版を重ねている。

中島は栗本薫のペンネームで作家活動を行ったことで有名だが、彼女は幾つもの変名を使い分け、同誌上で美少年の同性愛を描く作品を発表して

★萩尾望都『トーマの心臓1巻』（小学館フラワーコミックス版）

いた。フランス人と思しきこれらの変名には、彼の地の高名な貴族の血を引く異端作家だとかなんとか、マンディアルグを思わせる怪しげなプロフィールが記されていたように思う。要は『JUNE』という雑誌には、そうした一種の批評性、文学性が刻み込まれていたのである。

こうした文芸、理論面を主導した中島梓＝栗本薫に対して、ビジュアル面を主導したのが、マンガ家の竹宮恵子であった。十九世紀末フランスの寄宿舎を舞台にした少年同士の愛憎劇を描いた、竹宮恵子の代表作『風と木の詩』は、その頃、連載終了直前の人気絶頂期にあった。蠱惑的な主人公、ジルベール・コクトーの悪魔的エロスの大胆な描写は、男女を問わず数多くの読者を魅了し、その中には劇作家の寺山修司も含まれていた。

『JUNE』はそんな同書の人気に、シンクロしながら創刊された雑誌だったのである。

このほか、銀幕のスターやロック・シンガーたちのグラビアやイラストも、しばしば同誌の誌面を飾った。たとえばデヴィッド・ボウイだとか、ビョル

ン・アンドレセンだとかである。ボウイはご存知「火星から来た」ロックスター。ビョルンは映画『ベニスに死す』で、主人公の作曲家を誘惑する美少年の役を演じた俳優、ほとんど魔童、なかんずく学校を舞台にした少年愛を理解頂けただろうが、美性ともいうべき美貌を備えた少年で過ぎたためか短命に終わり、やがて版元も解散していた。

ここまで説明すればご

ついでに言えば『風と木の詩』の人気が最高潮に達していたその頃、竹宮恵子と同世代に属するマンガ家、山岸凉子の手になる『日出処の天子』が、他誌では連載されていた。聖徳太子が実はホモセクシュアルであり、権謀術数を用いて次々と政敵を暗殺する、超能力を持つ異能の人物であったとする本作は、私がもっともめり込んだJUNE系作品なのだが、これは本特集のテーマである「学校」と関係ないので割愛する。

ちなみに当時『JUNE』と人気を二分した競合誌に、みのり書房の『ALLAN』という雑誌があった。こちらは『JUNE』以上にアングラな匂いの強い雑誌で、ナチス特集とか新宿二丁目特集とか、とんでもない特集を組んでばかりいた。私は結構好きだったが、あまりにアングラに走

り性に、私たちは魅了されたのである。ついでに言えば、坂本龍一演じる日本陸軍大尉と、デヴィッド・ボウイ演じる英国陸軍少佐の、ホモセクシュア

「らしさ」とは切断された、無重力的な空間に浮かぶ性愛の形態。性欲や性器とさえ一切無縁な、湿度のない純粋なエロス。その非─社会性、反社会

やれ良妻賢母であれとか「責任を取って結婚」とか、男らしくとか女らしくあれとかいった、社会の強いるJUNE系文化は、ほの暗く背徳的で危険な香りのするものだったのだ。私たちがそこに見たものは、社会的に公認された性愛の形式とはまったく異なる「もう一つのエロス」のあり方だったのである。

★「JUNE」1979年 vol.7／表紙は竹宮恵子

60

ルな愛憎関係を描いた映画『戦場のメリークリスマス』が封切られ、社会現象になったのも、やはりこの時期のことだった。当時の社会状況においていかにJUNE系文化が席巻したか、このことからも伺い知れよう。

その後もBL系文化は増殖を続けていくが、JUNE系にあった耽美や退廃は影を潜め、腐女子文化と名を改めて今日に至っている。だが、それにしても七〇年代から八〇年代にかけて、なかば社会現象のようななかちさく取りながら、JUNE系文化がこれほどの隆盛を見せたのはなぜなのか。

もちろん海外の文学、映画などの先行作品の影響はあっただろう。だがもう一つ、こうした作品が求められた背景には、七〇年代以降における政治的革命の挫折があったのではないか。六〇〜七〇年代は、マニッシュな暴力による政治的革命の試みが、次々に挫折していった時代だった。男性的な肉弾戦による革命の可能性

少女的革命の拠点としての学校

ど残っていないという事実を、若者たちはこの時代、いやというほど見せつけられたのだ。

あれほど闘争を連呼したはずの団塊の世代は、さっさと髪を切って就職し、残った左翼連中は、陰惨な内ゲバと不毛なテロを繰り返していた。社会は鉄壁のように堅牢であり、闘ぞぞと勇ましく連呼していた連中は何一つ社会を変えず、マニッシュな暴力革命の幻想が潰えたあと、華やかな女性的文化が花開いたのは、いわば理の当然だったと言える。要するに若者たちは「男らしさ」と称するものに、完全に愛想をつかしたのだ。

実際、現在の女性文化の出発点は、見事なまでに七〇年代初頭に集中している。たとえば雑誌『an・an』の創刊は一九七〇年、MILKやPINK HOUSEなどの、元祖ロリータブランドの創立も同じ年。翌七一年には、雑誌『non-no』が創刊されている。「かわいい食べもの」というジャンルを編み出したサーティーワン・アイスクリームは、一九七三年に日本上陸。サンリオのファンシー文具も、翌七四年に登

場したものだ。

評論家の大塚英志は、こうした「かわいい」文化の出現を、その著書『彼女たち』の連合赤軍』のなかで、同時期の政治的革命の挫折との、鮮やかな対比のなかで描き出してみせた。

七〇年代以降に始まる「かわいい」文化的表象は、暴力を介さず消費を介した「ガーリーな革命」だったのだ。

こうした一九七〇年代の「かわいい」文化が、いよいよ社会を、成熟を拒否して「学校」をキーワードにしだすのは、一九八二年の『Olive』創刊の頃からだろう。まるでPINK HOUSEの広報誌かと見まがうようなその誌面には、しばしば「少女」という単語とともに「リセエンヌ」という単語が踊っていたものである。

ヨーロッパの学童のように見えるよう、PINK HOUSEのお洋服を着ましょう、という執拗なまでの誘い。そうした『Olive』における誌面作りの裏には、成熟を拒否せよ、社会を拒否せよ、いま子どもこそが美しいと認めよという、アジテーションが秘められていたよ

★「Olive」創刊号

61

また、私は思う。こうした編集の背景には、既に見たような編集の背景には、既に見たような学校を舞台にしたJUNE系に見たような学校を舞台にしたJUNE系の文化と女性誌メディアが描いた「学校」は、現実に私たちが日々通う、あの退屈なカッタルい場所を示していたのではなかった。それは社会の抑圧から身を交わして引きこもるための拠点、空想の少女的バリケードだったのである。

実際、当時の社会が私たちに強いた「ジェンダー守るべし」という規範は、今では考えられないほど強かった。歌手の小田和正が、単に声が高いというだけで「女々しい」と批判を浴びたという事実を聞けば、どれだけ当時のジェンダー規範が強固だったか、若い読者諸氏にもご想像いただけるだろう。ホモに限らずヘテロでもうんざりするほど、マニッシュな常識が支配した時代。それが八〇年代以前の社会だったのだ。

そんな社会に抗するように、私たちは学校や寄宿舎を舞台にした作品を好んだし、書き手たちも学校を好んで舞台に選択し、そこで拡げられる単に透明な性愛の姿を描いた。それケンカやカツアゲのようなことは荒っぽい少年愛を描くのに都合の良い空間だったからというだけでなく、そこが社会的規範から切り離された性愛関係のアジールであり、手垢のついたジェンダー的規範から束の間逃れ、エロティックな自由を謳歌できる、性愛のバリケードでもあったからだ。

かように当時のJUNE系文化を振り返ると、そこに見えてくるのは「学校への過剰適応」という構図である。そこでは社会の強いる規範から逃れ、たてこもるためのバリケードとして、学校という自閉空間が空想されていたのだった。こうした文化の主な受容層になったのが、まさに学校への過剰適応を見せる奇妙な少女たちだったのは、いわば必然的な出来事だったのである。

さて、この「学校への過剰適応」というキーワードを眺めるとき、私は二十年以上も前の、不思議な局地的流行のことを思い出す。担い手になったのは我が母校にいた、ちょっと不良っぽい女の子たちだ。

なにせ制服の一部なので校則違反とは言い難く、先生たちも注意するわけにはいかない。校則を過剰に守ることで、先生たちの苦々しい表情を

ような進学校のこと、不良と言っても荒っぽいことはしない。パンクやNWのレコードを貸し借りして、街中のライブハウスに出掛けたり、飲み慣れない酒を煽かしてむせ返ったり、たまに煙草を吹かしたりする程度だ（それでも先生たちからは睨まれたのだけれど）。

私がここで書きたいのは、そうした不良っぽい女の子の間で、一時期流行ったファッションのことだ。彼女たちはベレー帽を被って、学校にやってきたのである。

うちの学校は変わっていて、女の子は紺のブレザーにエンジのネクタイという制服だが、どういうわけかベレー帽も制服の一部として被ることになっていた。あまりに奇妙な制服なので、入学して一週間も経つと、誰も被らなくなってしまう。いわば学校公認の校則破りなのだが、件の不良女子たちは、それをわざと被って学校に来ていたのだ。

八〇年代には活動をいったん停止。ファーストアルバムだった。リリースされたのは一九七九年、私が実際に耳にしたのは、中学の頃から高校の頃、自分自身も思春期にあった時代のことだった。この歌詞に深刻なショックを受けたことは言うまでもない。

とはいえ実に皮肉なことに、若さが孕む愚かしさを幾度となく描いたこのパンク詩人は、その若さと早熟さによって、伝説的な存在となったのだった。その頃に耳にした噂では、彼女は学校の制服のままでライブハウスに出演している、という話だった（この話はのちに戸川純も書き記している）。実際には彼女が通っていた神戸女学院高校には制服などない。私はのちに神戸女学院のすぐそばにある学校に進学してそのことを知ったが、そんなことを福岡の高校生が知るはずもない。「夭折神話を愚弄する、制服にベレー帽の少女詩人」というイメージは、ベレー帽の局地的流行とともに、私の脳裏に焼き付いたのだった。

伝説的な存在になっていた。オカッパ頭にベレー帽、もの憂げで中性的な彼女の写真は、忘れた頃になると必ずどこかの雑誌で、ページを飾るのが常だった。そんなJUNE的な両性具有のイメージで知られたこの詩人は、投げやりで捨て鉢な歌詞によって、若さと夭折を真っ向から否定したのである。

「死んだあとでの美辞麗句 天才な
んて誰でもなれる 鉄道自殺すれば
いいだけ 天才なんて誰でもなれる」
（ローレライ）

若さ、輝かしき汚辱の時代

眺めて悦に入るという、なんとも反語的な反抗である。

ここまで既に見たとおり、プレ・オタクとも呼ぶべき優等生の少女たちは、学校を舞台としたJUNE系マンガに熱狂し、それによって大人の入って来ることのできない、秘密の花園を築き上げた。いっぽうロックやサブカルチャーを愛好するという不良少女たちもまた、ベレー帽を被るという過剰な校則遵守によって、学校を、教師を挑発した。いずれも学校への過剰適応という同じ戦略を使って、社会に対するバリケードを築いていたわけで、何とも奇妙な符合である。

そしてもう一つ、当時の局地的ベレー帽ブームで思い出すのは、Phewという NW 系の女性シンガーのことである。Phew は現在では「MOST」というパンクバンドを率いて復活しているが、その彼女が活動の初期の頃にトレードマークにしていたのが、まさに ベレー帽だったのだ。

Phew は七〇年代末にデビューし、

一般に美しい少年少女の夭折の物語は、それだけで人を魅了する。古今東西、青年の死に美を見出す物語は枚挙にいとまがなく、冒頭に掲げた『トーマの心臓』は、その典型と言っても良い。だがPhewはこの詩句によって、そうした数多くの夭折神話に、冷水を浴びせかけたのである。

この歌を収録したアルバム「Aunt Sally」は、彼女が在籍していた大阪のインディーズバンド、Aunt Sally の特に何の才能もないくせ

★ Aunt Sally「Aunt Sally」

に、人並みに凡庸な天折願望だけは抱えているという、いかにも青臭い文学青年だった私は、完膚なきまでに彼女の紡ぐ詩想の前に打ちのめされた。さらに再びPhewによる詩句によってとどめを刺されたのは、高校を出てしばらく経ってからのことだ。

「ごらん 汗じみた澄みやかさ 時に濁り汚れる月日 桁違いの浅はか 段違いの愚かさ 知恵の足りない罪ここらの手続き罰 木偶に等しい青春時代」(Youth)

この曲を収録したアルバム「VIEW」は彼女の二枚目のソロアルバムで、リリースは一九八七年。こちらはリアルタイムで聞いた。大学二年の夏休み、私は自分の日々犯す愚行が、ごく凡庸なものでしかないことを、この詩人から宣告されたのだった。

しかし、それにしても奇妙だ。私は一方でJUNE系少女やベレー帽の不良少女が演じたような、学校への過剰適応、学校という自閉空間への立てこもりに、深い共感を覚えていたはずだ。それは成熟と社会への拒否であり、若さへの全肯定でもあった、若さを称揚する諸文化に濃厚な影響下だった詩人、Phewの言葉さを全否定する詩人、Phewの言葉日々に衝撃を受けていたことになる。なんと都合の良い感受性だろうか。

けだし、若さの持つ汚らしさに死に見つめるのは、いつでも当の若者自身であり、若さへの嫌悪それ自体が実は、若さへの全肯定であり、若さの証明なのだろう。三五歳の若さで戦死した、フランスのコミュニスト作家ポール・ニザンの著作には、こんな言葉があるそうだ。

「僕は二十歳だった。それが人生でもっとも美しいときだなんて誰にも言わせない。」(『アデン・アラビア』)

「若者だけが特権的に汚らしいのだ」と主張するのは、若さ故の過ちだ。三十代になろうが四十代になろうが、愚かな人間は愚かなままだし、汚い人間は汚いまま老いる。それに目をつぶって若さを全否定しようとする性急さもまた、結局は若さの産物なのだ。Phewは前出のアルバム

「VIEW」のなかで、こんなふうに歌っている。

「輝く日々にそびらを向け 過ぎし日々に育ち 未来へしりぞく うしろ向きの前進／炎抱きて太陽をぬり／過ぎし日々はなやぎし月日さやけき世界／短き 短き日々は美しく 美しき日々のうたかた」(Past)

若さへの嫌悪と賛美をないまぜに描いた、このわずか数行の詩句に、つけくわえることは何もない。結局のところ若さとは「輝かしい汚らしさ」とでも言うべき時代であり、そうした矛盾を凝縮した場所こそが、学校という自閉空間なのだ。

汚辱と恥辱と輝かしき栄光が、同時に溢れかえる振幅の激しさ。その過激さを封じ込めた無重力的空間が、学校という場所なのだろう。いまは無限に遠い場所となったその場所のことを、私は懐かしく思い出す。こうした追憶の中で生き続けるという意味において、学校は永遠の存在であり、普遍の存在なのに違いあるまい。

揺るぎない価値観を育む閉ざされた学校システム
——宝塚音楽学校

●いわためぐみ

「清く、正しく、美しく」そんな標語がさまざまな幻想を喚起する少女歌劇の園。日本特有の女性だけのレビューカンパニーである宝塚歌劇団には、付属音楽学校があり、そこを卒業しなければ、団員にはなれない。最初のベルバラブームのころには40倍にもなった超人気校だが、ここを卒業しても彼女たちの学歴は「中卒」。最近、通信制・単位制もある。

高校と連携して高卒の資格もとれるようになったそうだが、それでも卒業したら99％歌劇団に入団する。いわば入社研修を2年、研修費を自費ではらっているシステムだ。中学卒業から高校卒業まで、受験のチャンスは4回。最近、ダンスや音楽の経験が浅くても入学試験に望めるようになったが、ほとんどの受験生は、入学前からバレエや声楽、受験対策スクールや、受験コースをおく歌劇団の本たところでは面接の模擬練習をしているところもある。また、歌劇団の本拠地、宝塚にはコドモアテネというバレエや声楽、日舞などを学ぶ予備コースもある。

宝塚出身のお嬢さんは、しつけや礼儀の訓練ができているし、美人も多いから、下級生への接し方を学ぶという構図だ。しかし、レオタードの色も黒になる。初舞台の番下級生からやりなおし。このとき、卒業して歌劇団に入団したら、また一接し方を学ぶという構図だ。しかし、2年目では1年目に学んだ規則を上級生と目上に対する尊敬を学年目は服従と目上に対する尊敬を学び、2年目では1年目に学んだ規則を上級生として下級生に指導しながら、下級生への責任と目下の立場への日常を過ごさなければならない。1昇し、下級生を指導し、手本となるもうまくこなすことができるだろう。タカラジェンヌたちのエッセイや、宝塚から発行されているファンむけの雑誌などを読むと、この集団形成のシステムがよくできていることが実感できる。カリキュラムは舞台人として必要な実技に重きをおかれ、学ぶ目的がはっきりしていることから、学びに無駄がない。

誤解を恐れずに言えば、宝塚のダンスも歌も、集中して訓練すれば特殊な才能がなくてもこなせてしまう。それだけのシステムをすでに学校も歌劇団も構築してしまっている。体格的なことはともかく、タカラジェンヌ的であることに必要なのはむしろ、根性のすわり方だったり、トップスターをもっとも魅力的に見せる舞台を全員で作り上げる集団を構築することなのだと思う。閉ざされなければならないのは団結や揺るがない価値観を共有するため……秘密社会のような匂いを有してしまうのはその結果なのではないだろうか。

★「宝塚音楽学校」著・上田善次（読売新聞社）第一次ベルバラブーム直後に発行されている271ページに及ぶ学校案内。カリキュラムの紹介から、当時のトップスターが学生時代を語るインタビュー、豊富な写真、校則や服装規定を紹介するイラストなどで構成されている。

教えは、教師によって行われたりカリキュラムと呼ばれる一列にならんで腕を組み、足を振り上げるレビュー独特のダンスの振付練習は過酷な共練といった様相だという。

この上下関係は一生ものである。スターシステムによって、トップの地位を得たとしても、1年でも先に入団した先輩との関係は変わらない。入団した後もタカラジェンヌたちは「生徒」と呼ばれ、入団後も試験によって席次が決まり、楽屋の香盤表などで予科は黒、本科は自由。校内の掃除は本科と呼ばれ、徹底した規則で区別される。たとえば、レオタードの色は予科と呼ばれ、嫁さんにもらうのに最適だとも言われる。2年制のクラスは予科と本料が担当し、髪型も持ち物も予科が担当し、髪型も持ち物も予科が徹底的に規則にしばられる。反対に本科生は、様々な自由を得るが、卒業までの自己鍛鑽の質は上の仕事の人間関係の暗黙の上下関係娘なら、嫁姑問題や親戚付き合い、夫そんな厳しい人間関係を仕込まれたも、その成績順が一生ついてまわる。

少年学徒のメランコリア
～美しく儚き少年愛夢想

● 絵と文＝林アサコ

学校という密室の中で生まれる少年同士の友愛を超えた執着、叙情的に描かれたメランコリー、時に暴力的なほどの性衝動……。宝石のようでありながら、もろく繊細なそうしたものたちをひっそりと愛でずにはいられない。

摩利と新吾
木原敏江
白泉社(文庫)/562円

**友愛と愛欲にゆれる
永遠のプラトニック・ラブ**

摩利と新吾は幼なじみの親友同士であり、互いが互いの分身である。全寮制の旧制高等学校「持堂院高等学校」へ上がり、摩利の友情は性愛を孕むようになる。新吾もそれに応えようと思い悩むが、遂に友愛が性愛に変わることはなかった。

風と木の詩
竹宮惠子
〈白泉社（文庫）、648円〉

漫画「摩利と新吾」「風と木の詩」、映画「モーリス」に共通した素晴らしい点は、彼らの学校を出た（あるいは去った）後の生活が描かれていることだ。過ぎ去った学生の日々はまるで幻想のようで、その後苦難の多い日々を過ごす彼らは、時折学生時代を偲び反芻する。摩利と新吾では、死後二人が天に昇る姿が、恋を知る以前の初々しい制服姿であった。ジルベールの走馬灯の中の二人の姿、セルジュの見た幻覚も、学生時代のものだ。そして青春に蓋をし、普通の生活を選択したクライヴが窓の外に見たモーリスの幻も……。未来という現実と対だからこそ、学生時代がより尊く、そして切なく思える。

神に愛されたエロスの申し子

舞台はラコンブラード学院。南フランスの田舎にそびえる8歳〜19歳の学徒たちの通う学院である。また、そのうち3分の2が寮生。快男児セルジュと、悪魔的美少年ジルベールの愛と後悔の日々。性愛に生かされているジルベールの脆いメンタリティは、美少年ならでは。

モーリス
ジェームズ・アイヴォリー監督

青春の酷たらしい落とし物

ケンブリッジ大学に通うモーリスと、その友クライヴ。クライヴの告白により同性愛に目覚めるモーリスであったが、友は、世間体を重んじて去り行き、モーリスはひとり取り残される。クライヴはゲイであるモーリスに罵声を吐くが、それでもなお青春の幻影を消すことはできない。

森伸之インタビュー

制服研究30年。制服から見えてくる日本の人と社会。

●取材・文＝西川祥子

制服を着ると、何か特別な感覚が着てる人の中に芽生えてしまう。ちょっとパジャマを着るとリラックスモードに切り替わったり、フォーマルを着用して気分が引き締まるのと似ているかも知れない。けれども、制服はその方向性がしっかり定められているだけに、もっと明確な着地点があると思う。

制服着用経験は3年と比較的短い私ですが、それだけに制服への憧れと疑問かつもってしまう。特定の制約の中で起こる流行について『東京女子高生制服図鑑』を出版し、長年制服研究を続けている森伸之さんに学校制服のリアルをたずねてみた。

▽「制服図鑑」誕生まで

——『女子高生制服図鑑』をめくっていると、例えばセーラーカラーの種類だとか、とても細かいことまで、記述してあるところがまず驚くところなのですが。

★あれは鳥類のポケット図鑑っていうのがよくあるじゃないですか、バードウォッチング用に携帯できる小さい図鑑です。その形態で作ろうってことになって、セーラーカラーの模様っていうのは、鳥の羽の柄ですね。

——尾羽の柄とか載ってますからね。

★そうですね。だからちょっとパロディみたいな感じですね。基本的に街で見かけた時にそれはどこの学校なのかっていうのを、素早く見分けることができるような図鑑を作ろうっていうことだったんです。

——森さんが制服とかに興味を持たれたのって、どれくらいからなんですか？

★高校生くらいですね。当時漫画が描きたくて、学園漫画なんですけど……で、学園漫画は

森伸之 http://zukansha.com/
1961年東京生まれ。イラストレーター・制服研究者。1981年頃より三島成久氏・間島英之氏と共に都内私立女子高校の制服情報を調査開始。1983年、美学校考現学研究室に在籍中、調査結果をB6版のノート2冊にまとめ、レポート提出。このレポートをベースとして、1985年『東京女子高制服図鑑』(弓立社)刊行。以来1994年度まで、毎年改訂版を刊行するロングセラーとなる。現在はおもに制服に関するイラストと文章の執筆を中心に活動中。著書に『制服通りの午後』(東京書籍)、『東京路上人物図鑑』(小学館)、『アンナミラーズで制服を』(双葉社)、『OL制服図鑑』(読売新聞社)など。

制服が当然出てくるじゃないですか。制服のブレザーの襟とかセーラー服とかそういうのを練習しているうちに、当時の学校の制服のデータベースを作っていくことに結果的になっていったんです。そのうち漫画はまあどうでもよくなってきて、制服がいろんな種類があるっていうことに興味が移っていったんです。

僕は千葉県の柏に住んでたんですけど、近所に15校くらいの高校があったんです。やがて神保町にある予備校に通うことになったんですけれど、その予備校が学校が終ってからいろんな制服でみんな来るんです。柏では見たことないようなデザインの制服が集まって来てて、着こなしもの凄くあか抜けていて、ビックリしましたね。

僕の制服の種類の点数を集めて1冊の本にしたるだけデータの点数を集めて1冊の本にしたらだけデータの点数を集めて1冊の本にしたんどの制服の種類があって、これはもう集められら柏のほうで見てたのとは比べ物にならないほ中のいろんな高校の生徒が集まってるので、東京園とか。あと予備校って共立とか白百合とか神田女学そうですね、共立とか白百合とか神田女学

――神保町のあたりって学校も多いですよね。

ら面白いんじゃないかなって、予備校の時から考えていたんです。

――では予備校の時からもうスケッチとかたんですよね。その予備校は普通の一般教科を勉

強する学校だったのでしょうか？

★はい、普通の予備校で、結局大学はとかかは全然関入ったんです。だから、イラストとかは全然関入ったんです。だから、イラストとかは全然関係ない大学なんですけれど、大学は渋谷にあったのでやっぱりいろんな学校制服が見られるということで、相変わらずいろんな制服のイラストを増やしていったんです。

――この本が出たのがだいたい80年から84年ぐらい。なので、ちょうど東京の制服の着こなし的にもデザイン的にもガラッと変わるのと、僕が東京に出て来た時がちょうどタイミングが合ったんです。

制服って本当はあまり動かないものなんです。何十年も同じ制服を着ている学校は今でもありますけれどね。80年になるくらいまではどこもこんな感じだったんですけれど、それが80年から85年の間にモデルチェンジブームっていうのが起こりはじめて、制服がどんどん変わっていったんです。

――モデルチェンジブームは何かの影響で起こったのでしょうか？

▽制服のモデルチェンジブーム

――それはおひとりで続けられてたのですか？

★最初はひとりでやってたんですけれども、周りに面白がる友達が2、3人いて、データ集めるからイラストどんどん描いてって言われて、結局大学生3人ぐらいでデータを持ち寄って自分がイラストをおこすということをしていましたね。

――写真を使わないということですが、写真はいらないんです。

――では、特定のひとりじゃないんですね。

★そうですね、何人も生徒を見てその平均的な着こなしをイラストにおこすというやり方をしてたあって、何人も生徒を見てその平均的な着こなしをイラストにおこすというやり方をしてた

――写真を使わないということですが、通り過ぎる高校生をすばやくスケッチされるのですか？

★港区に頌栄女子学院というミッションスクールがあるんですけど、そこがタータンチェックの膝上のスカートを制服に定めたんですね。それまでタータンチェックのスカートを履いているというと、青山学院か、インターナショナルスクールの女の子ですね。そのくらいしかなく、それほど目立つものではなかったので、頌栄がモデルチェンジをしたってことで、みんな「おっ？」って思ったんです。

――その制服がすごく、可愛かったということで

頌栄女子学院

どにもより早く
タータンチェックの
スカートを採用した
制服。英国の香
りが漂ってます

ものすごく
質感の高い
生地です！

★イラストはいずれも、森伸之

とてですね。

★あれは、頌栄の校長先生が、イギリス好きだったんですけれども、あまりセンスとかもそんなに良くなかったんですけれども、そこがタータンチェックのスカートになって急に、ものすごくお洒落に見えたんですね。で、制服で人を呼べる学校になって、受験の倍率が跳ね上がったんです。

——それで、他の学校もモデルチェンジに踏み切ることが多くなっていったんですね？

★制服を変えて学校を変えられるかもしれないっていうことに嘉悦を見てみんな気が付いたんですね。そこからもう80年代の半ばから95年頃まで、全国的に制服がガラッと変わる時代が来るんですね。

で、僕がこの制服図鑑を作りはじめた頃っていうのは、大きく制服が変わって行く時期だったんです。まあこれ（『東京女子高制服図鑑'91年度版』）見てもらってもタータンチェックのスカートなんかも載ってますけれども、タータンチェックのスカートが年々増えて行くので、毎年改訂版を出してイラストをどんどん描き変えなきゃいけない状態が続いていたんですよ。当時は制服に対する感心が高まっていた時期なんで、割と毎年コンスタントに売れていました。

▽スカート丈とルーズソックス

——その時期には、もう制服も短い丈が流行っていたのでしょうか？

★そうですね、この図鑑は'91年度版ですか。こ

の学校で、イギリスに行って、現地の名門女子校の制服を見てですね、それを参考にこういうものを作ろうとモデルチェンジを決めたという経緯があるんですよ。

でもそれまでは、ただのセーラー服だったんですけれども、セーラー服からタータンチェックっていうモデルチェンジの典型的な新旧交代を、頌栄がまず最初におこなったということがあったのですね。

▽制服を変えて、学校を変える

——頌栄女子学院を筆頭に、次第にタータンチェックへの移行が増えていったということですか？

★まあ頌栄の場合は人数がそれほど多くなかったっていうのもあって、みんな「おっ？」って思ったんですけれども、まだそこで一斉に真似するってほどではなかったんですね。その次の年に嘉悦という女子校が、やっぱりタータンチェックのスカートをモデルチェンジに採用したんです。当時は割と生徒数も多かったし、元商業系

ですか？

★でしょうね。当時まだスカート丈っていうのは長い方がカッコいいっていう名残があったんですよ。スケバン刑事的なね。そういう価値観がまだ十分に残っていて、東京ですらそうだったんです。もちろん、東京都下とか近県の千葉、埼玉、神奈川あたりへ行くと、もうスカートを引きずって歩いている状態だったんです。その中でヒザ丈のスカートっていうのは、"長い方が可愛い"から"短い方が可愛い"っていう全く逆のベクトルがそこで生まれたわけで、これは生徒達にとっても、学校関係者にとっても結構「えっ？」って思う出来事だったんですっていうこと

——突然、そういう価値観が生まれたっていうこと

の当時にはもうひざ丈からひざ上という状態だったと思いますね。ただ今のスカート丈に比べるとまだ長めですけれども。

——やっぱり、今は相当短い時期なのでしょうか？

★はい、かなり短いです。その当時は膝頭がみえるということが事件だったわけですよ。ひざが見えているというのは、今迄になかった着こなしをしているということと、ハイソックスを履いているというのは、当たり前のようにいましたね。まだ暴走族とかがいた時代ですね。まあ、90年くらいまではまだどこかにいましたね。

——渋谷とかにも？

★いや、渋谷にはいなかったです。やっぱり千葉の山奥の方とか、木更津の方とか、にはいましたね。

——そのあと90年くらいからルーズソックスがでてくるんですよね？

★基本的には、まじめな子はひざ下が普通ですよね。

★はい、まじめな子もそうだし、おしゃれっていうか、ヤンキー系の子はもっと伸ばしてたりです。

——ヤンキー系の子ってどんどん減っていったと思うんですけれども。

★そうですね、85年に本を出した時にはまだ23区以外の東京都と、千葉とか埼玉とか神奈川には当たり前のようにいましたね。まだ暴走族とかがいた時代ですね。

——ルーズソックスは青学の真似なんですね。

★まあ、そうですね。青学の子は何を真似していたかって言うと大学生のカジュアルなスタイルを真似していたんです。その時はルーズソックスという商品名はなくて、ソニプラで売ってたスポーツタイプの厚手のソックスを買ってですね、それをたるませて履く！当時はクシュクシュソックスとか言ってましたけれども、商品名ではなくて、状態ですよね。そういうクシュクシュした状態のソックスの着こなしがはじまったのは90年前後なんです。で、それに目をつけて商品化されたのが93年か94年くらいです。で、後はどんどんボリュームが大きくなっていったんです。

——ルーズソックスのゴム抜きとかは、すごいボリューム感ですよね、靴の上に被さっていて。はじめて見た時は驚きました。

★あれはやっぱり、スカート丈と同じでエスカレートするものなので、スカート丈が短くなればなるほど、ルーズソックスのボリュームは大きくなって、これはトンボ学生服の人に、ルーズソック

ス全盛の頃に、ルーズソックスはどうなんですか？って聞いたんですけれども、「制服を作る側としては、ああいう着こなしはほんとにどうかと思うんだけれども、今のミニスカートとのバランスを考えるとあのルーズソックスしか有り得ないって自分でも思う」って言ってたんですよ。

——ああ、下の方が軽くなり過ぎてスカスカになっちゃいっすから、あのルーズソックスのあのボリューム感で重みを持たさないと、っていうことですね。

★そう、だから、ミニスカートが続く限りは、ルーズソックスも当分続くんじゃないですかって、その人は言ってたんですけれども。

——でも、今は見かけなくなってしまいましたよね。

★普通になくなりましたね。都内の私立高校がまずやめて、それから都内の公立高校がやめて、それでその周辺からまたなくなっていったんです。今は紺のハイソックスが流行っていますよね。

——最近、中学生とかはミニスカートが履いてたりしますよね。

★あ、履いてますよね。

——中学生で今はルーズソックスが流行ってるのかなって思ったりして。

★白ソックスを自分で少したるませてはいたりしてますね。90年頃の流行が、まあ本人達は全然知らないでやっているんだと思いますが、一回りしているのかもしれないですね。

▽女子高生が求める制服

——流行は20年周期で一回りするっていいますから。

話は変わって、私は京都の高校だったのですが、ノートルダム女学院とか近くにあって、私服の学校で制服とかそんなに縁がないのですが、周りの子の制服で可愛いなーって思っていたのに、周りの子に「えーっあれ可愛いって言われてるんだよ」って言われて、かなり驚いたんですけれど。

★茶色の制服って、茶ばねゴキブリとか言われちゃうんですよね(笑)。

——あと成安女子とかは山本寛斎のデザインかで、やっぱり周りでは不評で、みんな可愛くないって言ってて、制服の可愛いって何だろう?っていうのがずっと疑問としてあるんですよ。

★あの、今の制服の可愛いっていうのは、女子高生らしく見えるっていうのが可愛いんです。別に個性的である必要は、それを着てる本人達にはなくって、何が必要かって言うと、それを着ることによって女子高生らしく見えるかどうかっていうことなんです。

——それは、女子高生という型があるということですか?

★型はかなりしっかりあると思います。その型の原型が出来たのが、いわゆるコギャルブームと言われた93年から始まった、まぁブームなん

ですけれども、コギャルっていうその一言に象徴されるような着こなしですね、つまり、ミニスカートにルーズソックスに、それから大判サイズのニットですね、ニットベストとか。それから学校指定風のスクールバッグですね、それを肩にかけて足元はローファーっていう。一つの型が完全に出来上がっていったんで、それが女子高生らしさなのであって、それに魅力を感じる女子高生は制服自体が個性的だと、かえって邪魔なんですね。

——なるほど、それで際立った制服は人気がなかったんですね。

——今はどうなんですか?

★なるべく制服自体はオーソドックスな制服で、そのかわり女子高生らしいアレンジをしやすいものが、人気ですよね。

——青学とかはポロシャツじゃなくても良いんですよ、白だったらなんでも良いんです。つまり生徒自身にコーディネイトをさせるんです。なので85年くらいは、青学が東京の女子高生の先頭に立って引っ張っていた時代だったんです。

★別にポロシャツじゃなくても良いんですよ、白だったらなんでも良いんです。スカートも紺だったら良いんです。つまり生徒自身にコーディネイトをさせるんです。なので85年くらいは、青学が東京の女子高生の先頭に立って引っ張っていた時代だったんです。

(画像内の書き込み)
青山学院
カジュアルだけど上品な着こなしは、これぞ東京の高校生!という感じ
高校生はプリーツスカートなら柄は自由です。

72

▽生徒は歩く広告塔

★今はないですね、そういうところは。
——割と平均化してしまっているんですね。セーラー服も随分減ってしまうと思うのですが。今は減りましたね。ただ、今、セーラー服を着ている学校っていうのは、これからもずっと着続けると思います。もうやめる学校はとっくにやめて、ブレザーとかを着てしまってると思うので。
——セーラー服を廃止する学校の傾向っていうのはあるんですか？
★うーん、そんなこんなで、外に一番わかりやすく「変わったんだ！」って皆に伝わるんです。街を歩いてますから、「あ、変わったんだ」ってイメージなんです。私学にとっては生徒も歩く広告塔みたいなものですから、広告を一斉に書き換える効果がある。しかもその書き換え代はその生徒の親持ちで。
——山本寛斎の制服だと全部そろえると30万く

らいしたみたいですから、ブランドものの制服は高額ですよね。キュロットとかもあるんですけど、キュロットを履いてる女の子はあまりいなかったそうですよ。
★ああいうのは本当はオプション扱いだったりするんですよ。買わなくてもいいものまで買わされちゃったり、学校入った時ってよく分かんないじゃないですか。何を買ったらいいのか、紙を渡されて、「買うものに○を付けなさい」って言われると、買っておいた方がいいのかなってどんどん○付けちゃって、どんどん値段が高くなるっていう。

▽スカート丈の長さのバランス

——今の短い丈のスカートを使っているということを聞いたのですが？
★ありますね、あれは100円ショップで売ってるんですね。ググって上げてスカートの一番上はここぐらいまで。
——胸のあたりまでくるんですね。
★まくると襞が乱れてしまうので、ベルトを使うんですね。これは港区の東洋英和という学校の子に聞いたんですけれども、ベルト狩りっていうのがあって、抜き打ちで(笑)でもベルト没収されても一本100円なので全然痛くも痒くもないんです。職員室にベルトが段ボール

いっぱいになってるらしいです。
——すごい、そこまでみんな、制服でオシャレしたっていう欲望があるんですね。
★そうですね、今は短くて当たり前なので、学校側の意識と生徒の意識に10センチくらいのスカート丈のズレがあります。
——95年位かな？スカート丈が短くなって、女子高生はスカートの後ろを抑えながら、階段とかを上っていた覚えがあるんですが、最近そういう風景はあまり見かけなくなったんですよね。
★見えてもいいと思ってるんじゃないかな？今は中にハーフパンツっていうか体操用のを履いているから。
——夏でもそんなの履いてるんでしょうか？暑そうですが。
★うーん、履いてるんじゃないかなと思うけど。
——あのお尻を抑える感じはなくなったんじゃって、今のほうがスカートが長いのかなって勝手に思ってたんですけど。
★あ、都内の私立高は前よりも長くなりました。
——じゃあ、これからまたどんどん長くなっていく傾向にあるんですか？
★ん〜？かもしれないし。ここで止まるかもしれないし。でも、かつてみたいに膝下までいかないだろうなっていうのはありますね。昔長いスカート

それは制服のデザイン的に。

が流行っていたころは上下同じの紺サージの制服が多かったんですよ。あれはスカートを長くしても、おかしくはないんですけれども、今はタータンチェックのスカートが多いです。

——長くすると柄の部分が多くなりすぎてしまって変になってしまうんですね？

★あと靴下も今はハイソックスじゃないですか？　膝より下だと白いタイツとか紺のタイツを履いているようにみえてしまう、それはおかしいじゃないですか？

——靴下とスカートの間の絶対領域は守らないといけないですからね。

★絶対領域（笑）。今は制服のデザインが大きく変わらない限り、膝より下まで長くなることはあり得ないですね。

——じゃあ今は割とおとなしい感じになってきているのでしょうか？

★そうですね、今は私立はどっちかっていうとおとなしめで、都立の高校は短めっていう感じで分かれています。

▽ 地方独特の制服デザイン

——地方によって制服のデザイン的な違いってあるんですか？

★んー、今は昔ほどではないですね。
——どこも平均的に、タータンチェックが増えてきているという感じですか？

★ええ。今も昔も同じ制服をそのまま着続けている伝統校では、そのままの制服のデザインが残っている場合もありますけどね。例えば神戸に松蔭という学校があるんですけれども、まあお嬢様学校と呼ばれていて、そこの制服は夏も冬もワンピースで、スカート丈がものすごく長いんです。

——南野陽子さんが通っていたという学校ですよね。あの制服はすごく可愛いですね。

★そうです、夏服なんか真っ白で看護婦さんみたいです。

——自分の話で申しわけないですが、小学校の時に友達が「私、真っ白の制服の学校に行くんだ」って言っていて、皆、「そんな白い制服の学校なんて！」ってその子に言ってたんですよ。その当時は入院していたんで、その子に見えるいろんな看護婦さんに、「真っ白の制服の学校あるわよー」って言ってたんですけれども、一人だけ「真っ白の制服の学校、聞いたことあるよ」って言った看護婦さんがいて、「そんな学校あるのかもしれない？ないのかもしれない？」って謎だったんですけれども、この制服図鑑を拝見して「あの時あの子が言ってた制服ってこれだったのかな？」なんて思っちゃったんです。

★え、京都ですよね？　京都からなかなか神戸まで通わないんじゃないですか？

——はい、でもその病院は関西圏のいろんなとこから入ってくるので、神戸に近いところにその子はいたのかな？　もしかしたら妄想かもしれないですか。

★ああ、その子は松蔭の子とすれ違ったのかもしれない……。

——でも松蔭の制服は夏服も冬服も違っていたのですか。

★ああいうワンピースっていうのは、神戸には割と多いんです。こういうのは神戸独特のデザインと言えるとおもうんですよ。あとは名古屋。名古屋のセーラー服は襟が大きいんです。襟が凄く大きくて、胸当てが必ず付いてるんです。で、学校によってはセーラーカラーの上に白い襟カバーを付けるんです。見ると大きなセーラーカラーのセーラー服に見えるんですけれども、実はそれは二重襟になっていて、その白い襟カバーを取ると、もう一枚ラインの入った襟がもう一枚あるっていう。これは独特で、業界用語で名古屋襟と呼ばれているんです。

——それは水兵さんとかそういうことと関係なく、名古屋さんだけで発達したものなのですか？

★襟カバー自体は水兵の服にもあるので、その点では水兵との繋がりっていうのもあるかもしれないんですけれども、あの大きい襟のデザ

74

★山脇学園　　●菊里　スカートの両側に付いた白線が超シャレなセーラー服　★名古屋の菊里　★松蔭

生徒のあいだでは、冬服以上に人気のある夏服。涼しげな白に胸の赤いマークが映えます。

——森さん自身はどういう制服がお好きなのでしょうか？

★やっぱり、その土地の特色が出たデザインっていうのは好きですね。その松蔭にしても、名古屋襟の制服も。あとクラシカルなデザインが割と好きなので、東京で言えば山脇とか、山脇も冬はワンピースなんです。

——山脇って髪型まで決められているんですよね？

★今はもう自由になりましたが、昔は必ず三つ編みと決められてました。でも生徒は卒業が近づくと髪を伸ばしたりするんですよ。やっぱり、この制服には三つ編みが合うっていうか高3になった頃に、ようやく気がついたりするわけですよ。

——山脇の女の子が三つ編みで歩いているのを最近見かけたんですが。

★山脇は親子三代とかってざらにある学校なんです。

——ということは、お母さんやお祖母ちゃんなんかに「三つ編みが似合うわよ」って教えてもらったりするわけですね？

★そう、親の価値観をそのまま受け継いでいる家庭も中にはあるんですよ。

▽**制服大国、日本**

——伝統がある学校だと、そうなってくるんです

——襟が大きいってなんとなく名古屋的ですね。名古屋嬢とか、こう過剰な感じが。

★中学生日記ってNHKでずっとやってますが、あれNHK名古屋が制作なんですよ。だからあそこに出てくるセーラー服って名古屋襟なんです。

——だから自分が中学生の頃にずっと見てて、「なんだか変だなこのセーラー服、なんでこんなに襟が大きいんだ？」って思ってたんですけれども。でも、その中学日記も今年からモデルチェンジしちゃって、その名古屋襟の制服じゃなくなっちゃったんです。なんかつまんない制服になっちゃってがっかり。

——インっていうのは水兵とはちょっと違うんですよ。やっぱり、名古屋の戦前の洋服屋が考えたデザインなんじゃないかなって思うんですが。

★制服って、自分が私服の学校だったから思うだけかもしれないですが、何のために着るんだろう？っていう疑問を持っているんです。私服は私服でパジャマのまま登校してしまう夢とかをよく見てしまったり、面倒ではあるんですけれど、制服はその学校の気分を高めるためなのでしょうか？

★制服がほとんどないところって結構ありますよね。アメリカとか。あと、イギリスも私学はあったりしますが、ほとんどではなくて。世界的に見ても、これほど制服が必ず決まってる国って、まず日本ぐらいなんじゃないかなって思うんですよ。

──実は制服大国だったんですね、日本は。

★制服好きなんですよ、日本は。学校制服に限らず社会に出てからも制服を着ることが多いじゃないですか。特に女の人は。OLになったらなったで、制服がある。必ずどこに行ってもその職場なりの制服がある。例えば看護師なんかも、みんな勝手な私服の上に白衣だけ着てますよね。で、白衣の代わりに花柄の作業服を着た看護師もいます。それでも、仕事がちゃんと出来て、自分が動きやすければいいって考えるのがアメリカの現状なんですけれども、日本でも、白衣なんかなくそうって言っても別に構わないんですけれども、やっぱり白衣がなくなることはなくて、代わりに動きやすさとか、洗いやすさとか、素材口業務まで廃止しちゃうと、ただIDカード付けたおばちゃんにお金を預けるのはなんとなく不安になってっていう感じがあるわけですよ。で、あまり評判がよくなくて、制服を結局採用しましたってことになるわけなんですけれどもね。

──あの、ナースキャップとかタイトスカートとか、とても素敵なのに、今は着られなくなってしまって、もったいないって思ってしまいます。

★もったいないって、利用者であってもやっぱり感じるじゃないですか。っていうことは「らしくあって欲しい」って気持ちが日本人の中にはあるんだと思います。

──プロフェッショナルを求めているんですね。

★そうですね。仕事ぶりっていうのもその仕事にふさわしいスタイルっていうのも入っているんですよ。日本人がその仕事をしている人を見る眼差しの中には。結構「みなしの文化」っていうのが日本人にはあって、女の人が白衣を着ていたら看護士さんだとみなして、らうとか、警察官の制服を着ていたら、警察官とみなして。形から入る、形を見てまず信頼をするという気持ちが、日本人の中には強いんじゃないかなって思います。

──日本での看護師さんの制服もいろいろ増えてきて、昔から病院に通ってるおじいさんとかは、花柄なんかもあったりするようなんですが、点滴とかされるときにちょっと不安になってしまったりするのかもしれませんね。

★あと近いところで言えば、銀行が制服を廃止しますっていうのが流行りましたけれども、窓

なされているんですね。

▽ 地方と東京、着こなしの違い

──では、制服っていうのは「らしさ」を演じるための入口みたいなものですね。逆に、学校の校風が、制服に反映されてくるような場合もあるんでしょうか？

★ありますね。着こなしとしてその学校の校風がとにかくスカートが短いとか、例えば東京女学館なんかもある一定の短さで止まりましたけれども、これより上にいくと下品になるからって、程良い加減を知っているんです。都内の割といい学校はそんな感じです。短い方がいいんだけれども、短ければいいわけではないことをわきまえているんですね。ただこういうのは、地方にはなかなか伝わらないもので、地方にいくと短いほど可愛いという方向に価値観が変わってしまうんです。

──ということは、地方の方がスカート丈が短かったりするのですか？

★そうですね。だから、東京の私学よりも地方の公立高校の方が今は明らかに短いです。で

オフホワイトのセーラージャケットが昔から人気です。

東京女学館

もし東京でひざ丈くらいにスカートの長さが戻っても、地方にそれが情報として伝わるのは何年もかかるんですよ。それは東京でルーズソックスが履かれてから地方で履かれるまで数年かかったのと同じです。東京に対する誤解みたいなのはやっぱりあって、「kawaii」とか「egg」とかありましたけれども、実はそういう雑誌が東京情報として発信してる情報は東京の女の子じゃなくて、実は千葉や埼玉の女の子の情報だったりするわけなんです。

——どこに取材にいくのでしょうか？ そういう雑誌は。

★１０９の前に女の子を集めるんです。あそこに集まってくださいっていうとみんな、おもいっきりお洒落な格好をして制服で集まってくるんですけれど、割と千葉とか埼玉からくる女の子が多くて、それがこれが東京の今の着こなしっていうことで、これが新潟とか北海道とか福岡とか田舎のほうに流れていくわけですよ。それを見て、地方の子が東京の今の着こなしだっていうことで、これが東京の今の着こなしを真似をしたりして、情報のハウリングが起こってしまっているんですね。

——では、東京の女の子は意外と地味で節度があるんですね。

★ええ、東京の女子高生は地味です。かつてそういう風に情報のゆがみが起こったみたいに、今ＮＨＫで「東京カワイイ──ＴＶ」っていう番組をやってるじゃないですか？

——はい、ありますね。今もやっているんですか？

★今も時々思い出したようにやっています。で、パリとかで日本の文化を紹介するとかで、日本の女子高生とゴスロリの女の子がパリに行ったんですが、それを観てびっくりしたのはルーズのハイソックスを履いているんですよ（笑）。紺のハイソックスを履いてる子もいるんですけれども、それと同じようにルーズを履いてる子もいて、結局90年代の女子高生のイメージをそのままパリに持って行ってるような感じなんですね。で、現地の子達はそれを見て「あ、これが今の東京なんだ」って思ってしまうんですよ。

——でも、ルーズソックスっていうのは特徴的で面白いですよね。

★そうそう、インパクトがありますよね。でもこうなっちゃうと、「ジャパニーズ着物」とか、日の丸ハチマキとか、フジヤマ・ゲイシャとかとあまり変わらないレベルになっちゃうじゃないですか？ 紹介のされ方っていうか、日本に対する誤解の度合いがね。

——でも、ルーズソックスは日本独自のものなん

ですよね。

★アメリカから輸入されて、日本で独自に発達したものですね。とはいえ、都内でルーズソックスって今はほとんど見ないんですけども、90年代のイメージがまだ残っているんですよ。実状として女子高生のイメージと、イメージとしての女子高生は今かなり分かれていて、そのイメージの方を膨らませて日本文化としてパリに持っていってるわけです。

▽コネを自慢する他校バッグ

——今思い出したんですけれども、その「東京カワイーTV」で、女子高生の中で流行っているバッグで、学校名は忘れてしまったんですけれども、全然別の学校のエンジ色のバッグが大流行しているという情報がありましたね。

★いわゆる「他校バッグ」っていうものですね。その回はちょっと観てないのでよくわからないのですが、他校バッグの流行り自体は95年くらいからありましたよ。

——どこの学校のバッグが流行ったのでしょうか?

★水道橋の男子校です。

——え? 男子校なんですか? とても奇妙な流行りですよね。

★昭和第一という学校なんですが、昔、「ストリートニュースマガジン」っていうのがあって、結構売られてたんですけども、これは高校生同士のネットワークを自慢し合うような、うちの高校のイケメンがここのなんていう雑誌で、うちの高校のイケメンがここの女子校の子と仲がいいとか、そういうようなネットワークが割と取り上げられていたんですが、他校バッグっていうのはそのネットワークを証明するものの一つで、ツテがあるから手に入るんだよっていうことを自慢するためのバッグだったんですよ。

——学校バッグって普通は購買部とかで買うものなんですよね?

★まあ学校のものですからね。男子校に女の子が入っていっで鞄一個下さいなんて言えないので。

——では、どうやって入手していたのでしょうか?

★元々は彼氏とか友達からもらったりしていたものなんですけれども、購買で買ってきてもらったり、使い古したものをもらってぼろぼろのを持ってたりとか、っていうところが自慢だったわけですよ。

ところがレプリカが出回るようになったんです。昭和第一っていうのはSDHという水色のロゴが入っているわけですけれども、そのSDHバッグというのが上野とかで平気で売られるようになって。もちろん偽物なんですけれども、それをみんな持っていたんですよ。本当は

コネを自慢するためのアイテムだったのが、ただのブランド品になって、レプリカが出回るようになったと。

——それが女子高生の間で流行ったんですよね。男子校で何かが流行ったこともあるんですか?

★あんまりないですね。男子校で女子高のバッグが流行ったりすることはないです。まあ、強いていうと昔ほど腰パンは流行んないなっていうことでしょうかね。

——腰パンって言うとヒップホップの人がやってるようなスタイルのことですね。

★あれも10年くらい前までのものすごく流行ったんです。まあ東京ではそんな感じですけれども、地方では相変わらず腰パン履きですね。

——それがちょっと不良っぽいスタイルなんですね。

★はい、上までキリキリ上げて履いてるのはちょっとヤバイんです。

——森さん自身は、どういう学生服を着てたのでしょうか?

★普通の学ランです。ちょっとボタンをはずしたりとか、カラーを取ったりとかはしてましたけれど。

▽着崩しを防止するデザイン

——まじめな感じだったんですね。

★当時、だって不真面目な学生っていうと別に

太いズボンを買うとか、ボンタンとかドカンとか言うんですけれど。

——短ランとか……、裏地が赤だったりするんですよね。

★そうです、そうです。よくご存じですね(笑)。だから、今制服業界では、いかに着崩しを防止するかっていうのが制服デザインの一つのトレンドになっているんです。見た目よりもどうまじめに着てもらえるかっていうことが課題になっているんですよ。

——結構地味路線なんですね。

★本当に今は地味ですね。あとね、地方の生徒は、まあ東京も割とありますけれども、学生ズボンの上にシャツを出して歩くんですよね。学校の先生は嫌な顔をするんです。

それに対しての対応策は二通りあって、ひとつは外に出してもだらしなくないデザインのシャツにする。もうひとつの対応策は、シャツの後ろのすそにしまうべき部分に大きく学校名と氏名を入れるという。学生ズボンにしまうらしいんですけれども、これはすごい嫌がらせだなって思って。

——実際に採用されているんですか？

★採用されているみたいで、それは今のところ効果があるみたいですよ。

そういうアイデアがいっぱい出て、いろんなところで採用はされているんですけれども、結局

生徒はどうにかして裏をかいて、なんとか自分達の好きなように着こなしをそのまんま制服はイタチごっこになってしまうんですよ。で、どうすればいいかと言うと、学校側と生徒側の制服に対する考え方を、縮めていくしかないんですよ。膝上何センチくらいだったらまあいいよっていうふうに学校も妥協するし、生徒もあまり極端に短いのは控える。それと、どういう制服に着るのが一番格好よく見えるのかっていう制服への意識改革を、学校と制服業者が一緒になって求めていく。入学したばかりの子を集めて、こういうふうに制服を着ると格好よく見えますよ。っていう説明会を今あちこちでやってるんです。

——それで過剰さが減って平均的になっているというのがあるんですね。

★まあ、前よりはマシになってきてる学校はありますね。

今年の冬季五輪でスノーボードの選手が、ものすごくだらしない ユニフォームの着こなしをして、バッシングされたことがありましたね。オリンピックのユニフォームって毎回決まってますけれども、それを着て成田から出発するときに、スノーボードの國母選手っていう20代の男の子が、まるで田舎の高校生みたいな着崩しをしていたんです。シャツを出して、腰パンに

して、ネクタイずらしてっていう、スノーボード的な着こなしをそのまんま制服にしをそのまんま着ちゃったんですよ。で、日本に帰れとか、除名しろとか、さんざんなことを言われて、これが新聞やテレビに想像以上に叩かれたんですけれども。ああ、やっぱり制服を見る目は日本人って結構厳しいんだなって、改めて思いました。

——海外ではその辺りどうなんでしょうか？

★決めるときには、割とみんなきちっと着てますね。

で、その國母選手が、生徒に対する制服の説明会で絶好の教材になったそうです。プレゼンの仕方として、有名人の制服の着方を例に挙げると生徒も見てくれるだろうと、スクリーンに映して、國母選手には悪いけれども、活用させてもらいましたということみたいです。

▽**今の先生と生徒は戦わない**

——学校側も優しくなって来ているのですね。和解の道を選ぼうとしているところは、ゆとり教育での意識の違いなのかな。昔と違って上から圧力で押さえ込むようなやり方はしないのですね。

★結局長いスカートが短くなり始めた時に、先生達は喜んだんです。生徒達に任しておいたら、今度はひざを通り過ぎてどんどん短くなってしまって、そこできつく言っていればよ

かったんですけれども、きつく言う学校ってあまりなかったんです。気付いたときには超短くて、この段階で先生側の負けみたいなところがあるんです。あとスカートの下にジャージ履くのはやめてほしいですね。

——普通の服でも、短いスカートとかワンピースの下にスパッツやジーパンを履いてるので、ああいうノリなのかなって思いますけれども。

★そういうノリもちょっとあるのかな。でも私服でやる分にはそれは自由だけど制服でやっちゃ駄目だと思います。

——確かに美しくはないですね。学校の先生は注意しないんでしょうか？

★あれも、もっと厳しく言わないといけないと思うんですけれども、割と野放しなんですよね。あれこそ厳しく言うべきだと思いますね。

——今、先生は厳しく言えないんでしょうか？

★厳しい学校は厳しく言いますけれども、言っても聞かないんですね。あと最近はスケバンとかあの辺の時代とは違って、学校の中で先生と生徒は戦わないんです。学校の外に出たら先生も生徒もお互いノータッチで。

——それは生徒の視界が広がったということでもあるのでしょうか？

★そうかもしれないですね。昔って学校がすべてみたいなところがありましたよね。

——今は、ネットとかでいろんな世界と繋がれ

るから学校もその中のひとつになってるのかなって？

★でも昔は、学校の中で、つい先生と対決して「大人なんてきたねー」なんて青臭いこと言ってた自分を、大人になって振り返るっていうのがあったんですけれどもね、あの頃は。今はそういうことって学校の中でもやりたいようにくるくる自分を使い分けて、社会に出て学校の中と学校の外で要よく自分を使い分けて、社会に出て行くわけですよ。それはむしろ大人になり損ねてるっていう視点もあるんじゃないかなって思います。
——ある時代を経ていないっていうのは、季節がないみたいで寂しいですね。

★一時期学園闘争の時代なんかは、学校と生徒が戦った結果として制服を廃止したりして、自由を勝ち取ったというようなことがありましたけれど、今はそういう空気は全然なくなってしまいましたね。

＊　＊　＊

先日知り合いにあった時、女子高生でもないのに、制服姿だったので、なんて格好をしているんだと驚いていたら「え？これ普段着だよ。」とさらっと言われてしまった。丁度その数日前にも電車に乗っていたら、ピンクのベストにピンクのタータンチェックに、ピンクのシャツ、赤いリボンという変わった制服の女の子が前に座って思わず見つめてしまったところだった。一体どこの制服なのだろう

かと Twitter で「教えて下さい」とポストしてみたけれど、誰からも応答が無かったのできっと誰も知らない彼女だけの制服なのだろう。
日本って日本にずっと住んでいる人が考えているよりもきっと28%くらいは妙な国だと思う。ガラパゴスの亀が特に自分が特別だなんて思わないと同じく、島国に暮らしている日本人も自分達がちょっと変わった視点を持っていることになかなか気が付かない。気が付いても、海外の習慣を取り入れてしまう。それはそれで構わないのだけれども。

日本人の見た目重視の感覚から、制服が発達して細分化してきたようで、その裏側でヴィジュアル系や、ゴシック・ロリータファッションとか、コスプレという分野が発展したのだと思う。

キーワードは視覚。まわりのちゃんと仕事をしている大人達に、どこか「大人ごっこ」をしているような違和感を覚えながら生きてきたけれど、なんだか今回のインタビューで勝手に私の中で少し納得がいったような気がする。

外から見る日本は、アニメやゲーム、コスプレ、ヴィジュアル系、やゴシック・ロリータに溢れるファンタジックなオモチャの国。

だから、オモチャの国の国民を自覚して普段着に制服を着るのもありかも知れない。原宿にどこの学校の制服でもない「自由制服」を売るお店があるそうです。気になるので興味のある方、どなたかご一緒しましょう。

テレビドラマに描かれた学校の無力さ

●本橋牛乳

せっかくの特集なのでついて思うこと、など。、個人的に学校に

そのことは隠しており、それゆえにいつも学校に関連した、直近の話題はというと、テレビドラマでは、「ヤンキー君とメガネちゃん」と「タンブリング」だろうか。「タンブリング」は男子新体操をテーマにした学園ドラマだけれど、伊藤悟はこの作品で、ゲイであることをカミングアウトする男の子を登場させ、かつそれを自然に描いたということを評価していたけれど、そのことは別にしても、けっこう評判は悪くなかったと思う。

でも、今年の第2四半期は、成宮くんと仲里依紗が主演した「ヤンキー君とメガネちゃん」が、ぼくのフェイバリットだ。仲すっかりコメディエンヌがはまっているし、成宮の高校生も、実年齢を超えて、どうにか見慣れてしまうのがこわかった。ヒロインの足立花は元ヤンキー。でも、メガネをかけている。ヤンキーであった過去から遠く離れようとして、学級委員をしたり生徒会長をしたりと、なかなか無理をしていくのだが、そんな彼女にとって自然体のヤンキーのままの品川が半分うらやましかったりする。同時に、ヤンキーの姿なのでに、友人がいない品川を助けようとおせっかいをやく、ということだ。ネジが10本ぐらい外れたような、過剰におばかな演出も含めて、描かれているけれども、描かれているのは、等身大の自分を取り戻すという、そんな単純なもの。でも、その単純さが、とてもうれしい、そんなドラマに仕上がっている。

このまま、学校の道徳の授業で使ってもいいくらいだ。

このドラマでは、学校ということで言えば、徹底して無力なものとして描かれている。それも、すごいよな、と思った。

テレビでは昔から学園ドラマというと、中学校と高校では、とにかくリベラルな教師の指導を受けたという記憶が残る。そのことを肯定的に思っている。高校があった。「青春とは何だ」「これが青春か」「飛び出せ青春」といったあたりを思い出すと、古いよなって思う。主題歌はすっか

り写版の「魔法先生ネギま」が好きだな、ということはさておき、やっぱり実なりに荒れた学校(70年代の足立区ですかね)で熱血していたし、だからこそ、生徒はリスペクトしていた。校長についての記憶なんて、もちろんない。

結局、学校は装置なんかじゃなく、人と人がそれぞれの役割と目的を持って関係を築いている場所なんだなあって思うんだ。だからこそ、学校当局が権力を持つらいだったら、無力でいい、と思うのかもしれない。「あずまんが大王」も「けいおん!」も、学校はけっこう無力だったりする。ということが、ちょっと気になってみた。

最近では、PTAの役員に引きこまれたりして、学校に浅からぬ縁ができてしまった身だが、どうもぼくの中での学校のイメージというのは、そういうものらしい、と思い当たった。自分の過去を振り返ってみると、中学校と高校では、とにかくリベラルな教師の指導を受けたという記憶が残る。そのことを肯定的に思っている。高校では、何といっても、倫理社会では成績はる、ということなのであった。

り導入しようとして、とりあえず廃案になっている条例なんて、余計なお世話だ、と思うわけだ。そこにあるものを、子供から取りとめなく書いているようだが、学校ということを考えると、そこに行き当たにもかなり保守的だった茨城県の中学校での教育実習がトラウマになっている、ということもあるんですけど。だから、東京都が

全員5だったし、日本史の教師がストライキを実行するのか、きちんと明してくれた（生きた授業というやつだ）。中学校の教師は、人間的な面を少しも隠さず、「よって東十条駅前の噴水でみんなで泳ぐような人たちだった」、けれどもそれ

校教師」っていうのもあったな。中学校が舞台なら、「3年B組金八先生」と「中学生日記」が双璧かもしれない。などということはさておき、やっぱり実写版の「魔法先生ネギま」が好きだな、と言っていた。主人公は10歳の教師で、修行のために人間界で教師をしている、という。全寮制の女子高というところが、なかなか少年的にはうるうるしてしまう設定だけれども、実写版ではとにかく女の子をたくさん集めていて、あまりおおびらに見ていると、ロリコン扱いされそうなものだった（高校生でロリコンもないものの、などということは、世間では通用しないらしい）。

でそれはさておいて、この作品でも、学

学校というユートピア
——天使ちゃんが待ち受ける場所

●文＝沙月樹京

■日本人は羊度が高い

森達也といえば、オウム真理教の信者に取材したドキュメンタリー映画「A」「A2」の監督として知られていると思うが、その森がパーソナリティを務めたFM番組「森の朝ごはん」での対談の内容をまとめた『マジョガリガリ』という本がある。南こうせつ、桐野夏生、蛭川実花、糸井重里、若松孝二などをゲストに迎え、憲法やら愛国心やら教育やら報道やらについて意見を交わしている。〈マジョガリガリ〉とは〈魔女狩り〉という意味だ。ひとつの事件を

★森達也『マジョガリガリ』（TOKYO FM出版）

発端に繰りしおこなわれる魔女狩り——その構造自体への疑問と、視聴率または売上のために事件の構図を白黒に単純化して報道してしまうメディアへの批判がそれらのトークの根底にあり、「メディアの進化が人の感応力と想像力を奪っている」

「人は群れる動物だ。（略）ひとりだけ群れの動きから外れることを極度に怖れる。特に日本人はこの傾向が強い」（五十九頁）「日本人は特に同調圧力に弱い傾向がある。多数派と同じ方向を見ていたい」（一三九頁）といった具合だ。だからこそ、そんな国民性をさらに助長するメディアのあり方に対して警戒感を強くせざるを得ないのだろう。

■反抗する敵も気力もない社会

もちろんそうした特質はあくま

で「傾向」であって、十人が十人そうであるわけではないし、歴史的にみても一九六〇年代の安保闘争や大学紛争、六〇～七〇年代の成田闘争など、統治や管理を打破しようという大きなムーヴメントももちろんあった（その闘争の組織自体、より強い統治志向を持っていたりしたのだが）。七〇年代からは暴走族が社会問題化し、七〇年代終盤から八〇年代半ばにかけては校内暴力が多発した。教育問題が関心を集めるなか、中学を舞台にしたテレビドラマ「3年B組金八先生」が始まったのは一九七九年。校内暴力や妊娠問題などを取り上げて話題を撒いた。

だが八〇年代半ばを過ぎると、組織立った闘争や権威側への暴力での反抗は急速に影を潜めていく。世界に目を向ければ、八〇年代末以降ソ連や東欧諸国の民主化によって冷戦終結が宣言され、九一年にはソ連が崩壊。冷戦という二項対立のわかりやすい構造がやがてテロに取って代わるのだが、それによって対立の構図や戦略は複雑化して目に見えにくいものになり、イラクの大量破壊兵

ているのが日本人の国民性だ。曰く「統治や管理されることを求める日本社会のように、同じように何度も強調されるのが日本人の国民性だ。曰く「統治や管理されることを求める日本社会」「特に日本人は羊度が高い民族のような気がする」（二二頁）そのことと表裏の関係であるかのように、同じように何度も強調される

●文＝沙月樹京

器問題のように、わかりやすい仮想敵を創出しなければならない事態にまでなった。まあなんとも愚かなことに、そのことによってアメリカ国民は一致団結することになったのだが。

一方、日本においては仮想敵の創出さえ困難になった。無関心によるものか希望の喪失のためか、政府や学校なども仮想敵としての価値を失い、いじめ問題や宮崎勤事件(八八〜八九年)、酒鬼薔薇事件(九七年)などのように、攻撃の矛先を個人、しかも弱者に向けたものが目に付くようになる。仮想敵を持ち得たオウム真理教も、敵に立ち向かっていったというよりは拳の振り上げ方もわからなかった一人芝居の感があり、生きる目的の喪失をかえって印象付けた〈地下鉄サリン事件は九五年〉。多くの若者は貪欲さを失い、対立を回避しようとする傾向を強くし、二〇〇〇年代後半になると草食系というネーミングが流行するようになる。森達也は「日本人は羊度が高い」と言ったが、その傾向はさらに強まっていると言っていいのではないか。

■制約のあるユートピアとしての学校

さて前置きが長くなってしまったが、日本人は最低でも義務教育の九年間は学校に所属し、その間、一日の多くの時間を学校で過ごし、うちの多くのことを学校から制約されることになる。学校は若年層にとって家庭と同等の、もしくはそれ以上の影響力を持っていると言え、当然そこでは軋轢が生まれたりもするだろう、か、と。

それが大学紛争や校内暴力、いじめなどの問題に繋がっていった。

だが先述した通り、そのような軋轢が社会問題化したのはもう過去の話。いまはそうしたことはあまり話題に上ることはなく、昨今においてはむしろ、フィクションの世界の中で学校をユートピアとして夢想したものの方が圧倒的に目に付く。

というか日本においては明治・大正時代から、学校というものに対し、断然高い就学率を誇っていてはいなかったか。しかしそこで教えられることはすぐに役立つような実学がメインであり、全人的な視点での全国的に

ある意味学校は、「統治や管理」社会の縮図であり、社会以上にその統制が徹底される場である。だが日本人は、そこを窮屈で不自由な監獄ではなく、そうした「統治や管理」のもとで自由にゲームに興じることができる場──つまり完全な自由ではなく、ある程度制約のある自由の場として夢想してきたように思うのである。その条件付き自由こそ、日本人にとってはユートピアなのではないか、と。

一九〇三年には、女学生を主人公にした小杉天外の「魔風恋風」が読売新聞に連載され人気を博す。往時の女学生の風俗を取り入れた恋愛小説で、才媛の美少女を主人公にするなど少女マンガのような内容だ。そうした少女小説はもちろんだが、一九〇二年に創刊された「少女

■明治時代から育まれた学校への幻想

日本において学校制度が整備されたのは、もちろん明治時代になってからだった。とはいえそれまで教育機関がなかったわけではなく、江戸時代には寺子屋が各地に設けられ、同時代のヨーロッパ諸国よりもユートピア的なイメージを強く持っ

統一された教育は新しい学校制度によって初めて実現したものである。とりわけ一八九〇年に発表された教育勅語は、天皇崇拝を根底に据えて、親孝行や国に尽くすことなどの道徳教育を重視したもので、「統治や管理」の色合いをさらに強めたものだった。

だがその一方で人々は、学校にファンタジーを夢見るようになった。

★「魔風恋風」が連載されていたのと同時期、1903年に描かれた、自転車に乗った女学生の絵

少女たちを幻想の中に封じ込めておきたいという大人の思いが見え隠れしてはいないか。そう、大人の世界に導くのではなく、少女のままでいることを容認すること、さらには少女のままでいてほしいと願うこと。発信者側、作り手側、つまり大人たちにまずそうした思いが少しでもなければ、少女雑誌がブームになることなどなかったろう。一九一〇〜三〇年代の宝塚少女歌劇団を始めとする少女歌劇団のブームもその一端であろうし、また、十四歳の少女の内面を繊細に描き出した太宰治の「女生徒」（一九三九年）のような作品も同様の理由から支持を集めたのではないか。

■ 未熟な羊への指向性

そして、少女を封じ込めておく場所——少女が少女でいられるところとして夢想される場所の代表格が学校であることは言うまでもない。女学生

★少女を幻想の中に封じ込め、少女文化を華開かせた少女雑誌

界」を嚆矢とした「少女世界」「少女の友」などの少女雑誌の創刊も相次ぎ、大正時代にかけて少女文化が一挙に華開いていく。中原淳一や加藤まさをや蕗谷虹児らの画家がそこを舞台に可憐な少女たちを描き出し人気を集めたことは、よく知られている通りだ。

それらはもちろん、基本的に少女に対して幻想を提供していくものであったが、その裏側には同時に、少女

とそうでない者とでは想起されるイメージはだいぶ異なるだろう。ある程度社会から隔絶されて社会的責任が人気を集めたりと、本来必要のないとめて高校を卒業したのに制服で出歩く"なんちゃって女子高生"が出現したり、制服風のファッションが人気を集めたりと、本来必要のない者まで制服に身を包もうとするようになる。

制服へのフェティシズムは基本的に、聖性をまとうこと、もしくは聖性を引き剥がそうとする部分に喚起される。尼僧、看護婦、巫女、警察官、軍人、OLなどなんでもいいが、そうした、制服によって性を隠蔽されたものの中に、性をほのめかす、もしくは暴き出すところに官能を見出すわけだ。だが学校の制服になると、こうした聖性に加えて未熟さという要素が加わってくる。セーラー服などの学校の制服は制服全般の中でもとりわけ人気が高いのは周知のとおりで、しかもこうした趣向を持っているのは世界においても類を見ない。

そこから見えてくるのもやはり、「統治や管理」下におかれたがる「羊」である。自立して個性を磨くよりも、制服や学校というものを隠れ蓑にして幼さの中に引きこもり、社性別を問わず広い世代に共感を呼び覚ましていることのひとつの証左だ。また、八〇年代の女子大生ブームを経て、九〇年代には援助交際が社会問題になるなど消費や流行を女子高生が牽引するようになり、女子高生だという武器をひけらかすために休日でも制服で出かけるように同じ年齢の少女であっても、女学生

このようなネオテニー志向の価値観が、世界に類を見ない少女マンガという独自の表現を生み出す。それは少女だけでなく成人女性にもファン層を広げていき、七〇〜八〇年代には大島弓子や萩尾望都など、文学的とも言える表現で男性をも虜にし、絵柄の面では美少女マンガや美少女ゲームに影響を与えることになる。成長の拒否と未熟さの肯定が、

うな特権があり、大人たちもそうした状況を憧憬し追想した。

84

会的責任から逃れたいという心理をその背後にうかがうことができる。日本において学校というものは、そのような場として夢想される。

とりわけ八〇年代後半以降、校内暴力が沈静化し対立を回避しようとする傾向が若者たちの間に強まり、草食系化してくるにしたがって、その傾向は強くなってくる。

■ 学校という引きこもりの場

そして、それと軌を一にしてライトノベルが隆盛してきたのは、決して偶然ではないだろう。角川スニーカー文庫や富士見ファンタジア文庫の創刊が一九八八年。キャラクター性を前面に押し出してマンガやアニメのようなイラストを付け気軽に読めるものを目指したこれらの作品群は、瞬く間に多くの出版社が参入し小説というジャンルのあり方を一変させてしまった。キャラクターやストーリーが紋切り型で内容の薄いものが多いが、一方で、新たな才能の発掘場所にもなっている。

そうしたライトノベルが学校を舞台にすることが多いのは、読者のメインターゲットが十代後半なのだから当然と言えば当然だろう。だがそこで、いじめやら受験やらの非常にリアルな問題が切実に描かれることはない。ライトノベルは基本的にファンタジーなのだ。描かれるのは幻想の中の学校であり、魔法や超能力などが登場してくることも珍しくない。個人的な身近な問題と世界の破滅などが直結して語られるセカイ系が散見されるのも、学校という場が、ある意味社会から隔絶されているがゆえに、社会という中間地点を無視してしまうセカイ系の特性を発揮させやすいということがあったからだろう。そう、学校というところは社会から隔絶されているからこそ、親や金、政治といった煩わしい問題をとりあえず横に置いてもさほど不自然ではない場なのであり、そうしたところを利用して、ライトノベルは学校を幻想の場に仕立て上げたのである。

それは別の言い方をすれば、学校に幻想をまぶして引きこもりの場にしてしまった、と言えるかもしれない。

さて、そうした引きこもりの場と

なった〝学校〟であるが、その学校の中でもさらなる引きこもりの場がある。ゆるい「統治や管理」下とはいえ、その中でも煩わしくて退屈な授業だったり、または修学旅行や学園祭、体育祭などの行事だったり、制服だったり授業だったり試験だったり校則だったり宿題だったりといったいうものから逃れられる場所——そう、それは保健室や図書室などの、ちょっとした障害物程度のものであるとも言えよう。そうしたイベントがあるからこそゲームにメリハリが生まれる、というか、学校という場をディズニーランドのようなワンダーランドにする。「日本人は羊度が高い」のでしょうか(いっても「統治や管理」から完全に自由にするわけではなく、仮初めのワンダーランドにするのも、そうした場所であると言っていいだろう。

だから、昨今特に、ライトノベルやアニメに部活を題材としたライトノベルやアニメが目に付くようになったのは当然のことだと言える。『涼宮ハルヒの憂鬱』『けいおん!』『咲—Saki—』『GA 芸術科アートデザインクラス』『大正野球娘。』『クロスゲーム』など枚挙にいとまがないが、それら最近の作品では部員同士の諍いなどはほとんど起こらず、どちらかというとだらだらとした馴れ合い的な日常が繰り返されるのが特徴である。

■ 部室や生徒会室で得られる仮初めの自由

★『われら青春!』Blu-ray

ロスゲーム』などの主人公のように飄々とした天才肌の人物だったりするある意味彼らにとって部室は世界の平穏を確認する場でもあるのだ。しかも部活動に熱中してはいるが、それ以上の将来的なヴィジョンが提示されることは稀だ。そのあたりから部活動および学校生活というワンダーランドの舞台にハルヒが満足するだけにじっと引きこもっていて欲しいと願っているはずである。

引きこもりということで言えば、葵せきなのライトノベル『生徒会の一存』がその極北かもしれない。なにしろ登場人物たちは生徒会室の中でダラ弁しているだけで、外の世界との交渉はほとんどないのだ。しかもそうした引きこもりの場においては、ごく少数の顔見知り同士の馴れ合いに終始し、遺恨を残すような対立が発生することはない。対立があったとしてもギャグですぐに雲散霧消してしまうような、そんな軽いものだ。こうした点からも、羊的なおとなしさで直接的なぶつかり合いを避けようとする読者にとって、ライトノベルの世界は心地よいものなのだろう。

実は学校の部活ものが注目を集めた時代は一九七〇年代にもあった。すなわちサッカー部の『飛び出せ!青春』(七二〜七三年)、ラグビー部の『われら青春!』(七四年)などのテレビドラマ、青春学園シリーズだが、その汗臭い熱血ぶりは昨今の作品からはなかなかうかがうことはできない。また、主人公の成長譚として上昇志向が強いのも往時の特色として、たとえば原作・梶原一騎、作画・川崎のぼるのマンガ『巨人の星』(六六〜七一年)がその典型であり、ひとつの目標に向かってひたすら突き進むことに美学があった。だがこんにち持てはやされるのはそうした熱血漢ではなく、『けいおん!』『咲—Saki—』『ク

というテレビアニメが放送されていた。原作のないオリジナルアニメで、泣きゲーで人気の高いゲームブランドKey所属のシナリオライター・麻枝准がキャラクター原案を、『true tears』のP.A.Worksがアニメーション制作ということで、放映前から一部ファンの間では話題となっていた作品だ。その前宣伝に違えると肩透かしを食らった部分も否めないが、Keyファンの支持や、最後の最後でどうなるかわからない麻枝のシナリオに対する期待感のせいもあったのだろうか、最終回まで話題性は次々にヒットチャートを賑わせるCDも次々にヒットチャートを賑わせるほどの人気を集めている。

で、この作品、満足な生をまっとうできずに死を迎えた者たちがたどり着く死後の世界を舞台にしているのだが、その場所が学校であるという点は着目せざるをえないだろう。しかもその学校で楽しい学生生活を送って生前の未練を解消すればちゃんと成仏できるようなのである。だが、どうして学生生活を送ることが

■学校において
　羊として成仏すること

ところで先日まで『Angel Beats!』

■そこに待ち受ける天使

宮台真司は酒鬼薔薇事件について記した『透明な存在の不透明な悪意』(春秋社)のなかで社会の学校化を指摘していて、つまり学校的な尺度が人格評価などさまざまな面で家庭や地域で共有化され、子供たちが学校から一歩進んで、そこから一歩進んで、家庭や地域でも学校化がひろがり、横の圧力と縦の圧力の交点で、子どもたちはいい子ちゃんたちの演技をし、羊ちゃん化してるんです。いまの大学生は大学でもそう。偏差値の高い大学をくぐり抜けてきたやつらというのをいうと、そういうのが人気を集めてしまう。大学紛争のことを拒否して戦いを繰り広げるものの、そのメンバーの大部分は他人の指示に従順的な主体性のない「羊」度」の高い、連中であり、結局はトラウマを解消することを他人と分かち合って認めてもらうことで成仏していってしまう。学校を舞台にしているのは、そうした羊的な存在がもっとも羊らしくなれる場であるからに他ならない。しかも、羊的生前の未練の解消になるのだろう？ふつうに考えれば未練になる生活に限ったものではないから、それを理由に舞台を学校にする必然性があるとは言えず、そもそも死んだという制約の多い学園生活をもう一度送りたいと思うだろうか？

しかし「AIR」「CLANNAD」などのゲームで絶望的な無力感をプレイヤーに味わせてきた麻枝がこの作品で提示したものもやはり、われわれは反抗や戦いを茶番程度にしかおこなえない、所詮は「統治や管理」に従順に従うしか能がない単なる羊にすぎないのだという、弱そのものではなかったか。主人公らは、成仏することを拒否して戦い、成仏する羊たちを「死んだ世界戦線」と称して、成仏することを拒否して戦い、成仏する羊たちを「死んだ世界戦線」と称して、成仏することを拒否して戦い、成仏する羊たちを「死んだ世界戦線」と称して、成仏することを拒否して戦い、成仏する羊たちを「死んだ世界戦線」と称して、

「死んだ世界戦線」の敵として、天使と名付けられた小さな少女が登場し、その戦線のメンバーからは徹底的にひどいイジメを受けるのだが、その理不尽な仕打ちにもじっと耐え続ける姿が視聴者の心を捕らえ、ネット上では「天使ちゃんマジ天使」などという言葉が流行したりした。だがこの天使こそ、生徒会長という優等生的立場について羊的な存在の代表格なのであり、「死んだ世界戦線」ではなく天使の方が人気を集めてしまうところが、現代の若者の心性を象徴していると言える。

★「Angel Beats!」 Blu-ray

だから、そこはもはや、後戻りできない天国への入口だったのである。しかもそこでは、ちゃんと天使が待ち受けてくれていたりした。われに存在意義を与え、だが、成仏を拒否しようとする意思を無慈悲にも打ち砕いてくれる天使。その誘惑を過ごした学校を回顧しようとするのは当然のことだろう。昨今のアニメで、たとえば「けいおん！」は、その学校という装置が建物自体からしてレトロな作りで、回顧的な心地よさを演出している。そうした細やかな仕掛けが人気の要因のひとつになっているのはまちがいない。しかし「Angel Beats!」は、単に回顧して回帰してくる場としての学校では羊として浄化してくれる場としてしまった。そこから一歩進んで、成仏の場にしてもこの世に悔いを残さず浄化してくれる場としての学校には、羊としての葬送の場を受け入れ、羊としてこの世を去るために。

その結論は単なるユートピアなのであるが、その羊性と無常観は非常に虚しいものであり、羊としてのものであると言えるかもしれない。学校は単なるユートピアなのではなかった。そこはもはや、後戻りできない天国への入口だったのである。しかもそこでは、ちゃんと天使が待ち受けてくれていたりした。羊。ただ中学校の場合はまだ、見かけは羊ちゃんだけど、羊の皮を被った狼もなかにはいる。それが酒鬼薔薇聖斗だったりする。

そうして羊から社会に解き放たれた者たちが、幸福な羊時代を過ごした学校を回顧しようとするのは当然のことだろう。昨今のアニメで、たとえば「けいおん！」は、その学校という装置が建物自体からしてレトロな作りで、回顧的な心地よさを演出している。そうした細やかな仕掛けが人気の要因のひとつになっているのはまちがいない。しかし「Angel Beats!」は、単に回顧して回帰してくる場としての学校ではなく、そこから一歩進んで、成仏の場にしてこの世に悔いを残さず浄化してくれる場としての学校にしてしまった。羊としての自分を受け入れ、羊としてこの世を去るために。

その結論は単なるユートピアなのであるが、その羊性と無常観は非常に虚しいものであり、羊としてのものであると言えるかもしれない。学校は単なるユートピアなのではなかった。そこはもはや、後戻りできない天国への入口だったのである。しかもそこでは、ちゃんと天使が待ち受けてくれていたりした。われに存在意義を与え、だが、成仏を拒否しようとする意思を無慈悲にも打ち砕いてくれる天使。その誘惑に、やはりいまのわれわれは屈するしかないのだろうか——。

✹ 暴力装置としての学校

ベルゼバブの教室
──イノセントから遠く離れて

●文＝浦野玲子

学校というと、なぜか20年近くも前に神戸の高校で起こった「校門圧死事件」が思い浮かぶ。遅刻寸前の女生徒が教師の閉めた鉄の門扉に挟まれ、死亡してしまったというものだ。あるいは米国コロンバイン高校銃乱射事件、10年近く前の大阪・池田小学校事件、小学6年生の少女が同級生の首をカッターナイフで切りつけて殺害した事件、おどろおどろしいイメージばかりが湧いて出る。知育と訓育の場も安閑としてはいられない。川上未映子の『ヘヴン』や『グロテスク』(桐野夏生)といった〝いじめ文学〟に勝るとも劣らない凄絶な現実がある。

こんな被害妄想的認識は、私の個人的体験が原因かもしれない。保育園時代に体験した同い年の女子園児による「カツアゲ」にはじまり、鉛筆の芯をこめかみに突き刺した同級生男児、竹刀をぶんぶん振り回して校内をのしあるく屈強な体育教師(実際にその竹刀を脳天に振り下ろされたこともある)……と、恐怖のシーンには事欠かない。

そもそも学校という疑似共同体、閉鎖空間にはいじめや体罰、折檻はつきものだ。一種の聖域幻想による治外法権の場でもあり、内申書などをちらつかせて生殺与奪の権を握る教師、いじめの場では加害生徒と被害生徒、ときには状況の支配・被支配関係の逆転など校内暴力による教師と生徒の支配、いずれも「テリブル・ホラー！」な場所というイメージが拭えない。コロンバイン高校事件で知ったのだが、アメリカには体育会系モテ男子を頂点とするスクールカーストさえあるという。そこでは、運動音痴やサブカル系少年少女(いわゆるオタク？)などが下位にあり、バカにされるらしい。アメリカに生まれなくてよかった！

日本でも、男子の場合ならパンツを脱がされるなんて序の口、カエルやミミズなど異物を食わせられたり、首に紐を付けられて犬のように四つん這いで歩かされたりなんて、『○嬢の物語』のシーンを彷彿とさせるようなことも頻発しているのではないか。女子どうしのいじめも集団シカトにはじまり、男子も驚くような暴行行為や強制売春などもあるという。知人にも中学生時代に胃潰瘍になったという女性が多い。たいてい美人で秀才タイプだ。いまも学校裏サイトなどすさまじい書き込みがあると聞く。死にたくなるはずだ。

子どもはある意味で大人よりも狡猾で邪悪な獣である。ある時期、ある地域の子どもたちにとって、学校とは拷問の場に等しいものかもしれない。あるいは、ルイス・ブニュエルの映画『皆殺しの天使』や

カフカの『審判』さながら、悪夢のように脱出不可能な状況に思えることもあるのだろう。いわば、BDSM（BONDAGE & DISCIPLINE & SADISM & MASOCHISM）という倒錯的な快楽を見出さなければ、学校という暴力装置のなかでサバイバルすることは不可能なのだろうか。

かくも暴力的な学校という装置は、やはり西欧の軍事教練を範にした近代教育から生まれたものかもしれない。近代化の過程では、兵器や機械化された生産活動に合うように、軍事教練や体育の授業を通して、人間の身体や日常動作そのものが規格化されてきたという説もある。フランスの歴史家フィリップ・アリエスも「19世紀後半から20世紀初頭にかけて、フランスの民衆を鋳型に入れることに貢献したのは初等学校であった」という（『「教育」の誕生』）。

その西欧式軍隊の背嚢をヒントにしたという黒革のランドセルで有名な学校がある。三島由紀夫やオノ・ヨーコなどの母校でもあり、やんごとなき人々の子女が通う名門校だ。そこの初等科で、当のやんごとなき少女が"いじめ"にあっていたそうだ。そのトラウマで通学ができなくなったという。この事件を知り、ああ日本はようやく明治維新以来の呪縛から解き放たれつつあるのかと思った。それとも戦争責任を孫の代で背負わされてしまったのかとも思ったりした。

末は国の象徴となるかもしれない少女にケリを入れるなんて、世が世であれば"不敬"の極み。小児のなせる業といえども即刻退学、下手をすれば家族もろとも粛清されてもおかしくなかっただろう。かつては、やんごとなき人々には子ども時代から家来としてご学友が選抜されるシステムがあった。たとえば今は"子ども店長"として活躍する子役が人気を集めた戦国武将の大河ドラマの場合。「わしはこんなところに来とうなかったのじゃ！」と泣きじゃくりつつ、幼少期から主君の関係を築き上げ、終生"愛"の兜をかぶって忠誠を尽していたではないか。

それどころか、いじめられたほうが悪いとばかりに、以前から様子がおかしいと噂される母親ともども逆バッシングされかねない有様である。某週刊誌の新聞広告では、ケリをいれた少年は少女に向かって「この税金ドロボー！」と罵ったとまで書かれている。真偽は定かではないが、（顔は父親そっくりなのに）女子に生まれてしまったため、将来の地位が危ぶまれる少女に対して、国民の憎悪がむき出しになったかのようだ。少女の硬い表情は、そのことを敏感に察知して怯えているせいではないのか。

くだんの乱暴者の少年は、いま問題になっている発達障害という説もある（やんごとなき少女も発達障害ではないかと噂された時期があった）。この学校の初等科や中等科はとびきりのエリートや富裕層の子弟が占めている。親の身元・資産調査もしっかりしているはずだ。だが、小学校低学年の少年が「税金ドロボー！」と言ったのが真実ならば、それは親や身近にいる大人たちの言っていることの反映だろう（少年の言動に名を借りた週刊誌編集者たちの捏造もしれないが）。そんな思想を持つ人々の子弟も入学を許されるなんて、まさに日本という国家が成熟した証と考えるべきなのかもしれない。

ところで、発達障害のあらわれ方は実に多様らしい。読字障害（LD）もその一種で、ハリウッドセレブでは、トム・クルーズやキーラ・ナイトレイ、クエンティン・タランティーノなどが有名だ。私は何年か前

に地下鉄でアスペルガー症候群（？）と思える少年を目撃した。祖母らしき女性と一緒だったが、いずれも身なりはきちんとしており、いかにも良家の人々という感じだった。その少年は乗り物に対する恐怖心が強いらしく、乗り込むのにひと騒動。その後も駅につくたび暴れ出す。その暴れぶりが尋常ではない。まるで、壊れたロボットのようだ。その間、祖母が必死の形相で少年を羽交い絞めにするのだが、必死にその腕を抜け出そうとする。そして、母親のことを「あのバカ女のせいで、こんなことになるんだよ！」などと悪口雑言を連発する。その大人びた口調と、破壊的な動作のギャップに驚いてしまった。

この少年を見て思い出したのは、池田小学校事件の犯人として死刑になった宅間某の言動だ。「人生設計が狂ったのは、この小学校に入れなかったからだ」云々とジコチューの極みのような御託を並べて、いたいけな子どもたちをメッタ斬りにしていった。私の無知と偏見かもしれないが、地下鉄で目撃した少年が適切な教育を受けずに育ったら……と慄然としてしまったのだ。

💥 **教室は血の匂い**

たとえば、ウイリアム・ゴールディングの『蠅の王』、『漂流教室』（楳図かずお）や『芽むしり仔撃ち』（大江健三郎）など、外界と隔絶した空間に閉じ込められた子どもたちの集団的狂気（とそれに抗う理性）を描いた恐怖心にかられ、獣にかえってしまったかのような少年たちは、原始の狩猟民族のように顔を呪術的に彩色する。つい数年前まで渋谷界隈にたむろしていたヤマン

バやガングロなどというのもその一種だろう。エーリッヒ・ケストナーの『飛ぶ教室』や、映画『けんかえれじい』（鈴木清順）で描かれたような少年期の通過儀礼としてのケンカがある。戦前の旧制中学などでは、汲み取り式便所から調達した人糞をかけあうというおバカな戦法もあったという。ガス爆弾や散弾銃やカービン銃で武装したコロンバイン高校のいじめられっ子たちの絶望的なまでの殺意に比べれば、なんて牧歌的だろう。

そんな子どもたちの殺戮シーンというわけではないが、もっとも活発な運動量をもつ生物としての児童・生徒たちの汗や血の匂いは、いかばかりかと思うことがある。ときには、そんな匂いがいじめにつながることもある。知人の30歳近くの息子は、小学生時代に「足が臭い」といわれたことがきっかけで、しだいにマクベス夫人のような潔癖症になり、いまや引きこもり青年として過ごしている。

少女の生理についてはどうか。今の性教育はどう行っているのか知らないが、何十年か前の性教育はおもに月経の対処の仕方だった。小学5年か6年生の初め、女子だけが暗幕を張った教室に集められ、生理についてのレクチャーを受けた。女子より幼稚な男子たちは校庭で球技でもしているらしく、無邪気な歓声が聞こえる。性教育といっても、羽が付いている"アンネ"と通称されたナプキンの使い方の説明のようなことが中心だった。その当時の生理用品は、現代の高分子ポリマー使用の"羽が付いている"ものとは比べ物にならないシロモノ。それでも母たちの世代の脱脂綿＋ゴムでできた安全バンド等に比べれば、ずっとスマートなものだった。

第二次世界大戦中に女学校生活をおくり、勤労動員で風船爆弾をつくったこともあるという母から聞いた話だが、地方の名門女子

★（上）映画版「蝿の王」（1962年のピーター・ブルック監督版）
　（中）映画版「飛ぶ教室」
　（下）「けんかえれじい」

校の優等生が校舎に放火した事件があったという。「あんまり頭がいいとおかしくなるんだよね」というのが凡庸な母たちの感想だったが、放火犯の女学生は月経だったという噂があった。だから精神不安定で犯行に及んだのだという。この話を聞いて、なんだか『幼児狩り』や『みいら採り猟奇譚』をはじめSM的色彩の強い作品を描き続けてきた河野多恵子の人間観、身体感覚がわかったような気がした。つねに死（体）が身の回りに転がっていた戦時中に女学生だった女性たちの血の騒ぎ。それを吐き出すため、過剰とも思える残虐な描写が必要だったのだろう。

そんな脱脂綿や粗末な生理用品を使っていた当時の教室は、どれだけ血の匂いが教室にたちこめていたのかと思う。私は嗅覚が鋭いほうではない。それでも生理の重い日の女性は、なんとなく匂いでわ

かることがある。いまどきの生理用品は消臭効果さえあるのだろうが、何人もの若い女性が集う教室では、いったいどんな匂いがしているのだろうか。男女共学なら男子の汗臭さや足臭さ、お互いの発情期のフェロモンと相殺しあうのかもしれない。だが、たとえば女子校の男性教師などの鼻孔にはどんな匂いが届いているのだろうか。こんな嗅覚に対する突出したこだわりも、発達障害の病態の一種として挙げられるかもしれない。

アンネという名の生理用品は、もちろん『アンネの日記』からとられたものだ。その日記の中に初潮に関する記述があったからというが、ナチスの強制収容所で筆舌に尽くしがたい過酷な体験をしたあげく、無残に死んでいった少女の名を生理用品の名に冠した人の発想には恐れ入る。女性は毎月毎月、血腥い体験をしていることをア

ウシュビッツにたとえたのだろうか。ある意味で無神経だが、当時の少女たちはアンネというやさしい響きによって月経に伴う憂鬱をいくぶん緩和されたのかもしれない。

💥 よいこのめばえ

私の兄は仏教系幼稚園に通園していたとき、お絵描きの時間に女性器を表す卑猥な絵を描いて問題児扱いされた（今もわが家の語り草だ）。いったい、どこでそんな「ワ印」まがいの図案を覚えてきたのだろう。それは遮光土偶の目の部分、楕円形の真ん中に棒が1本というように抽象的な図で、バルテュスの『鏡のなかのアリス』のような具象性はなかった。だから、お医者さんごっこや幼稚園の女の子のパンツを下げて観察した結果ではないと思う。昔はよく公衆便所や学校の便所などに、その手の図像や卑猥な言葉が書き連ねてあった。ネット上やポルノ雑誌等でいくらでもリアルな性器の画像が見られる昨今、そんな図像は女性器として卑猥な意味をもっていたことすら忘れられているかもしれない。未開人の豊穣のシンボルのように、かえって新鮮に見えるかもしれない。

稚拙なワ印はさておき、子どもたちはいったい何歳ごろに性的な快感(?)を自覚するのだろう。それに大きく関与するのは、小学校の必須体育器具（今も設置されているのだろうか?）ともいえる登り棒だったかもしれない。男児がおちんちんをこすりつけて気持ちよくなるというのはよく聞く話だ。女児もまた登り棒や鉄棒に股をこすりつけて快感に目覚めるようだ。知人の小学1年生の娘は私の脚に跨って何度も何度も股をこすりつけているうち、頬を紅潮させ、息を弾ませ、なにやら気持ちよさげにしている。「私の脚は登り棒かい！」とツッコミをいれたくなったが、この一件で女性のオルガニズムなんて幻想かも……とも思った。性的な快感なんて痛覚や排泄感覚のほうがない。もしかすると、ある種の人間にとっては痛覚や排泄感覚にすぎない。もしかすると、ある種の人間にとっては微弱な物理的現象のほうが身体感覚としては強烈で、なおかつ生涯にわたって持続する快感かもしれない。

少年少女の性の芽生えについて書かれたものとしては、森鴎外の自叙伝ともいえる『ヰタ・セクスアリス』が面白い（鴎外本人は大真面目に書いているのかもしれないが）。主人公は幼児期には「女性の体の或る部分を見たことがなかった」と述懐する。銭湯に通う庶民を除いて、母親と乳幼児が一緒に入浴する習慣もなかっただろうか。そんな主人公が6歳の頃、知り合いの未亡人と若い娘が極彩色のワ印絵本を見ているのを目撃した。だが、女たちにその絵模様をからかい半分に見せられても行為の意味を理解できなかったというくだりがある。そして10歳を過ぎた頃にようやく、同い年くらいの少女の着物を捲れあがらせることに成功し、女性の下腹部に「なにもない」ことを発見して驚いているのだ。

ヘンリー・ダーガーという人は、そんな発見をする機会を与えら

★森鴎外「ヰタ・セクスアリス」
（新潮文庫）

★ヘンリー・ダーガーの作品

れなかったのかもしれない。「月に代わっておしおきよ!」でおなじみの『美少女戦士セーラームーン』に先立つこと数十年。アメリカの大都会の片隅で、ヴィヴィアンガールズという少女たちの冒険活劇を描き続け、死後にアール・ブリュットの画家として"発見"された人だ。

ダーガーは幼くして母に死別し、幼少期からカトリック系の貧救院や知的障害の施設に収容されたために、一生涯、女性の身体を知らなかったという説がある。そのせいで、少女にペニスがついていたりするのだろうという(戦闘少女の場合だけペニスがついていることから、意図的に描き分けているという解釈もあるが)。また、彼は小学校1年から3年に飛び級するほどで、知能指数はけっこう高かったのかもしれない。彼の生きた時代、アメリカのプア・ホワイトの子どもたちは、まさに"子ども奴隷"として幼少期からこき使われたのだろう。もし現代に生まれていたら、発達障害の一人として適切な教育をうけることができたかもしれない。

私もダーガーの教育環境に類似するプチ体験をした。小学校1年から2年にかけて原因不明で歩行困難になり、学校を欠席することが多くなった。それで3年生に進級する際、通常の授業についていけない子どもだけを集めた養護学級、通称「特殊学級」に入れられることになった。だが、知恵遅れの子どもに合わせているせいか、虚弱体質や学習障害、うんちやおしっこを毎日のように粗相する知恵遅れも一緒くたの教室だった。今から何十年も前のことだが、教室には畳敷きのスペースがあり、いつでも横になれるようになっていた。教室そのものが保健室のようなものだ。ただ、母親としては「うちの子どもはバカなんですか」と詰め寄ったそうだ。学校側に憤ぬやる方ないものがあったのだろう。もしかすると、今の尺度ではたしかに私も発達障害児童だったかもしれない。あるいは現在も続いているかもしれな

い。狂気は自分では判断できない。

さて、ほんとうは天才だったかもしれないダーガー。彼は孤児同然に育ったために生涯にわたって知恵遅れと誤解されたのだろう。逆説的だが、そのおかげで『非現実の王国で』を構築することができたのかもしれない。いわゆるアーティストと違って、換金という世事に煩わされることがなく（いい意味で放って置かれたために）、その作品世界は強度を高めていったのだろう。

💥 不機嫌な少女たち

ヘンリー・ダーガーと同様、死ぬまで少女の絵を描き続けながら、「20世紀最後の具象画の巨匠」とまで言われたバルテュスの場合はどうだろう。ポーランド貴族の末裔とか、リルケをはじめ20世紀初頭の偉大な芸術家たちの知遇を得たとか、出自の優雅さやインテリジェンス溢れる生育環境がなかったら、かくも名声を高めただろうか。本人の意図とは裏腹に、ロリコンやBDSMなど一部マニアックなファンに愛好される異端の画家にとどまったかもしれない。

サディスティックな趣向で有名な「ギターのレッスン」にしても、半ばパリで有名になるための手段として描いたのだろう。ダーガーと違って、孤高"と冠がつくかわりにはスキャンダルが一番だったから、手っ取り早く金になる手段として描いたのだろう。ダーガーと違って、"孤高"と冠がつくかわりにはバルテュスは世事に長けている。画壇や画商や社交界に対してもハッタリがきくのである。だから、わずか5枚の絵と引き換えに100室も部屋があるグランシャレを入手することができる。

閑話休題。フランスのロベール・ブレッソン監督に『田舎司祭の日記』と『少女ムシェット』という作品がある。いずれもジョルジュ・ベルナノスという作家の小説が原作だ。作品が書かれたのは1930年代らしいが、その当時のフランスの農村部は現代の発展途上国と変わらないような貧しく過酷な生活だったようだ。

『田舎司祭の日記』では、教会で司祭が教育を行っている。奇妙なことに女の子の生徒しかいない。西欧では男子は寄宿学校に行くのがふつうだったのだろうか。それとも旧弊な農村部では戦前の日本のように「男女席を同じうせず」ということだったのだろうか。授業というのも、司祭との教理問答であり、「最初の聖体拝受の準備をするために学校へ行った」のだという（F・アリエス『教育』の誕

★バルテュス「ギターのレッスン」

生」)。

その教理問答にすらすら答える優秀な美少女セラフィータは、粗野な仲間たちとグルになり、「先生の目がきれいだったからよ」などといって田舎司祭を挑発する(ような素振りをする)。そのときの少女の目はまさに悪魔的である。また、地域の名家の娘も純粋な司祭を窮地に陥れる悪魔のように描かれる。その家庭教師として住み込みで働く若い女性は、娘の父と不倫しているらしい。この農村自体がもはや神を信じていない。

司祭が「もっとも厄介な娘」と見做していたセラフィータだが、ある日、荒野で喀血し、倒れてしまった司祭を助けることになる。「私を導くのは日々の労働で荒れたその幼い手だった」。意識朦朧の司祭の汚れた顔を清め、ランタンを掲げるその姿は、ジョルジュ・ド・ラ・トゥールの描いた『聖母の教育』の少女マリア像だったり、『聖ヨセフの夢』に現れる翼のない天使のようである(ブレッソンは画家でもあった!)。たぶんセラフィータとは、熾天使セラフィムの化身なのだろう。

長々と書いたのは、このブレッソンの『バルタザールどこへ行く』という映画に、バルテュスの実兄ピエール・クロソフスキーが出演しているからだ。そう、バルタザールとは、バルテュスの本名である。映画でのバルタザールは哀れなロバとして描かれるが、この名前はキリスト生誕に立ち会った東方の三賢人のひとりに由来するという。弟の名前と映画のタイトルが一緒だったということに引かれて、クロソフスキーが出演したということもあるまい。だが、ブレッソンは『ロベルトは今夜』や、そのワ印もどきの挿画を描いた画家でもあるクロソフスキーの思想をよく理解していたからこそ、風変わりな粉屋のおやじの役に彼を使ったのだろう。

キリスト教文化圏の西欧の芸術作品は、神との対峙、神はどこまで人間の罪を赦すかという神学的命題を抜きにしては語れないのだと思う。現代でもヤン・ファーブルのダンスやロメオ・カステルッチの演劇などを見ると、神との対話を欲して

★(上)「田舎司祭の日記」
(下)「バルタザールどこへ行く」

95

いるのだなあと思う。サド侯爵やジョルジュ・バタイユと同様、どこまでやったらこの愚かしき人間を処罰するために「顕神」するのかを試しているのではないか。

 厳格な神学校を経て、のちにイスラム教に改宗したという。彼にとっては、第一次・第二次世界大戦を経て『ロベルトは今夜』があるという思索と懐疑の遍歴過程に、まさに神なき時代の信仰を追求した果てのポルノ的な作品の制作であり、改宗だったのだろう。クロソフスキー兄弟やブレッソンやベルナノスは、少女の姿を借りて「神が死んだ」時代の信仰について告白しているのかもしれない。

 八百万の神々に空気のように包まれている日本では「性欲の目金」を掛けてみれば、人間のあらゆる出来事の発動機は、一として性欲ならざるはなく「ヰタ・セクスアリス」とノーテンキに解決できる。だが、キリスト教の縛りがある西欧ではそうはいかないのだろう。どんな破廉恥な行為も、神と出会うため、あるいは神の不在を証明するための方便なのである。悪魔がいてこそ、神の存在が証明されるのである。やっかいなことだ。いっぽう日本では、(神の目を意識した)パノプテコンというより、「まわたで首をしめるように」じわじわと人心を律する。これは、鞭打ちなどの一過性の暴力よりある意味で息苦しい。

 バルテュスが描く少女は、「完璧な美の象徴」というわけではない。じっさいは美少女でも、彼の手にかかると、無愛想だったり、無表情だったり、不機嫌そうに見える。それはブレッソンに出てくる少女や女性の表情にも通じるものだ。も

しかしたら、あの日本のやんごとなき少女の表情にも近いかもしれない。

 安アパートの一室で、キッチュな少女戦士をひたすら描き続けたヘンリー・ダーガーこそイノセントな魂の持主だったかもしれない。彼の描く少女たちは、バルテュスやブレッソンやベルナノスの描く少女たちと違って不機嫌そうではない。まつ毛の長いぱっちりとした瞳で、チアガールのように明朗快活に悪と戦うのだ。アニメキャラに慣れた日本人なら、たぶんダーガーのヴィヴィアンガールズのほうが"萌える"のではないか。

 ちなみに、ベルナノスの『悪魔の陽のもとに』という作品も、モーリス・ピアラ監督によって映画化されている。この作品にもムシェットという少女が出てくる。『少女ムシェット』では、ムシェットは自死するが、(悪魔の誘惑を退けた)司祭によって神のもとへ返される。彼らフランスの男たちの献身(あるいは調教)によって、不機嫌な少女たちは魂が浄化されたのだろうか。

 ところで、『悪魔の…』でのムシェット役はサンドリーヌ・ボネールという女優。彼女はアニエス・ヴァルダの『冬の旅』(ホームレスとして野垂れ死にする若い女性を主人公にしたドキュメンタリー映画、名はサビーヌ)では、自閉症の実妹を主人公にしたドキュメンタリー映画『彼女の名はサビーヌ』を制作した。そこでは精神病院という閉鎖空間のなかで人格が壊れていく有様が描かれている。興味深いことに、サンドリーヌはこの映像をサビーヌに見せている。それは、もしかするとバルテュスの絵の少女が手にする「鏡」に通ずるものかもしれない。神は死んでしまったかもしれないが、アリスは生きている!

入学式も卒業式もない芸舞妓の学校
——八坂女紅場学園　祇園女子技芸学校

●いわためぐみ

★（書影は上から）
秋里和国の「GEI-SYA〜お座敷で逢えたら〜」（小学館）
奈波はるか「少年舞妓・千代菊がゆく！」（集英社コバルト文庫）
岩崎峰子「芸妓峰子の花いくさ〜ほんまの恋はいっぺんどす」（講談社プラスアルファ文庫）

芸者、芸舞妓の世界は一見さんお断りの座敷の奥に隠されていてやはりある花柳界で半玉さんになる主人公が出てくる。ちなみに、その主人公がお座敷にあこがれた芸者にも、実は男の子。コバルト文庫の奈波はるかは「少年舞妓・千代菊がゆく！」は、置屋の息子がドタキャン舞妓の代わりにお座敷に出て、一晩で売れっ子舞妓になってしまう。本人、廃業したくてもお客からも、華やかで雅やかな存在がイメージできる。日本髪で和装。日本の昔の街という言葉や花柳界という言葉ルズやコミック……それもボーイズラブ系のものまであるほどだ。色街、花学の世界や映画、最近ではライトノベ性を主人公とした物語として、純文さまざまな幻想、妄想の種になる。女

秋里和国の「GEI-SYA〜お座敷で逢えたら〜」では、「究極のコスプレがしたい」と年齢詐称までして東京のとある香りのするさまざまなモチーフ。

河竹益巳の「玄椿」は歌舞伎役者と亡くなった名妓の愛娘が主人公。せつなり手が不足している現状をそこかく、芸妓や舞妓は芸を客に魅せるはかとなく憂いながら、愛情たっぷりせない……と、どちらも後継者、芸者ついてしまえば、置屋も茶屋も辞めさしまう。本人、廃業したくてもお客がに描かれた作品。

岩崎峰子。数々の著作や原作を提供した岩崎峰子がテレビCMに出るなどの現役時代にテレビCMに出るなどの革新的な存在でもあった。そんな彼女の著作の中に、芸舞妓が学ぶ学校、八坂女紅場学園・祇園女子技芸学校のことが出てくる。

舞妓志望の少女は、置屋という芸妓の所属する「家」であり、また仕事をマネージメントする「事務所」でもあるところに住み込み、日常生活のしきたりやこの世界で生きるための礼儀作法などを身につけつつ、お座敷で通用する芸も学ぶために女紅場に通う。女紅場では舞、鳴物、茶道、三味線が必須。なかでも芸舞妓が身につける舞は京舞井上流というもので、この流派は唯一この女紅場で指導されている生活の描写には、「フジヤマゲイシャ」の偏見を罵倒する場面が出てきて芸術家……といいながら、奔放な性も「芸のためなら…」的、普通でない

て、本当の姿を垣間見せてくれたのは本の中で、岩崎はこの学校に対して２つの要求をするが、どちらも実現はしなかったらしい。ひとつは英語教育、お座敷に来る外国人客の接待にきちんと対応できるようにするには語学は必須ではないかと。また、この教則以外では井上流が学べないという原則を崩したかったとも書いていた。岩崎本人も舞の達人であり、本当は独立して教えをしたかったのかもしれないが、現状は、芸舞妓がせっかく舞の芸を身につけても、教えを職業にすることはできない。どちらの要求も古い体制の学校には受け入れられなかったという。

しかし、古い体制を守ることで守られるスタイル、教えというものもあるのかもしれない。あるいは、それが時代に合わなければ、やがては消えてしまう運命なのかもしれない。

立して舞を教えて生きて……という道は存在しない。舞踊、長唄、常磐津、地唄、小唄、清元、能楽、笛、鳴物、華道、茶道、書画。正月に始業式はあるが、入学式、卒業式もなく、本科は１年、専科が３年。研究科は年限なし……つまりは学びは一生続くということ。

お座敷幻想は、芸者や芸舞妓は芸に秀でるということのみならず、普通の人間であってはならないのかもしれない。人ならざる美しい生き物に一夜の夢をもらう大人の社交場なのだ。しかし、そんなお座敷幻想ではなくて、本当の姿を垣間見せてくれたのは岩崎峰子。

人々を感じてしまう。

学校と犯罪
——日常と非日常の間

●文＝志賀信夫

小学生のころ、東京杉並を中心に「チン切り魔」が話題となった。低学年の少年が拉致されて、男性器をいたずらされたり切られたりするという事件だった。当時、新聞報道を詳しく見ることもなかったので、詳細は知らなかったが、特に「男の子たち、気をつけるように」と、学校や家庭でいわれた記憶がある。一九六三(昭和三八)年、東京オリンピックの前年のことだった。

たぶんそのときだろう。男が男に性的興味を持つという同性愛のことを知ったのは。性器に関心を持ち始めた年齢ではあったが、性行為の目覚めの時期ではあったが、性行為を含めてそれがどういうものか、まだわからない状態だった。犯罪自体はもとより、詳しいサイトがあった。この犯罪について調べるために検索をかけると、「少年犯罪データベース」があった。昭和初期からの新聞報道などから特に少年・少女の犯罪を抽出・網羅したものだった。そして、このチン切り魔(少年切り裂きジャック事件)について描かれていた。その犯行のノートにあった「松田」名の割印の判子は、杉並第九

学校内ではないが、学校近くの雑木林などで行われ、「あそこだった」といわれる学校の裏の林などを見たこともある。一九六三(昭和三八)年、東京オリンピックの前年のことだった。

酒鬼薔薇事件(九七年)など、残酷な犯罪報道を見るにつけ、折、そのことを思い出した。そしてその事件についてコメントを寄せた評論家へ、脅迫状などが送られる。近くの交番に手紙が届き、犯人は警察を嘲笑していたずらして、凶行に及んでいた。別の交番付近に、犯行ノートが置かれる。これらに犯行の様子がイラストで描かれていた。その犯行のノートにあった「松田」名の割印の判子は、杉並第九

チン切り魔

杉並の事件は六三年三月から六四年十月にかけて起こった。十一件の連続傷害事件は、最初は十歳の少年に切りつけることから始まった。対象は六歳から十四歳の少年。顔や首に切りつけるというものから、縛りつけて性器を切るといったものまで、さまざまである。

そして一年以上、犯行が続くが、犯人は捕まらなかった。しかし、六四年三月の事件の後、警察に挑戦状が出されるようになる。切りつけて睾丸が出てしまうような傷害、そして一度は性器自体を切り落とした。犯行はいきなり切りつけるものもあるが、大体は、一人か二人の少年を見つけると、それを縛り上げつけるもあるが、大体は、一人か二人の少年のズボンを脱がせて性器を切りつけるだけだった。しかし次から次、少年のズボンを脱がせて性器を出していたずらし、そして一番最初の犯行は顔に切りつけるだけだった。しかし次から次、逮捕時は高校二年だった。調べると、逮捕時は高校二年だった。

犯人は都内の進学校、東京都立高校の生徒だった。最初の犯行は、中学三年、受験が終わって合格してほっとしたときに起こしたというが、当時は十五歳。捕まるまでに一年半以上たったため、逮捕時は高校二年だった。

小学校の校長のもので、盗まれていた。また、このノートも、この学校の図書貸出用のものだった。そのため、警察はこの学校の卒業生を対象対照に調べた。年齢を被害者の証言から、中学高学年から高校と特定し、小学校の卒業生名簿から割り出して、犯人を見つけることができた。

今回、これらのデータベースや書籍、資料などから、この事件を含めて、少年による犯罪、少年が被害者である犯罪などを、学校と関わりのあるものを中心に考えてみる。

は後に精神鑑定を含めて、書物に取り上げられている。

のなかで警察の韓国人差別とか、子どもに警官が火事の濡れ衣を着せた事件などに言及する。そして東京オリンピックの開会式の日に合わせて犯行を行い、それを犯行声明で記述したりしていたが、それは治らないと考えていた。中学三年のときには知識がなかったが、犯行を起こしながら自分の性癖を分析したようだ。

少年はまた、「百八十一センチと当時としてもちょっと小柄でコンプレックスを抱いており、背の伸びる薬などを通信販売で服用していた。また、日本的生活を嫌い西洋生活に憧れ、食事をナイフとフォークでとっていた。高校受験は第一志望の高校受験に失敗している。そんななかで、都立高校に合格して安心したところだった。少年の脅迫状や犯行声明、そして出所後の犯行には、韓国人差別や米軍批判などの社会問題への意識が表れている。英文で犯行声明をいくつか見てみよう。なお昭和初期から知的だった少年は、自分の性欲とコンプレックス、社会への不満が重なっていたと思える。

この事件はいまから四十年以上前のものだが、いま起こったらもっと猟奇的事件として取り上げられるだろう。六二年生まれの演出家、大人計画を主宰する松尾スズキも印象に残っていたとみえ、『まとまったお金の唄』(二〇〇五年)では、チンチン切り魔を登場させている。

少年と少年

それでは昭和初期からの犯罪データーベースから、男性による少年に対する犯罪、少年による少年に対する犯罪をいくつか見てみよう。なお昭和初期から しばらくは数え年で表記されている場合があり、一、二歳年齢が下がることがある。

一九五五年には、東京都葛飾区で、二十一歳の男が小学校二年生(八歳)を絞殺した。子どもの頃から、動物や小鳥を殺していた。九歳から十三歳の男子四人の首を絞めて猥褻行為をする殺人未遂も犯していた。さらに七十年、三十六歳になった男は葛飾区の空き地で、小学五年生の男子(十歳)を絞殺して猥

この六月二十二日、マツダ自動車のエ藝行為をした。「首を絞めて子供が苦しむのに快感を覚えた」と話し、誘拐殺人で懲役十二年。八三年、四十九歳になった男は葛飾区の神社で小学六年生の男子(十二歳)の首を絞めてから蹴飛ばした。

五八年には、一八八八年、ロンドンの切り裂きジャック事件が本で読み脅迫状などは、六三年三月の吉展ちゃん誘拐殺人事件と五八年の埼玉小松川女子高生殺害事件を参考にしたという。

六九年、東京恵比寿の小学一年生(六歳)が登校途中、十九歳少年に誘拐、殺害された。吉展ちゃん事件を元に犯行した。当初女優の誘拐を計画し、高校をいじめで中退したため、相手への復讐計画も立てていた。以前にも脅迫や放火、少年の誘拐未遂をしていた。

七二年、東京都中野区の公園で、二十二歳男子が行方不明となり、二日後にマンションの屋上で全裸死体となって発見された。小学校五年生(十歳)の男子をさぼって砂場で遊んでいると男の子に砂をかけられ、怒ってマンション屋上に連れ込み、殺害した。以前も幼児に腹を立ててプールに投げ込んだ。

中学三年生の少年を金槌で殴り障害を負わせ、米軍宿舎の車三台に放火、四台の窓に「ヤンキー ゴー ホーム」と落書きしていた。

少年の精神鑑定によると、少年は中学二年くらいから自慰を覚え、対象は少年だった。そして少年を傷つけると、自慰と同様の興奮を覚えていたという。また逮捕時に高校二年に残っていた少年は、その間にサディズム、マゾヒズムという言葉と意味も理解していた。そして自分のサディズムを自覚し

九〇(平成二)年、福岡県太宰府市で、十七歳少年が小学一年生の男子(七歳)を山中で猥褻行為をし少年院に。二〇〇三年には、男女幼児十四人(六歳)を山中で猥褻行為をし少年院に。

そして、九七年には酒鬼薔薇事件が起こる。当時十四歳だった中学生の少年は、二月に小学生の女児二人をハンマーで殴って、一人に重傷を負わせる。三月には小学四年生(十歳)をゲンノウで殴って殺害、さらに小学三年生(九歳)を殺そうと刃物で刺す。そして五月には、十一歳の小学六年生の少年の正門に飾り、警察に向けた「酒鬼薔薇聖斗」名の犯行声明を添える。

二〇〇三年には、長崎男児誘拐殺人事件が起こる。中学一年の少年が四歳の男児を連れ出し、駐車場ビル屋上で全裸にして暴行し、ハサミで陰部を切りつけ、二十メートル下の道路に落として殺害した。以前にも似たような事件を二十件以上起こしていた。小学三年のころに友人に股間を蹴られてから、性器に執着が始まったという。このデータベースには少女に対する

暴行はさらに膨大にある。特に教職員、校長などの起こした事件は数多くいまだに同様の事件がよく報道されている。

性的虐待

これまでに、同性愛の性的暴行、虐待に遭ったことを告白している著名人もいる。ロックバンド、ガンズ・アンド・ローゼズのボーカルのアクセル・ローズは、義理の父親から性的虐待をされた。小説にもなった多重人格者ビリー・ミリガンは、連続強姦で捕まったが、幼少期に義理の父親から性的虐待を受けていた。作家の井伏鱒二は、中学時代上級生に稚児にされかけ、早稲田大学では教授からセクハラを受けて退学を余儀なくされた。心理学者のカール・グスタフ・ユングも、少年のころに男性から性的暴行の犠牲になったと、フロイトへの手紙に書いている。

二〇〇六年、山形一家三人殺傷事件では、加害者が被害者の一人に性的被害を受けていた。二十四歳の男性が、六十歳男性と二十七歳の長男を殺害し、五十四歳の母を重傷を負う。犯人は小学四年のころに、この長男から性的暴行を受けたことで犯行を犯した

と供述したのだ。こう記述するうちに、が、交通事故や災害の子どもの死体などをホームページ「クラブきっず」に掲載しているロシアの有名なピアニスト、ミハイル・プレトニョフがタイ・パタヤで十四歳への少年の暴行容疑で拘束されたという報道にびっくりした。現地NGOによると、彼の少年愛と買春は有名だという。近年、指揮者としても活躍しロシアの文化顧問だ。

少年・少女への性愛は、特異な性癖ではない。性欲はさまざまであり、異常というにはあたらない。そして子ども自体にも性への関心が芽生える時期があり、それには差がある。また、性的関心が芸術などを生む一つの原動力になっているとも考えられる。しかし、例えば幼児虐待は、受けた子どもが親になるとそれを繰り返す症例が多いように、子どものころに性的暴行などを受けたことが精神的な障害の原因になることがあるなど、子どもへの性的行為が発達途中の精神に与える影響は、非常に大きいものだ。統合失調症(分裂病)の女性に話をきいたところ、子どものころの大人からの性的な体験が大きく影響していることが実によくわかったことがある。

二〇〇六年に起こった「クラブきっず」事件は東京都羽村市の小学校教諭

と報道にびっくりした。遺族が追悼や再発防止の意を込めてサイトに掲載した写真を転載したり、スマトラ沖地震、津波災害のときに、現地に行って死体の写真を撮影したり掲載し、「三度の飯より子どもの死体」という匿名を使っていた。調べると、その前に赴任していた小笠原の小学校では、子どもたちの着替えを盗撮したり、水着の写真を撮影し、それらもサイトに載せていた。

例えばロリコンといっても、その境界線は曖昧だ。大半の男性は年長より若い女性を好む。そしてセーラー服など十代の少女に性的関心を抱く。だが大半は十六歳以上くらいではないか。十六歳は実は親の許可があれば結婚できるのだから、性的には親になれる年齢として認められている。だからそれ以下に関心を抱くのは異常だとは決めつけられない。少女・少年への偏愛は果たせなかった自分の少年・少女期への思いとつながる人もいるだろう。日本も以前は十代での結婚が多かったように、国や地域によって結婚と性行為に及ぶ年齢も異なる。た

減っている少年犯罪

さて、このように見てきた少年犯罪だが、近年、酒鬼薔薇事件などで十四歳という年齢がクローズアップされたり、少年法が改定されるなど社会問題となった。しかし、例示したように、小学生による殺人や、中学生による同性愛的な傷害事件、通り魔殺人などは、五十年前からあった。そしてこのような子どもに対する性犯罪や殺人事件は、年を追って減少しているのだ。

統計によると、幼児への強姦被害数は、六三年の四五八人をピークに、七〇年代は一五〇人から二五〇人の間、九〇年代には五〇人前後、二〇〇五年には四一人となっている。小学生への強姦は六三年の九六人をピークに八〇年代以降は一桁で、二〇〇五年では一二三人である。子どもの殺人被害者数は、就学前の幼児・児童は七四年の三七七人をピークに八〇年代は二〇〇人台、九〇年半ばから百人を切って、二〇〇七年では五九人、小学生は七五年の百人をピークに二〇〇七年では一三人である。つまり幼児・小学生への性的被害は十分の一、殺人も幼児へは六分の一、小学生へも三分の一と大幅に減少しているのだ。もちろんこれはここ数年の総理大臣の幼児性を見てもよくわかる。それゆえに、犯罪者への単純な厳罰化ではなく、精神な

★小学校の教室（撮影：ajari）
※本文の内容とは関係ありません

らない。身体的には発達しても、精神的に大人にならないまま社会生活を送っているのが、日本の社会だろう。それにも関わらず、テレビや新聞・雑誌の繰り返される詳細な報道によって、少年犯罪や子どもによる、あるいは子どもへ犯罪が増えているかのような印象が生まれ、遂には法律の改定に至っている。これは実は社会的に危険な方向だ。平均年齢がどんどん伸びている現在、子どもは実はなかなか大人になはかなか大人にな

殺人などについては、できればその後の精神の動きなども知ることが、犯罪防止に役立つようにも思う。そのような意味で、小学校時代、杉並を震撼させたチン切り魔、六十三歳になっているはずの元少年に話を聞いてみたいとも思う。小学校低学年に聞いたその事件が、僕自身、性や異常といわれるものに関心を持つきっかけになったように、思っているのだから。

ただ、異常とされる性的犯罪、大量

子どもも七〇年代以降は減っている。現在、七〇年代の三割減といわれる。しかしそれを考えても、出所しても犯罪を繰り返す例のように、酒鬼薔薇少年もすでに社会にいる。もはや普通の人として暮らしている。

二〇〇〇年の少年法改定により厳罰化が進んだ。前に記したように、成長を促すようなシステムを作るべきだ。

●参考
『日本の精神鑑定』
吉益脩夫他監、みすず書房、一九七三年
『戦前の少年犯罪』
管賀江留郎、築地書館、二〇〇七年
少年犯罪データベース
http://kangaeru.s59.xrea.com/
オワリナキアクム
http://yabusaka.moo.jp/index.htm
Wikipedia

隠微なる学校
——躾けてあげる

●文＝大野英士

身体刑から規律・訓練へ

一九六二年四月……。隣に座った花田みゆき（というような名前ではなかったかとおもう、もうはっきりとは覚えていない。顔立ちは整っているが、可愛いというより、甘やかされて育ったことがある表情や身体全体からも感じられる、幼さの目立つちょっとだらしない印象の女の子だった）は、小学校入学後、最初の給食の時間、アルマイトのお椀に鼻を近づけた瞬間、おいおいと所在なげに声を出して泣き出した。「泣くことはないだろう」と呟きながら、私もアルマイトのお椀に口をつけた。腐った魚のような臭いが口の中に広がり、吐き気を催しそうになってあやうくこらえた。脱脂粉乳という言葉を知ったのはそれからずいぶんたってからだ。（一九四八年、この年からアメリカから脱脂粉乳の提供を受け、東京で学校給食が始まる。脱脂粉乳とは牛乳から脂肪分をぬいて粉末にしたもの。これにより多くの児童が栄養失調から救われたものではなかったかと、これにより多くの児童が栄養失調から救われたものではなかったかと、決しておいしいものではなかったが、これにより多くの児童が栄養失調から救われたものではなかったかと、"脱脂粉乳"昭和二〇年代初頭から昭和四十年代まで、小学校給食で飲まされたとってもまずいミルク"＝丸尾末広『新ナショナルキッド』青林工藝舎、一九九九）

ミッシェル・フーコーは『監獄の誕生』（一九七五）の中で、華々しい見世物として執行された身体刑本位の刑罰が、一八世紀中葉を境に姿を消し、権力が「規律・訓練」を主体とした構造に再編されたと主張している。一八世紀までの身体刑は、犯罪によって傷つけられた君主の権威を再興させるために催される「処刑」という形をとった大がかりな祭りであり、公開の場で行われる身体刑は、一七世紀から一八世紀初頭においても、過去から引き継いだ「激しい執拗さ、華々しさ、身体への凶暴さ、力の並外れた働き、計算された儀式」を伴う、むごたらしいものだった。フーコーが『監獄の誕生』の冒頭で紹介しているダミアン、国王ルイ一五世刺殺未遂の大罪を犯したロベール＝フランソワ・ダミアンに対して申し渡され、文字通り執行された死刑判決は次のような酸鼻を極めたものだった。

グレーヴ広場に設置された処刑台のうえで、胸、腕、腿、脹はぎを灼熱したやっとこで懲らしめ、その右手は、国王殺害を犯したさいの短刀を握らせたまま、硫黄の火で焼かれるべし、ついで、やっとこで懲らしめた箇所へ、溶かした鉛、煮えたぎる油、焼

けつく松脂、蝋と硫黄との溶解物を浴びせかけ、さらに、体は四頭の馬に四裂きにさせられたうえ、手足と体は焼きつくして、その肺はまき散らすべし。

ところが、フーコーによれば、一八世紀の中葉から末期に起こった思想的変化によって、身体刑を表象の中心においた「権力」は、規律・訓練の行使、つまり「視線の作用」によって強制を加える新しい強制装置へと切り替えられたという。

フランス革命時、国王ルイ一六世、王妃マリー・アントワネットをはじめ、多数の貴族、僧職者、はては革命派の政治家にいたるまで、何千人もの首を切り落としたギロチンは、革命広場と改名されたパリ市庁舎前のグレーヴ広場で公開のもとに行われた。しかし、これは、機械による斬首を身分にかかわらず最高刑に採用することにより、犯罪者に苦痛を与えない「近代的」で「人道的」な処刑法として、医師として高名なジョゼフ・ギヨタンによって一八八九年、革命が勃発する直前の立法議会に提案され、採用されたものだ。

我々が現在知っているような「規律・訓練」を教える場所としての「学校」は、以上のような認識論的布置の移動を前提した時、初め

★ミシェル・フーコー
『監獄の誕生──監視と処罰』新潮社

て理解できるような「現象」だ。

フーコーが想定しているのは、単に一八世紀の啓蒙主義によって人道主義的な考えが広まったというにとどまらない。彼が展望しているのは、当時密かに勃興しつつあった「資本主義」という名の新しい経済システムを、根底のところから支える権力イデオロギーの形成だ。マックス・ウェーバーは『プロテスタンティズムと資本主義の精神』で、資本主義の淵源をプロテスタンティズム、特に、カルヴァン派の禁欲的合理主義と、それにもとづく職業倫理のうちに求めたわけだが、フーコーはむしろ、密度の高い連続的な「監視」を通じて、監視される一人一人の人間の中に一つの習慣として否応なく刷り込まれていく「規律・訓練」が、来るべき資本主義的な権力を支えるあり方だと考える。観察し、検査し、監視し、徹底的に相手の秘密を暴露し、弱点が明らかにされ、観察される相手のあらゆる秘密は暴露され、弱ミスも見逃さず、その都度、懲罰や脅しによって、矯正することが促される。それは、一八世紀から一九世紀にかけて成立するさまざまな学問や「知」の型に共通する一つの方法であるが、それ自体が、一つの権力行使の形式と密接な結びつきを持っており、それこそが、必ずしもプロテスタンティズムと親和的でないフランスや日本をはじめアジアを含む世界の他の地域にも、資本主義の支配をもたらす原動力となったと考えるのである。

「規律・訓練」の行使は、視線の作用によって強制を加える仕組み」を前提にしているという。この視線、すなわち「監視する視線」を模範的な形で示した装置として有名なのが、イギリスの功利主義法学者・経済学者と知られるジェレミー・ベンサムが、最も効率的で安上

がりに犯罪者の更生を図る収容施設として構想したのが、パノプチコン（一望監視施設）と呼ばれる刑務所だった。収容者には見られることはなく、一方的に見る、監視することによって「権力の効果」が生じる。一方、人間を可視化することによって服従を強制する装置が精緻化され、人間に対する新しい知——たとえば、その成立を論じた臨床医学、経済学、生物学等々人間に対する新しい知——そのものが生じてくる。

監視の視線は、軍の野営施設から始まり、監獄、精神病院などに導入され、やがて、それは学校にも適用される。つまり、こうした規律・訓練を可能にする技術の精緻化と共に近代的な「学校」制度が生じ、そこに「閉じ込められる」「訓育される」対象として、そこに「閉じ込められる特異な集団」として、「学童」や「青少年」や「少女」という

★ベンサムによるパノプチコンの構想図

特定の年齢が焦点化されてくる。直立し脳が異常な発達を遂げたため、母体の産道を速やかに通過する必要があるため、未熟児のまま生まれてくるという人類が進化の途上で「獲得」した形質があるから、そうして生まれた幼児が一定の年齢に達するまで、両親や年長者の保護や世話を必要とすることは生物学的に定められている。その意味で、「子供」は人類史の最初の段階からすでに「誕生」していたことは間違いない。

しかし、医学や衛生学が一定の水準に達する近代以前、幼児の死亡率は極めて高く、幼児に対する両親の関心は必ずしも高くなかった。また、そうした危機的な時期を脱するとすぐにも親や親方について生産に従事し、初潮や精通を迎える十二、三歳ともなれば、生殖活動に入った「小さな大人」達から、「子供」や「少女」「青年」といった特異な年齢領域が焦点化されてくる。すなわち十八世紀末から十九世紀初頭というこの時期は、『子供の誕生』や『教育の誕生』の著者フィリップ・アリエスが、中等学校や高等教育機関で学齢区分が行われることにより、少年期―青年期が分離し、また、子供、大人双方に属さない曖昧な区分としての青年期・少女期が分離してくるとした記述とも、大まかなところで重なっている。

社会は学校化する

平仮名は幼稚園に入る前、親が買ってきた積み木で覚えた。アヒルの絵の裏に「あ」という文字が書かれているやつだ。漢字は絵本に振ってあるふりがなを頼りになんとなく読めるようになっていった。小学校に入った時、学級文庫に収められたさまざまな本は魅力だっ

た。読むと授業が始まっても読みやめることなど考えられなかった本を開いたまま机の下の物入れに入れて、授業中などお構いなしに読みふけっていた。若い女の教師は手を焼いたらしく執拗に注意してきた。あるとき、授業参観に来ていた母親の前でそれをやって立たされた。さすがに屈辱感に涙がでてきた。クラスの他の生徒は私が本を読んでいると面白がって「大野がまた隠れて本を読んでいる」と言いつけた。平仮名はすべて読めるのに、五十音を書かされるテストは全く出来なかったので、五十音の表を埋めることができなかったのだ。「あかさたな、はまやらわ」という順番を知らなかったので、五十音の表を埋めることができなかった。

フーコーは『監獄の誕生』のなかで、一八四〇年以降のある日、フランス中部アンドルー＝エ＝ロワール県メトレーにあった少年施設で、ある少年が臨終の苦しみのなかで「こんなに早々とこの集落施設に別れなければならないことはなんと悲しい」と嘆いたという挿話をもって、監禁にもとづく規律・訓練の技術が完成したと見なしている。監禁によって徹底的に自由を奪われ、懲罰による脅迫によって規律・訓練にいやいやながら服するほどに、規律・訓練が内面ですすんで懲罰や監禁を受け入れるほどに、規律・訓練が内面化され「行刑懲治聖人」とでもいうことなのだろう。おそらく、イデオロギー的な水準ではそういうことなのだろう。しかし、単に身体的な水準にとどまらず、実際に規律・訓練が内面化されるという過程には、さらに半世紀近くを必要とした。

ナポレオンの治世中に、公教育が定められ、また、一連のナポレオン法典も施行されて、監視に基づく規律・訓練による処罰思想が実体化したと言われるが、ナポレオンが関わった教育制度は彼の政府が必要とした官僚や軍人などエリート層の養成を主眼としたものであり、一般民衆教育については、ナポレオン失脚後、王政復古以降、第二帝政にいたるまで、多くはカトリック教会や修道会が経営するキリスト教学校の管理に任されていた。

中産階級にとどまらず、全国民層に「公教育」、すなわち無償の義務・非宗教の教育制度が広まるのは、普仏戦争以後の第三共和政期に入ってからであり、その権力の主体を担ったのは共和派＝「左翼」政権下であった。しかも、フランスに言葉の真の意味の国民国家が成立し、資本主義の帝国主義的再編が行われていくのも、同じ共和派左翼の政権下ということになる。

ここから、この体制のもので整備された近代学校制度の歴史的な二面性が生じてくる。

つまり、社会を「リベラルに」「合理的に」組織するという方向に対し一定の「進歩」主義が見られると共に、覇権的であり、資本の原理の妨げになるアノミーに対しては徹底して弾圧的な態度を取るのだ。この意味で、第三共和政権、特に共和派左翼が議会の多数派を占めるようになった一八八〇年代以降の政権にとって、当面する課題は二つあった。つまり教会や修道院付属の学校を通じて大衆教育に圧倒的な力を有していたカトリック教会の側から、教育を公教育の側に奪い返す学校教育の世俗化。もう一つは、喜安朗が『革命的サンディカリズム』（河出書房新社、一九七二）『パリの聖月曜日』（一九八二）などでつぶさに描いている、十九世紀の労働者社会の中に根づいていた古い共同体の慣習である。一方で教権を切り捨て、また一方では「マルティチュード」（ネグリ＝ハート）へと発展する可能性を秘めて登場しつつあった「群衆」のアノミー、アナキズムを体制に対する「非行」と

して、切り捨てながら、近代資本主義がそれまで知られた最も効率的な搾取・侵奪機構として練り上げた「帝国主義」という名の「資本主義」の一形態を、人類の進歩・向上の「夢」として、捏造していった時に、その起源はさまざまながら、それと相即する形で規律と処罰の内面化を推し進める理想的な機関として組織したのが、「学校」という制度だったのである。

たとえば、ロマン派の驍将で、世紀半ばのユートピア的・オカルト的社会主義思想の鼓吹者として知られた詩人・小説家のヴィクトル・ユゴーは、ナポレオンが創設した公教育の理念を後退させ、自由な教育――つまりこの時代の文脈でいえば、カトリックの営む私立小学校――に有利となる改革をもくろんだ、ファルー法（一八五〇）に反対して議会で論陣を張り、「〈イエズス会〉、この組織ときたら、絶対主義、旧套墨守、愚鈍、沈黙、懐古的な痴呆化をあらわし、フランスのことを、夢想しているのだが、それも、フランスの将来のことなどではなく、スペインの過去のことを夢想しているのだ」と攻撃した。中世以来、知識と情報を独占し、民衆を家族と固定した「身分」へと結びつける強力なイデオロギー装置として機能していた教会は、共和派・社会主義が一致して排撃すべき文字通りの敵だった。（桜井哲夫『「近代」の意味 制度としての学校・工場』NHKブックス、一九八四）

この時期南仏アビニョンで高等中学の教師をしていた昆虫学者のジャン＝アンリ・ファーブルは、サン・マルシャル教会で若い女性達の前で雌しべと雄しべの受胎作用の説明をして教会関係者の憤激を買い、講義そのものがつぶされるという憂き目を見ている。若い娘に科学や性の問題を教えるなどということは、それ自体が因習的な教会関係者にとっては許し難い冒瀆だったのだ。（ルグロ『ファーブル伝』講談社文庫、一九七九）

普仏戦争、パリ・コミューン崩壊後に成立した第三共和政で公教育相をつとめたジュール・フェリーのもと一八八一年六月十六日に「公立小学校の無償化」が成立し、その後、公立小学校教員から教会・修道院関係者を追放し、小学校教員の給与を公的負担とすることが決定される。これは例えばジェンダー論的な立場から言えば、今しがたファーブルについて述べたように、教会のもとで伝統的な「家族」関係の中に封じ込められていた「女性」を国家体制のもとに取り込み、無知蒙昧のなかにおかれていた「女性」を国家体制のもとに取り込み、「教会―家族」という組み合わせから、「学校―国家」という組み合わせへの移行が目論まれたということにほかならない。（桜井、前掲書）

一八八〇年、カミーユ・セーによって中等教育への女性の入学を許可する法案が成立した。これにより、女性を教会から切り離し、近代的な家族を支えるよき妻、よき母として女性を国家と結びつける道が拓かれたことになる。一八九一年、ポーランドに生まれながら、パリ大学理学部への入学が許され、夫ピエールと共に一九〇三（明治三六）年女性最初のノーベル賞を受賞することになるマリー・キュリーは、フランスの推し進めるこうした「男女平等」を世界的に対してアピールするアイコンとしての役割を担っていたのだ。

一方、こうして推し進められた中央集権的な教育システムは、すでに述べたように、都市労働者によって濃密に組織されていた共同体を解体して、それを中心に頻発していた彼らのサボタージュや、自律的反乱、無政府主義的な傾向を徹底的に抑え込み、「近代的」工場で働く労働者へと訓育するという役割を果たす。

日本の近代化と規律・訓練

休み時間、虫やひょうたん池と呼ばれる池に棲むオタマジャクシ

学校教育が、権力への服従を内面的な規範とするための教化の場としての役割を積極的に担わされた。学校を規律・訓練の特権的な場所に組織することによって、社会の学校化が図られたわけだ。規範の内面化は単なる「脅し」という二面的な戦略ではなく、国家がその成員に期待する規範を理想化し、彼らまたは彼女らの自発的な参画を促す巧妙な政策セットが活用されていく。たとえ極めて例外的であるにせよ社会的・階級的な上昇があり得るという夢を与える。国家や企業の効率化にとって余計なもの、秩序を脅かすアノミーな要素を数量差異化的な序列づけ——試験やら検査によって排除する。優秀な子供を選抜し、国家に提供するという優生学的な発想が学校の中に持ち込まれ、ビネ・テストをはじめとする各種知能テストが学校教育に導入される。またこれと共に、普通学級と特殊学級の区分が持つ意味を持った。この意味でも女性を教育を通じて国家に回収することは重要な意味を持った。そして、教育を通じて役割を固定した家族関係になぞらえて企業や国家の表象を操作し、擬制家族的な企業観・国家観を国民の間に醸成することが図られる。第一次大戦後、アメリカに由来し、産業能率化とフォーディズム的な企業観＝国家観は、規律・訓練にもとづくこうした社会の学校化の巧妙な妥協として提出されたテイラー主義＝フォーディズム的な企業＝国家観は、規律・訓練にもとづくこうした社会の学校化の一つの必然的な帰結であり「解」として浮上してきたものだと言えなくもない。

を見ているとよく時間がたつのを忘れた。ふと、顔をあげて周囲を見回すと、校庭には誰もいない。あわてて教室に入っていくと、すでに授業時間開始から二十分ほども過ぎていた。若い女教師は母親に向かって、こんなお子さんを普通学級によこして貰っては困る、特殊学級に入れて下さいと言っていたらしい。家庭訪問の時、この教師は『いやいやえん』という絵本を持ってきた。これを読んで自分勝手で協調性のない性格を直してくださいということだった。主人公の男の子が送られた「いやいや園」という学校では、ひとこと何かがらいだと言うと、それに連なる一連のものをもらえなくなる。男の子は赤い物がきらいだ、と言ったため、大好きな赤い林檎を食べることができなくなる。話はとっても詰まらなかったし、なぜ、こんな不条理な学校が存在するのか不思議だった。ただ先生から自分勝手だと思われているというのが分かって悲しかった。誰であれ、人から嫌われることは悲しい。

★作／中川李枝子、絵／大村百合子
「いやいやえん」福音館書店

神田駿河台の明治大学アカデミーコモン地下に、刑事博物館という博物館（正確には明治大学博物館刑事部）がある。主として、江戸時代の火あぶりや、のこぎり引き、石抱き、海老責めなど酸鼻を極め

るさまざまな身体刑や拷問、あるいは捕り手・捕り縄などの模型や実物が、当時の写真などと一緒に展示されている。やや縮尺を縮めてあるが、ギロチンや鉄の処女といった西欧の刑具やギロチンなどの模型も置いてある。入場料無料の割には充実した展示で、刑罰や犯罪に興味のある人は一度は訪れてみることをおすすめする。

その中で、その中で、明治政府が発足した一八六八年に公布した仮刑律が展示されている。それを見ると、明治政府は政権発足の初期段階から、江戸時代普通に行われていた火あぶり、獄門、鋸引きなど過酷な身体刑を西洋「文明」諸国の基準に合わせるよう改変することに意を用いていたことがはっきりと理解できる。つまり、この仮刑令では、「叩き」一回を「禁固」一日に変更するなど、身体刑を監禁中心の刑罰体系へと、極めて安易に、また組織的に書き換えているのだ。

明治維新の近代化に伴い、刑法、民法をはじめとする法制度や学校制度の整備については、お雇い外国人として明治政府に招かれた元パリ大学法学部助教授ボワソナードを通じて、日本は最初の近代

★明治大学博物館刑事部の展示風景

的な法体系であるナポレオン法典を持ったフランスから大きな影響を受けた。刑法（旧刑法）の制定は、一八八〇（明治一三）年、民法（旧民法）の制定は一八九〇（明治二三）年。両者とも、フランス法の影響が強すぎ、国家の介入権や日本の伝統慣習への配慮が不十分だとして、当時としては新しい法概念を形成しつつあったドイツ法を採用すべきだとする法学者との間に、刑法典論争、民法典論争が巻き起こり、結果的にはドイツ法の影響の強い現行刑法（一九〇七）、民法（一八九八）が成立したとされるが、現行の刑法や民法にもフランス法の影響は未だ強く残っているとも言われる。

一方、学制の方は一八七二（明治五）年、やはりフランスの学制にならって全国を七大学区に分ける学制が設けられて以降、一八八六年の学校令で四年制の義務教育が導入され（一九〇七年から六年制）、その就学率は明治末には九八パーセントに達したという。

ここで、一つ常識を裏返してみたらどうだろうか。少なくとも教育という観点から見る限り、天皇制国家のイデオロギーは、フランス共和政、特に、左翼的なプログラムのパロディであり、それが内包しているマゾヒスティックな規律・訓練の思想への日本的な順応なのではないか。この事情を「実証的」に解明することは筆者自身の今後の課題だが、敢えて言っておけば、日本の近代化というのは単に「文明化」＝「西欧化」というプログラムを引き受けることではなく、訓練・規律の「内面化」「精神化」を通じた国民国家の完成、資本の帝国主義化の完成へと向かっていたヨーロッパの変貌を、同時代的に、二重の意味で引き受けること、アノミーを回避しつつ、合理的な抑圧を正当化するという認識論的な転換、また同時にそのプログラムが必然的に抱えていた「マゾヒズム的な心性」やジェンダー役割の固定など

といった負の系をも含めて引き受けることでもあったということではなかろうか。しかし、ここで注意しなければならないのは、西欧本来の文脈からすればこうした転換そのものが「先進的」「進歩的」「左翼的」なプログラムであったということなのだ。明治の中期から日本の中にナショナリズムが出てくる時、それらが日本特有の「歪み」を経ずにはいなかったことの理由も、この「西欧化」の背後に隠れたイデオロギーの文明史的な文脈に置いた時に初めて理解可能なものとなるのではないか。

「西欧化」を受け入れることで成立した明治社会には、規律・訓練に根拠を置く権力の狡知が文学や美術など、文化や趣味の領域まで、投網のようにかかり、そこに生きる人々はその中に組み入れられていった。しかし、それにも関わらず、それと気づかないままにあるいはそれを知っているにもかかわらず、人間のイマジネーションのひとつの裏返し、学校という空間あるいは学校にまつわるさまざまな表象の中で、我々の知るあの隠微な空間の裏側で踊らされていただけをかいたつもりになって、その実、権力の内部で踊らされていただけかも知れないのだが――学校空間やその周辺に生み出された新たな表象に、倒錯した視線を向け始めるのだ。

近代以前、特に上層武家の間などでは貞操の管理という儒教や家の格式が求める倫理と、欲望の論理を調停するため初潮を迎えた十三、四歳で娘を嫁がせるのは禁忌でなかったどころか、むしろ推奨されるべき風習であったという。それが、初潮を迎え身体的には妊娠可能でありながら、上流・中流家庭の女子を「良妻賢母」へと育成するため高等女学校や女子師範学校に囲い込まれた「女」達か

ら、「少女」という新たなジャンルが「創造」される。これら「少女」に求められた「純潔」という規範が単にキリスト教的貞操やドイツ・ロマン派の「恋愛」概念に触れた明治人が妄想した漠然とした理想というにとどまらず、明治国家が女子教育の主眼としたジェンダー役割の創出と固定という国家目標であり、むしろ忠実になぞられるものであり、文学や絵画、女性向け雑誌など文化メディアも、知らず知らずのうちに、そうした国家目標を具現化する方向で動員された結果として、国民の意識に内化し、定着したものであった。渡辺周子の《少女像の誕生》（新泉社、二〇〇七）は、この事情を周到かつ緻密に跡づけた労作だ。いわば明治権力が敷いた女子教育の規範をメディアがそれと知らず拡大再生産することで生まれたのが「少女」という特権的なイメージであったというわけだ。しかし、田山花袋の『少女病』（一九〇七、青山出版社、二〇〇八）に端的にみられるように、そうして成立した、いや、まだ成立していたかも分からない「女学生・少女」像に対して、同時代の男達は、そのイメージだけで焦がれ死ぬまでに不穏な妄想をふくらませ、最近の刊本のキャッチ・コピーによれば「二〇一年前から続く"不治の病"」に罹患してしまう。「少女」はそれ自体がそうした「近代」が凝集するイマジネールな場となっていくのだ。実証の難しい仮説だが、あえて言えば、近代の病に取り憑かれた「近代」が生み出した「病」だ。マゾヒズムは規律と訓練の典拠となったマゾッホが活動したのは一八七〇年代、オーストリア＝ハンガリー帝国の辺境ガリシアだが、規律・訓練の内面化、女性の地位の向上という近代教育の生み出した表象の空間の変貌がなければ、そもそも「マゾヒズム」が成立していたかどうかも疑わしい。明治天皇制とは、そういう「近代」が生み出すマゾヒズムの、日本

における〈虚〉焦点であり、そうでなければ、天皇主義者三島由紀夫の取り憑かれていたマゾヒズムも説明がつかなくなるだろう。他者に向けられる攻撃性や身体的懲罰がそれ自体エロティックな興奮を呼び起こすことは古代ローマ、たとえばペトロニウスあたりにも知られていたし、奴隷――この場合は文字通りの奴隷――を鞭打たせて楽しむなどということは平気で行われていた。しかし、洋の東西を問わず身分制がはっきりしていた近世以前の世界の中で、ジョン・クレランドやサドに見られるように、自分自身を鞭打たせて性的な快楽を得るという以上に、社会的な身分の逆転そのものに快楽を得るという回路が成立する余地があったのかどうか……。サドの世紀末(一八世紀末)からマゾッホの世紀末(十九世紀末)へ、それ自体が問われなければいけない「謎」だ。

室井亜砂二というSM画家がいる。『奇譚クラブ』以来の描き手で、女をみじめな「犬」のように扱うことに性的快楽を味わうという特異な画風で「国際的に」著名な画家だが、彼が描く一連の女学生もの――清純な乙女に隠微な懲罰を与えるシリーズ――なども、近代天皇制の教育政策――それ自体がフランス左翼の近代化政策のパロディーであることは指摘した――における女子教育が神聖化した「少女」という特権的な表象=イマージュの「瀆聖」を通して「天皇制」そのものの「国際的に」「けしからん」意図をはらんでいるために、それが喚起する興奮が過激であり、またそうやって辱められるはずの当の女性達から何故か、絶大な支持を集めているという奇妙な現象の存在が、ここではとりあえず指摘しておくことにしよう。規律・訓練の権力の奇妙な横ずれから成立したマゾヒスティックな学校空間は、パナノプティズムやそれと対をなす厳しくも保守的で、自己犠牲の欲望に満ちた「母親」による「保護」と「育成」という擬制的な家族主義に包まれているだけ、今となっては甘美な郷愁を誘いかねない空間と化しているということかもしれない。

認知資本主義時代の学校

小学校六年の時、横浜に転校した。当時の横浜は列島改造論の影響で、東京では家をもてなかった貧困者が続々と転居してきて、雑木林に覆われた丘陵地をブルドーザーが次々と切り崩し、ひな壇のような団地ができつつあった。四月になると百人単位の転校生で教室が足りなくなり、校庭はプレハブで埋め尽くされた。東京とは違って先生達は頻繁に体罰を加えた。目があったというだけでビンタを食らわす教師もいた。体操着を持ってこなかったという理由で、小学校二年生の女の子が罰に、上半身裸のままパンツ一枚で校庭を何周も走らされる様を、他の教師も特にとがめ立てをすることなく、面白そうに窓から眺めていた。

しかし、一九七〇年以降、「規律・訓練」の内面化を目論んだある型の資本主義「権力」の終焉と共に、我々は規律・訓練の内面化を具現する場所であった学校空間の変質にも立ち会うことになる。

その意味で一九八六年二月一日に起こった富士見中いじめ自殺事件はこうした変質を告げる一つの兆候であったのではないか。岩手県盛岡駅のデパートの地下トイレで東京都中野区富士見中学二年だった鹿川君がいじめが原因で自殺した事件だ。鹿川君は二年に

進学した前年の四月頃から学内のツッパリ・グループに目をつけられ、彼らのパシリとして、いじめを受けるようになった。そして、同年十一月、同じいじめグループは教室の内部で「鹿川君の葬式」を企画する。教室の前に鹿川君の机を運び、牛乳瓶に花を生けてミカンに線香を突き刺し、同級生にお別れのメッセージを書くことを強要した。メッセージを書いたなかには、担任の教諭までが荷担していたという。二月一日、鹿川君は次のような遺書を残して自殺の道を選んだ。

家の人、そして友達へ

突然姿を消して申し訳ありません。

くわしいことについては○○とか○○とかに聞けばわかると思う

俺だってまだ死にたくない。だけどこのままじゃ「生きジゴク」になっちゃうよ。

ただ俺が死んだからって他のヤツが犠牲になっちゃたんじゃみがないじゃないか。だから、君達もバカな事をするのはやめてくれ。最後のお願いだ。

昭和六一年二月一日　鹿川裕史
（引用はウェブからの情報による）

いじめの相手を客観的に観察し、彼らに改心を求める意思を示した実に堂々たる遺書である。今、いじめの被害にあって自殺に追い込まれようとしている子供が、果たしてこれだけの論理的で力強い「声」をもつことができるか……。

精神医学者の中井久夫は「いじめがなぜ被害者がぬけらないワナのような構造を持っているのか、なぜ外部からは見えない透明性を帯びるのか」を解明するために書いたという「いじめの政治学」（『アリアドネの糸』みすず書房、一九九七所収）で、「いじめ」が日本特有の現象ではなく、アメリカやイギリスなど人権問題にやかましいアングロ・サクソンの先進国にも「ありすぎるほどある」ことを強調している。また、どうやら日本におけるいじめ問題の第一人者として目されているらしい社会学者の内藤朝雄は『いじめの社会理論』（柏書房、二〇〇二）他の著作で、中間集団全体主義という概念で、学校という全人的関わりを強制されるシステムの中で、全能感の欠如を擬似的に埋め合わせるため、生徒の一部が全体主義的なグループ秩序を形成し、虐める側、虐められる側、そしてそれを取り巻く中間グループの間に、絶妙な対人的力学が発生し、その内部でいじめ行動が螺旋状に渦を巻きながらエスカレートする機制を極めて精緻に論理化して示した。

しかし、私自身がいじめに対するフィールド・ワークに関わっているわけではないので確実なことは何も言えないのだが、問題は、日本に限らずどこにでも偏在し、いくつかの条件さえ揃えばいつでも発生してもおかしくないはずの「いじめ」が、なぜ、一九九〇年代後半の時点で、ようやく教育関係者や精神科医、社会学者の関心を集めるまでになったか、ということではないのだろうか。この点、内藤は最初の数章を割いて教育の類型やいじめの原因論（の的外れぶり）を分析し、例えば、「学校空間の過剰な管理」はいじめの真の原因とはならないと、あらかじめ釘を刺している。そして、右翼、左翼を問わず瀰漫する「國體」である学校共同体主義こそが、日本の学校にいじめをもたらしている最大の原因であるとして、リバタニアリストと

111

して知られるノージックにヒントを得た、チケット制で学校を自由に選択する新自由主義的なモデルにもとづく学校改革こそが、いじめを根絶する早道だと主張する。いかにも小泉・竹中の構造改革期に現れた教育論らしい勇ましくも破壊的な響きに満ちた提言だ。しかし内藤が一連の思考に欠けているのは、一九七〇年以降に始まり、八〇年代、九〇年代としだいに顕在化してくる資本主義の原理的な変質であり、それと連動するように起こった「学校」の「いじめ」の質的な変化ではないのだろうか。

白石嘉治は近著『不純なる教養』(青土社、二〇一〇)で、「認知資本主義」の世界史的な登場を次のような言葉で要約している。

(前略) 七〇年代以降のポストフォーディズム的な生産様式のもとでは、需要の流動に対応するために、人間の非物質的な能力そのものが市場の評価の対象となる。もはや資本の運動は、有限な物質の交換に根ざすのではない。言語や感情、抽象度をきわめること、でも、「利潤率の傾向的低下」という宿命に抗おうとする。われわれの非物質的な能力に投錨する限り、認知資本主義の財は枯渇することはないのであり、ただ評価=「管理」による能力の条件づけだけが絶え間なくつづく。

日本の学校はこの間、学校空間の見かけの「秩序」の維持を目的とした権力側からの管理教育の圧倒的な圧力にさらされてきた。一九六〇年代から七〇年代、学生反乱を警察権力を導入して取り締まった後、管理教育化の流れは、高校から中学へと次第に低年齢層へと移り、それに反抗する「ヤンキー」や暴走族を校則や指導んじがらめにして封じ込める方向に向かった。そして学校の表面的な「正常化」が実現する一方で、それと相即する形で、暴力は不気味に、不条理に内向し、学校空間は悪魔的な儀式を伴ったオカルト的ないじめの場へと変貌していった。Jホラーのフィクショナルな空間は、すでに現代の「学校」の日常だ。

規律、訓練を支配的な権力構造の基盤とする学校から、認知資本主義的管理主義を支配論理とする学校へ。認知資本主義の管理主義が進行し、その一つの戦術的な位置取りであった新自由主義的学校再編が進行する中で、すでに階級的に分断され、学校毎に細かくグループ分けが進んだ現代の学校において、もはや貧困や容貌、衣服など、外的な要因は「いじめ」のターゲットを選ぶ徴表づけ=マーキングとはなり得ない。いじめのターゲットにされるためには、もはやそのグループの中で特段目立つ必要はないのだ。管理のテクノロジーが洗練され、浸透していくなかで、子供たちもその管理のテクノロジーに汚染されている。現代の「いじめ」は徴表を選ばない。逆にいじめの対象とされることで、はじめて徴表がつけられる。誰もがいじめのターゲットにされることを恐怖するあまり、学園に奇妙な平和が広がり、それが透明な暗幕となって深刻化するいじめを隠蔽する。無事件で退屈で、何事もない日常が、耐えがたく、昨日と同じように今日もまた過ぎていく……。しかし、そこは、すでに隠微な倒錯が許されるノスタルジックな空間ではありえず、自分自身が一瞬にして静かにファシスト達の凄惨なリンチの標的にされる恐怖の空間に変貌するかもしれないのである。今度ハアナタノバンカモ知レナイ…… フフ、フフフ……

社会から隔離された修行僧の奇妙な生活――坊主漫画の楽しみ

●いわためぐみ

★(書影は上から)
岡野玲子「ファンシィダンス」(小学館文庫)
三宅乱丈「ぶっせん」(太田出版)
杜康潤「坊主DAYS」(新書館)

歴史を振り返れば、宗教家とは知識人で、人々をまとめる役割を担ってフォローをしたり、ニコニコ動画には前のコミュニティに翻案された講話があったり講話を実践できるというもの。

さて、坊主といえば、いわゆる「学校」とは異なるが、教え、修行の場としての「お山」という存在がある。たとえば曹洞宗なら永平寺。実は筆者は曹洞宗の学問所である駒澤大学の仏教学科の梅檀林を前身とする駒沢大学の仏教学科だったのだが、120人ほどの同級生のほとんどは男性で、かなりの人数がお寺の息子。彼らは4年間の猶予のためにこにやってきていた。彼らから聞いた話では、曹洞宗で僧侶としてきちんとした職務を務めるには布教師の資格を得なければならない。普通に上山して(お山=永平寺に修行に入ること)2級布教師になるには1年、1級布教師になるには半年の修行日数で1級布教師になれるというのだ。(事実であるかどうかはわからない。あくまでも学生の噂のレベルである)。また4年間学生としてきらら上山許可証を提示すれば、卒業単位が習得できる。そんな甘い話があっていいのかと思うが、これこそが曹洞宗ならではの「お山」現象なのかもしれない。

今、リアルな檀家ではないが「ネット檀家」なんてものが存在する。ニコニコ動画やUSTを利用して説教を配信している"リアル住職"、略してリア住の蝉丸P。動画配信の他に漫画・仏典・古典などの生放送をして、彼の講話(というにはいささか軟派な内容)を楽しみにtwitterのSTの講話なら、双方向的に突っ込みはそれを信じている様子だった。しかし、一度、上山して帰ってくると本当に人間が変わってしまう。人間を変えてしまう環境とはいかなるものなのか。そんな経験もあったので、ついつい、坊主修行ネタのコミックに手がのびてしまう。古くは岡野玲子の「ファンシィダンス」、三宅乱丈の「ぶっせん」などは発表された時代が早すぎた感もあるがこの坊主漫画ブームが復刻された。杜康潤「坊主DAYS」は檀家千軒を持つ寺の息子である兄、妹は漫画家というわけで実現した実録エッセイコミック。兄の修行時代の衣食住などにも触れていて、誇張もなく、ひねりもないのだが、たいそう笑えるのは、この真実は小説より奇なり的、一般社会から隔離される独特の生活の面白さがあるからだろう。マツモトトモ「ポーズラブ」は、ハーレクイン的に職業が坊主であるとが記号化されたボーイ・ミーツ・ガール。それでも坊主という調味料は、それすらも、修行というキーワードで読ませてしまうのだ。まだまだ広がる坊主漫画から、これからも目が離せない。

INTERVIEW

新城カズマインタビュー

巨大学園ものは現実の日本の縮図

巨大学園もの——「蓬莱学園」。郵便を用いてプレイされるメイルゲームとして始まったこの学園は、小説やコンピューターゲームなど様々なメディアで展開され、ついに今年生誕二十周年を迎えることになった。数ある学園もののなかでも質と量において突出した存在だ。蓬莱学園を作ってきた小説家にして架空言語設計家である新城カズマにとって、「学園もの」とはいかなるジャンルなのだろうか。

●取材・文=徳岡正肇

巨大学園の三条件

★学園ものと言ってもいろいろありますよね。みなさんやっぱりお好きですよね。私自身もすごく好きで、中でも「巨大学園もの」というのが大好きなんです。

世間的には学園ものの周辺でのジャンル分けというのは明白ではないように思うんですが、私自身はそのへん明確に意識して分けているんです。学園もの、学校もの、青春ものと言われているものなのかで、巨大学園ものというサブカテゴリがあるんだよということを、昔から考えてます。

——蓬莱学園は巨大学園の類型ですよね
★あれは当時私が知っていたあらゆる「そういうもの」を全部ぶちこんだものですね(笑)。

——巨大学園と普通の学園ものを分けるのはどのあたりなんでしょうか？
★まさにそこなんですよ！ それについては長年、理論化に努めまして(笑) 最近ようやくだんだん見えてきたかなと。

まず、私自身の巨大学園ものの定義ですが、**必要条件が三つある**と思うんです。**第一に、自給自足しているっぽいこと**。実際にしてなくてもいいんですが、基本的にそこで作っているもので全部まかなっているか、あ

るいはそこで使っているものは実はその学園の中で作ってましたと言って校舎の裏に巨大な畑があるとか。まさに閉鎖空間、ですね。外の世界と繋がっている必要がなくて、物語にしても外に出ることなく、学園の中だけで済ませてしまう——せいぜい門前町みたいな商店街が行動範囲である、と。

次に、生徒会が実際に権力を握っている。これは、厳密に調査したわけではないんですが、実際の学校における生徒会の権力がどれくらいあるかといえば、そんな大したものじゃないはずなんです。でも物語の中では、理事会とかPTAとか全部すっとばして、生徒会長が

114

権力を握っていることになっているんです。これは裏を返すと自給自足・閉鎖性というものを、生徒の社会生活に適用した場合に現れる現象で、つまり大人が介入しなくても話がちゃんと終わるわけです。これによって、話が学校の外に出ずに済むので、生徒の中に最高権力者がいるみます。

三つめは、クラブ活動というものが、職業として機能している。そして、それに応じて生徒がすごい能力を持っていたりします。こういった、能力と職業観念を含めて、クラブ活動をしてるんですね。これはゲーム的な視点で見るとものすごく分かりやすいです。要するに能力値的な問題なので。でも実際の学校ということになると、例えば大学だったらSF研がアニメを作ってたり、アニメ研がSF読んでて、漫研がまた違うことやっていって、ズレてることが多いじゃないですか。でも、物語の中ではそういうことははないことになっているにいうと、そういうことははないということか分かるようになっている。逆にいうと、その人の所属クラブを言えば、誰だであるとも判断される。

しかも、ヨーロッパ風の学園ものというのとはちょっと違ってる。これがまた今度は「学院もの」になりますね。これがまた、ちょっと面白い。日本語は、同じことを言うのに類義語の多い言語ですが、このへん分けて使ってるんじゃないかなと思います。

——巨大学園の三要素のお話は、国家の三要素を

満たしていく過程にも似ていますね。

★まさにそうですね。主権があって、国土があって、国民がいる。しかもあんまり働いてる部分を見せないですよね。で、みんな休日でもないのに学校にやってくる。生徒会の権力にしても、部費の話であるとか、非常に明白です。それに、クラブごとの職能化も進んでいますよね。なのでこれは、そんなに巨大ではないけれど、ちゃんとした巨大学園と言えるのではないか、と。

——ひとつの社会になっているんですね。

あるならば、自己完結した巨大学園、と言うか。

であると言えるんじゃないかと。例えば『究極超人あ〜る』の春風高校はこの定義に沿うんで出てくる大人は全員OBで、しかもあんまり働いてる部分を見せないですよね。で、みんな休日でもないのに学校にやってくる。生徒会との戦いであるとか、そういった大人社会のミニチュア・カリカチュアが好んで採用される。蓬莱学園もそうでした。内戦までやりましたからね（笑）。

★また面白いのは、日本語で学校の話を扱ったジャンルのことは、学校ものとはいわずに、学園ものって言いますよね。現実の学校と、物語の中の学園っていうのは、多分言葉の上でも分けてるんです。もちろん現実にもナントカ学園っていうのはあるんですけど、だから面白いっていうことにはならず、あれは普通の学校とパラレルなんじゃないかなと思ってある意味で、日本でちゃんとした戦争ものを描こうとするとロボットものになるという現象がある意味で、湧き上がるんです。そういう感じなのかな、と。リアル・その二のような状態になる。リアルらしさはないんだけど、風刺性が増すというか、結果には誇張などが含まれます。

実際の社会を舞台にリアルな社会派ものを書くんじゃなくて、一度学園というい舞台にしておくことで、かえってリアルにそういうテーマが描けるように思います。

——何かに仮託する文化というのは、昔からあ

ますね。

巨大というのに語弊があるならば、自己完結した巨大学園、と言うか。

INTERVIEW

★仮託する、見立てると言う文化ですね。歌舞伎なんかだと、江戸幕府によってリアルものに対して禁止令を出したのでそうせざるをえなかったわけですが——それとどれくらい関連性があるかは分かんないんですけど、相変わらず同じことをやっている傾向があるわけです。一段階クッションを挟むという。蓬莱学園はそのクッションですね。

——しかし、蓬莱学園はそのクッションがだいぶ薄かったような気がします。

★そうですね(笑) あれはまずゲームだからというのが大きくて。これは経験則なんですが、最初ギャグとかコメディで世界設定を作ると、みんな真剣にそれを考え始めて、どんどん設定が細かく、精密になっていく。さっきの内戦の話であれば、どれくらいの火力になるんだろうとみんなで真面目に計算して、そのとおり撃ちあうというようになっていく。

やっぱりこれはゲームだから、参加型のゲームだから、世界の法則を曲げずにしかもその中で自分が最も動きまわるためにはどうすればいいかを考えるっていう、ある種のすごい知的ゲームになるんですね。物理法則を自分で作っていいにもかかわらず、わざと厳しい法則を作って、その法則の内側でロケットを打ち上げるみたいな。ここには二段階の楽しみがあるんですね——まず法則を真面目に作り、それからその法則の裏をかいて上手く

軌道までロケットを打ち上げる。そこはやはり今で言う集合知的なことをやっていたので、大抵の暗号は突破されるし、大抵の謎はガスガスと解かれていくし(笑)、しかもこっちが謎だと思ってなかったところまで謎を解いてくるので、それも採用したりしつつ(笑)。集合知とオープンソースをいっぺんにやっちゃってた感じですね。

二十年前に歩んだ道と、カラオケ化

——学園から少し話はずれてしまうんですが、門倉直人先生に話を伺ったときに、メイルゲームを始めた理由というのは、ちょうどその頃パソコン通信なんかが流行り始めたのを見て、将来確実にコンピューターネットを使ったゲームが出てくると予想し、そのときに備えてノウハウを蓄積するために、まずはその段階で最もポピュラーな通信手段であった郵便を使ってゲームを運営しよう、そういう目論見があったと聞きました。

★あの先見の明はすごかったですね。私自身、あの道場で鍛えられた身(笑)なんですが。この二〇〇九〜一〇年にかけての、ソーシャルメディアだtwitterだ電子書籍だという騒ぎに対して、我々は準備万端なわけです。というか、来年・再来年あたりに何が起こるかもおおよそ想像がつく。この二十年で体に染み付かせた

ノウハウっていうのは大きいですね。

——「それは二十年前に我々が歩んだ道だ」ですね(笑)。

★やっぱりみんな、同じことを考えて、同じことを間違えるんですよ。メイルゲームという前には、TRPGがあり、SLGがあり、ここにはゲーム分野のすごい蓄積があります。「ゲームをデザインする」という発想、つまり、物語を一人の作者が構築して提供するのではなくて、誰が来ても大丈夫なようにプラットフォームを上手くお膳立てしておく、ここにものすごい蓄積があります。今でも鈴木銀一郎先生のmixi日記なんかを見ると、ゾクゾクと震えが走りますね。「この人はわかってらっしゃる!」みたいな。

あるいは我々の以前の段階から、伊集院光氏が深夜ラジオを使って似たようなことを実践していたんですね。ハガキ職人とパーソナリティの関係というのは、オープンソースと集合知の実践だったと思うんです。極端に表現すれば、運営側はハガキを選んでるだけだと言えなくもない。

しかし、「だけ」と言いつつ、そこでの選別・判定には目利きとしての伊集院光の凄さがあって、そのハガキを見ながらどう膨らますかっていうのは、メイルゲームでいうアクションとリアクションの関係です。伊集院光氏は、そこに物

語を投入したことすら何度かありますしね。さらに遡れば伊集院氏には落語の素養があって、その落語には三題噺など多くの技法があるわけです。

——長い長い前史があるということですね。

★ええ。そのうえで、物語そのものを受容する態度が変わったというのは、間違いなくあります。プラットフォームという概念が行き渡りつつあるので、プラットフォーム化と呼ぶのが正しいんですが、私自身はこの十年くらい、小説とか漫画、あるいは物語そのものの「カラオケ化」が始まっていると思っているんです。

カラオケっていうのは、さまざまな娯楽メディアのなかで、最初に「そちら側」に渡った技術かもしれません。つまりそれまでは、レコード盤を買ってきて、プレイヤーにかけて、それを名曲喫茶でみんなで黙って聞く。まさに一つのソー

★富士見ファンタジア文庫から出版された蓬萊学園の小説版シリーズ

スを全員の体のなかで享受するという構図、つまりブロードキャスティング型のメディアであり、二十世紀そのものだったんです。でもカラオケは、自分でも歌うし、自分がどう歌ってもいいし、だんだん上達もする

——あれは、自分の身体性の中に積み重ねていくのが楽しいんじゃなくて、カラオケの音源自体が楽しいんじゃなくて、これを使って自分がどんどん上手くなっていったり、誰かと一緒に歌ったり、あるいは大声で呼吸して発散するという非常に身体的な積み重ねのほうに楽しみがある。しかも、採点方式とかが出てきて、機械と、やがて世界中とつながるようになった。双方向という面ではまだ弱いんですが、それまで「作品」だったものが、「話のタネ」もしくは「刺身のツマ」になっていく。主となるものがシフトしてるんですね。

音楽メディアでこのシフトが最初に起こった、というか、最初に被害を被ったというか(笑)。だから音楽メディアの、特定すればCDという販売手法の、大変動が先だったんです。書籍や、映画よりも早かった。ということは、これから、かつて音楽メディアに起きたのと同じことが、書籍にも押し寄せてくるだろうな、と思います。

この現象のことを、今は「プラットフォーム化」という言葉を使って心を落ち着けることができるようになっていますが、この言葉がない頃は、「業界の崩壊が」「マーケットが」

INTERVIEW

と言ってブルブル震えていたわけですよ。そこをどう切り抜けるかは、カラオケ業界の発展と、レコードの凋落というのを、もう一度研究し直したほうがいいだろうと思います。

——現状でカラオケは、最も簡単な自己表現のひとつと言えますね。

★自己表現、実体験感覚という意味においては非常に強力だと思います。カラオケと、レコードを吹き込む作業とは違います。山登りで言うなら、測量と重要だと思います。カラオケとハイキングくらい違う（笑）。全員が測量したらそりゃあ大変なことになるわけで、測量するのは一回誰かがやってくれればそれでいいんです。それで道ができて、あとはそこをアベックで行ってもいいし親子で行ってもいいし、頂上まで一人で行ってもいい。

でもそれまで山を測量することで食っていた測量作家たちは、そこらへんに自動化の手が入ってくると、食いっぱぐれてもいきかねませんね。今だとGoogle様が測量部分をやってくれたりしちゃうんで（笑）。

これと似たようなことは、他のコンテンツでも必ず起こると思います。今の技術であればそれが起きうるし、起こらざるをえない。多分Googleなんかでも、多言語による物語の自動化というのはおそらく考えているのではないかと思います。それがまあ……遅くとも十年。早ければ三〜四年くらいで出てきてしまうかもしれません。

——コンピューターゲームの世界でも、「自動生成」というのは非常に高い注目を集めています。その生徒にあわせたものを提供する、究極の家庭教師みたいですね。

★最終的にゲーム学や物語学っていうのは、インターフェイスとは何かということを通り抜けて、人間がいかに世界を理解しているかというところに行かざるを得ないんでしょうね。そうなると本当に最先端の大脳生理学とか神経科学とか、そういう分野がくっつきうとかなって、しかもその技法がフィードバックされたら「感動の自動化」みたいなものができてしまう——そのころには自然言語も完全解析ということになってるんだとは思いますが（笑）。

もっとも、今のGoogleの技術でも半分くらいは解析されてますよね。「どの単語のあとにどの単語がくる」と、人間は普通思っていうのは、変換候補の蓄積とかでデータがどんどん溜まりつつあるわけです。

最近だと、Googleの検索候補の言葉が出てくる、あれを使って小説が書けないかなと思ってるんです。私が単語を入れて、Googleが文章を作って、それを元にして続きを書いていく。Googleと共作で短編を一作書いてみようかと。

「デフレ文学」としての学園もの

——さて、「学園ものの今」を考えてみると、現状では学園ものを「ではない」ものを探すほうが難しいのではないかというくらい、学園ものが増えているという現状があると思います。

★そこが私の「巨大学園分析」の、ある種、山場でありまして（笑）。私の場合アメリカ文化にも結構接しているので、比較することで気がつかされることが多いんです。金八先生の大人のドラマだったりするんです。アメリカの文化っていうのは、車で走り回るところから物語が始まるので、学園ものとか意外と少なくて、あったとしても教職員どうしの大人のドラマだったりするんです。アメリカの文化的なものにはならない。

いまようやく彼らも我々に追いついてきて、吸血鬼ものというかたちでベタベタの学園ものの、アメリカじゅうの心ある人が泣いちゃう（笑）ブームが来たりもします。あれって、日本の少女漫画なんですよね。「私のことを、そのままでいいと言ってくれる、そんな彼は実は吸血鬼」というパターンです。

そう考えると日本って、社会の隅々まで学校的なんです。アメリカが自動車化されているとすれば、日本は学校化。アメリカにお

118

★そもそもセカイ系っていうのは、今言われているここで、「働かない状態で社会を考える」ことをむしろ学園ものの本質だとすると、デフレ下においてはむしろ「働けないので社会について悶々と考える」という形になっているのかな、と。つまり、出るに出られないのではないか（笑）。この自由からの逃走というか、労働からの逃走（笑）、あるいは労働が人間から逃走している状態が、学園化現象を加速しているんじゃないかと思ってます。

ただ、そこで学園のアーキタイプは、大学ではなく高校であるところが興味深い。大学でも、せいぜいが『げんしけん』や『もやしもん』みたいな、クラブ・サークル的な、特殊技能を持った大学、つまり就職するための何かであってというのが基本ですね。最近はやりの音楽学校系の漫画やアニメにしても、これって「手に職を持った人たち」の話ですよね。だからこれってデフレってことなる種、既に職業を得ているとも言えるけど、実際には学生である、と。それがデフレていく形になったのかなあ、などと想像してしまいます。今は私立がものすごくたくさんあって、高

ける自動車っていうのは個人の自由の象徴です。それさえあればどこにでもいけるし、犯罪だって起こるし、物語も生まれる。日本の場合は個人が学校に入っていてようやく物語が起きて、そこから出るに出られずにずっといるみたいな物語類型がすごく強いですね。もしかしたらそれを「組織」と言い換えてもいいのかもしれませんが。

これがなぜか、というのはよく分からないです。**でも、特にこの十何年かで、物語の学校化がものすごく進んだと思いますね**。ライトノベルなんかでも、私がデビューした当時だと学園ものなんか一つか二つしかなかったのが、それが今では学園ものではない作品のほうが少ないんじゃないかという勢いです。異世界学園ものとか、そういうサブジャンルがどんどん増えていて、学園ものの内部での細分化が進んじゃってます。

いまでは、いわゆるハイ・ファンタジー的なもののほうが少なくなってますよね。仮にハイ・ファンタジーであっても、「その異世界の魔法学園にいる王子が」とかですね。ファンタジー世界さえも一度学園ものにしないと理解できないわけです。もちろん『ハリー・ポッター』の影響もあるんでしょうけど。

──俗にセカイ系と呼ばれるもののほとんどは学園ものだったりもしますね。

校全入みたいな時代になりつつありますが、ここで、**「働かない状態で社会を欠かなければいけないので、つまり「働いちゃいけない」んですよ。働くと、セカイ系じゃなくなってしまう（笑）。だから、学生じゃないんで社会性を欠かなければいけないので、セカイ系っていうのは学園ものの定義によっては、セカイ系になってしまう。

あ、ちなみに個人的な見解ですが、『ひぐらしのなく頃に』は、学園社会から広がっていって実際の社会に到達するパターンですね。だからあれをセカイ系（の、少なくとも正統派）に含めないほうが良いかなと思っています。

これはまだ仮説なんですが、戦後でいうところのモラトリアム、戦前なら──これらを振り返ると、デフレ下において社会は学校化するのではないかと考えています。

戦前の場合、不況下で学校化という形をとろうとすると、陸軍士官学校や海軍兵学校からエリートになって、帝大に行って共産主義にかぶれる……というのは半ば冗談としても、とにかく右に行くか左に行くか。頭のいい人ほど、どちらかに行ってしまう。なので戦前はああいうことになったのかなあ、と感じますね。

──その一種の停滞感というか、完成感みたいなものは、「メイルゲームの世界というか、「最初から強い」ということが大事」という考え方にどこか通底する気が

INTERVIEW

——そこはすごく本質的なところです。いってみれば、成長しなくていい。途中の苦難や試練もなくていい。ので、最初から強い。と、こういう三段論法だと思うんですが、これは裏を返すと、物語世界から時間パラメータがなくなっちゃったということです。最初からクライマックス、あるいはエンディング後という感じですね。

★これは先程言ったカラオケ化と通じている部分でもあるんです。音楽業界はこれと同じことに先に直面していて、つまり「全部がサビ」というやつです。あれがまさに音楽という「系」から時間パラメータが失われていった結果であろうと思います。一時期の小室サウンドなんだと、ひたすら上昇するだけっていうとてつもない曲があって、終わるんだか終わってないんだかわからない（笑）。どこをとっても上昇しているので気持ちいい（笑）、みたいな。たぶん、物語のほうも、それが起きているんです。

学園ものにおいて、時間の経過というのは非常に重要な役割をはたします。普通の学生は、時間の経過とともに学校を卒業しちゃいますからね。解決策は何パターンかあって、例えばいつまでも高校二年生だとか、ちゃんと歳をとっていくようにするか、歳は

とるんだけど循環するとか。

最近私が注目しているのは『高校球児ザワさん』という野球漫画で、あれって読者の時間と同じ速度で物語時間が経過していくんですけど、学年は変わってないんです（笑）。だから読者としては季節感がすごくある漫画なんだけど、あれ？っていう（笑）。気がつくと三回目の夏の甲子園か、と。でも読んでるとその違和感をあまり感じないんです。あれは上手いですね。

一方で、『マリア様がみてる』とかだとキャラクターは容赦なく卒業していきます。先輩と後輩の数珠つなぎみたいなのほうが、女の子同士ではリアルに理解できるのかもしれません。そこには私学の女学校という前提があって、実はこれというのは「学園もの」ではなく、「学院もの」なんです。

——『名探偵コナン』なんかでも、季節は巡りますが小学一年生のままものすごい時間が経過してますよね。

★長期連載漫画における時間、特に学園ものにおけるそれというのは、本質的であるからこそ、いろんなテクニックがあって面白いですね。いずれにしても、物語の中の時間と、読者の体感時間を、どうすりあわせるか、あるいはどちらかを完全に無視するか。そこですね。それは物

語というものにとっても本質的な問題ですし、学園ものにおいてはさらに本質的な構図ですね

——『ハルヒ』もまた少し違う問題になります。

★ハルヒはより少年漫画的な構図じゃなくて、なにより、物語内部の事情だけじゃなくて、刊行ペースの影響もあるのかも（笑）……という。でも、ハルヒはやはり基本はSFであって、ちょっと前だったら『ヤマモトヨーコ』や『エリアル』みたいな話になって、もっとあっちこっちに話が飛び跳ねてたと思いますね。そのへんが二十一世紀的なのかな、と。物語がインフレを起こさない（笑）。

——そういえば、『ラブプラス』は「永遠の高校二年生」でこの問題を処理してますね。

★あ、そうなんですか？

——だって、例えばヒロインのなかで一番年上の姉ヶ崎寧々さんが、ゲーム始めて一年たったら卒業してゲームからいなくなっちゃいますよ。

★なるほど……でもこれはある意味で凄いって言うなら、コナミ本社前で暴動が起きますよ。物語というひとつのソースからそれを享受するんじゃなくて、日本中の何百万人という人が、体感時間として「終わらない時間」を浴びるってことですよね。これって長期的にはど

120

これはゲームならではですね。小説や漫画、アニメではそれを擬似的には可能ではあるんですけど、ゲームというのは擬似的にではなく、本気で「終わらない時間座標系」に移れる。それを再現できてしまう。全人類が滅びても、ラブプラスのささった DS のスイッチをオンにしておけば、彼女たちはそこでプレイヤーの訪れを待っているわけですね。

——学園以外にも、この「終わらない時間」は侵食してきているように思います。

★いわゆるループものの流行ですね。そのあたりをさらに妄想にひきつけて考えるんですが、実は日本経済がデフレ傾向にある、これはまだ仮説な厳密に言うと、デフレ寸前の状=ほぼゼロ金利のまま、状況の悪化を必死で食い止めている)と いうことは、要するに現在価値と未来の価値が変化しないということですよね。つまり経済的に言うと時間がたっていないも同然である、と。価格が変化しないんですから。

時間系がループしたり、止まったままだったり、無視されたりすることというのは、学園ものにのある意味での本質です。

——周辺の変化速度が上がりすぎていて、変化しないものへの憧れが強まっているという側面も考えられますね。

★そうですね、自由からの逃走というより、変化からの逃走。変化というよりも、成長からの逃走なんですかね。もう成長なんて嫌だ、という。そんな感じなのかもしれません。

うなるんでしょうね (笑)。心理学的にも非常に面白いですね。

私は物語分析みたいなことも好きでやっているんですが、やっぱり古典的な物語、二十世紀までの物語の本質っていうのは終わりがあるということ、そして終わりがあることに対してどう対処するかということが、いろんなテクニックとなってきたわけです。二十世紀末になって、ゲームがかなり本格的に文化の中に入ってきたとき、「終わらなくていいじゃん」「電源つけっぱなしでいいじゃん」ということができるようになってきてしまった。

この終わらない時間系に対して、読者が果してついていけるかというのが今まで疑問といううか興味があったんですが、ラブプラスの話を聞くに意外とユーザの皆さんって「はてしない物語」についていけるんだ、というか、その他の人生を捨てればついていけるというか (笑)。あの手のリアルタイムなゲームで、ある種の「ダメな人」みたいな自嘲的な言葉ででちゃうのは、みんな読者のほうは分かってるってことなんでしょうね。つまり、このゲームを本当に楽しむためには、座標系の違うの自分を本当に捨てなきゃいけない。完成形のゲーム時空間に行かなきゃいけないわけで、今の自分を本当に捨てなきゃいけない。パラレルどころかまったく同じ現象の、別側面だと違うんだってことを、本質的に理解しているんだと思います。

——言われてみれば、学食の値段って変わりませ

INTERVIEW

——変化を拒否する風潮っていうのは、このネット時代でも、というかネット時代になってより顕著に見られる特徴のひとつのように感じることがあります。

★ネットであれば、世界を学園化してしまうことが可能なんですよね。つまり、自分の読みたいものだけをRSS取るなりブックマークするなりして、自分だけの世界を作ってしまえる。でも変化っていうのは、ただ何かが変わるというのではなくて、完全に予期していなかったことが発生したり、来てほしくないものが来てしまったりするというのが、いってみれば「心構えをしておくことができない変化」なんですよ。

でもネットであれば、そういったデータはフィルタリングしてしまえる。そして学園もそのというのはある種そういったものを排除して、パラダイスとして閉鎖させたものなのです。季節の変化をはじめいろんなドラマ外のことは、物語を軍隊化するというのとも違うんはあるにしても、本当に嫌なこと、まったく予想ですよね。軍隊というのはもっと目的的な場所また、これは軍隊化するというのとも違うんはあるにしても、本当に嫌なこと、まったく予想であって、明確な目的があってすべてが差配されているわけで。だから、**学校化・学園化する**という言葉の裏には、**目的がない**というか、強烈な目的意識でもって全体がスリムに

作られているのではなく、わりとモワモワモワっとしていて、やりたいことがある人はそれをやってもいいし、やらなくてもいいみたいな、そういう目的性の薄さがあります。そのあたりは他の近代的な制度……すなわち軍隊や工場や監獄などとは、ちょっと別なんです。もちろん、本来の学校とか大学とかいったものは、もっと目的性の高いものなんですが、でもなぜか日本ではそうならなかった。

——でもそういった「漠然と漂い続ける生徒」っていうのは、蓬莱学園の頃からいましたよね。それこそ二十代前半の高校三年生とか。

あとはその当時の意識として、異世界を作るのであれば、異世界のインフラも作らなきゃというのがすごくありました。潜水艦を一隻だしたなら、じゃあドックはどうなってるんだとか、電力はどうしてるんだとか、新兵はどこから拾ってくるんだとか、そういうことを考えていく。そうやって設定を詰めていくのが、みんな好きだったんです。

——最初はキャラの年齢設定についてはもっと幅を狭くしようかという話はしていたんですが(笑)。まあいいや、九十九歳までオッケーにしよう、と。参加型ゲームだったからというのがあって、システム側からのリクエストとしてこういう設定にしてくださいという部分はありましたね。でもそういうのがあったから面白かったというのも事実で。あそこで年齢をリアルに制限してしまったら、かえってつまらなくなったと思います。

——蓬莱学園がゲームだったというのはいろいろ影響を与えていると思うんですが、それを差し置いても、それ以降の巨大学園ものとの間には一種独特の温度差のようなものを感じざるを得ません。

★蓬莱学園がある種異常だったのは、無論参加者のものすごい多様性と、それによる参加スタッフも同様に多様だったんですね。私だけではないく、遊演体の皆さんが一人ひとり専門分野が全然違っていて、そこが非常に良かったな と。

★昔は、SFマニアだと、大抵はそういう方向に頭がいっちゃうんですね(笑)ラリー・ニーヴンがスーパーマンの生殖について事細かな文章を残してますが、あれと同じで、手計算を始めちゃうんです(笑)。その文化自体が、今の日本ではちょっと薄れてきているのかもしれません

——最初に提示された条件下ですと、「自給自足」を完全に説明できる設定は少ないように思いますね。

SHINJO KAZUMA

ね。

あと、アニメと小説、絵が動くのか、それとも自分の目を動かして文字を追うのか、その時間系の違いというのはあるように思います。アニメで、行間に潜ませた設定を読み取ってもらうというのは非常に難しいですが、小説ならばまだその余地がある。

ただ逆にいうと、これまでのSFマニアの、強迫神経症じみた勢いで行間を埋めるという活動のほうが、むしろ人類史的には珍しいことなんですよね。米粒にお経を刻み込むような、あるいは紙面全部を使ってイラストを描き込んでいくような……そういう文化っていうのは確かにあるんですが。大半のユーザーというか、

読者というか、人間の脳味噌というものは、結構外部世界が矛盾していてもそんなに気にならないものなのかもしれないですね。現実世界を含めて。

もっとも、じゃあなぜ私を含めたSFマニアというのはこうも理屈を捏ねたがるのかというのは謎は残るんですが（笑）。

——蓬莱学園は、理屈を捏ねたがる時代の学園の粋みたいなものですよね。

★それが楽しいと思う人が集まってくれたおかげで楽しかったというのはあると思うんです。なぜ一部の人は、そういうことが楽しくなってしまうのか。やっぱり、そのほうが謎ですよね……もちろん人口の何％かは、そういう風習を持って

いると思いますよ？（笑）。ただ、そういう人たちが今どこにいるかは、別の問題です。

——SF大会にはたくさんいるのは確定なんですが、平均年齢はやや高めかもしれません。

★考えようによっては、そういうSFマニア的素養を持っていた層のうち、若いグループっていうのは、もしかしたら小林よしのりが全部持って行っちゃったのかもしれませんね。彼に代表される、歴史に対して細かいツッコミをするという様々なグループ。

SFマニアは、真理を探求したいわけじゃなくて、「こういう現象を惹起させるために、どうやって屁理屈を捏ねるか」ってところにいるわけです。それこそ「ウルトラマンの背中のチャッ

★新城カズマと近著
「さよなら、ジンジャー・エンジェル」（双葉社）
「15×24 link one せめて明日まで、と彼女は言った」（集英社スーパーダッシュ文庫）
「物語工学論」（角川学芸出版）
「サマー/タイム/トラベラー」（ハヤカワ文庫）

INTERVIEW

これからの学園ものと「鎌倉の御前」

——今後、学園ものというのはどうなっていくんでしょうか。

★どうなんでしょう（笑）。でも、ネットで見かける陰謀論的な視点というのは、近現代史に対する設定マニア的な視点であるとか、随分前から感じてはいました。それがなんらかの作品に結実していくとしたら、それは既にあるのか、これからなのか、ちょっと判断をするのは難しいですね。

もしかしたら小林よしのり&その周辺のファンサークルみたいなものがあって、そこでは既にそういう学園ものが盛り上がっているのかもしれないですけどね（笑）。

——二十世紀の巨大学園ものがSF魂の上に成り立っていたとすれば、二十一世紀の巨大学園は陰謀論の上に成り立ったりするんでしょうか。

★これがすべてルーズベルトの陰謀である、と証明するためには、どうしたらいいか」と考えるわけです。目的が先にある（笑）。

——説明をつけたくなる魂、ですね。

★昔の話をすると、**蓬莱学園の最末期だったんです。そういう意味ではインフレ型でした。** 設定は増え続け、緻密になり続けた。

蓬莱学園をやっていたころは、『ドラゴンボール』と『北斗の拳』と『ジョジョ』がみんな大好きだったんです。そういうものではない物語が受け始めたのって、やっぱり九〇年代後半からですね。**最初に気がついたのは、『ヨコハマ買い出し紀行』。** あのデフレ感じったらなかったですね！ あれはあれで物語が進むんだという意志は、多少は感じたんですけど、**そのあと『最終兵器彼女』があって、映画版『エヴァ』があって、気がついたら『らき☆すた』と『けいおん！』です**からね（笑）。すごくそこに時代を感じてしまいます（笑）。

それを思うと、「これからの学園ものがどうなるか」の前提としてあると思うんです。巨大学園ものの条件として「生徒会に権力がある」としましたが、あとどれくらいそれがファンタジーとして許容できるのか。あるいは逆に、学校のほうが学園自治を強力に推進していって、かえって「権力ある生徒会」がリアルすぎて面白くなる可能性もあります。

でしょうか。

★現実の変化があって、物語がそれに反応するというパターンですね。

ある種の自己完結した世界、現実のなかの異世界である学校が、魅力を今後も持ちつづけられるのか。それとも現実の魅力が増して、社会が全部学校になってしまうのか。社会の学校化の傾向の方が強いような気はします。公立高校の授業料実質無料化というのも、どういうインパクトを与えるのか興味はつきません。

ただ、学園ものというのは、日本の学校化した社会というのがあって、その **学校化した社会を作るための近代学校システムの上にあります。** つまり今後も官僚主導の日本国運営が続く以上は、今のような巨大学園ものも続く、と（笑）。もしそれが突き崩されるとなると、アメリカみたいに変人と弁護士と政治家が社会を構成することになるんですかね。そこはもう国家デザインの話ですよね。

アメリカは西へ西へと進む馬や自動車に乗った変人の群れが国をつくっていて、その後から弁護士が整備していくというのが私のアメリカ社会に対するイメージなんですが、日本はやはり明治のときに作られた帝大があり、官僚があり、その官僚を生むための学校があって、その片隅で我々SFマニアが生きていると

124

（笑）。

——物語の中でも、生徒会が活躍するというのは安定パターンのひとつに思えます。

★生徒会が握っていない場合は、影の生徒会とか、理事長とかが出てきますね。理事長に対する権力ファンタジーも学園ものの特徴のひとつかもしれません（笑）。実際には理事会なんてそんな大層なものじゃないんですが、「行政府の上に何かモヤモヤしたものがある」という非常に日本的な何かになっている。

——「鎌倉の御前」ですね。

★それです（笑）。その幻想というのは、現実の日本の縮図というか、影絵みたいなものなんだと思います。というか——今うやって喋りながら思いついた妄想なんですが、**日本を近代化するための学校というシステム**があって、その上に学園ものが成立していて、その学園もののなかになぜか「鎌倉の御前」的なものが存在するということは、逆に言えば、**日本を近代化することで欧米に対抗するために作ったこのシステムというのは、つまるところ天皇家を存続させるために構築したのだとも言えるわけで。**

しかして翻って鑑みるに、その天皇家こそが、この日本で最も閉じ込められている人たちであるという、この皮肉（笑）。これは実に示唆的

ですね。

そもそも、日本の社会というのは変人を扱うのがあまり得意ではないようで、お金をかけて作るのはハコモノだったり、アニメーターを育成すると言っても五人とかだったり、大学以上のモラトリアム・スペースになりかねない。この背景には、日本の近代学校システムが、そもそも変人を認めていないし扱いかねていて、エリート官僚を作るのと同じ方法で変人をつくろうとして失敗しているのではないかと思います。

——官僚のなかにも変人は結構多いようにも感じますが。

★技術官僚と自衛官には特に多いですね（笑）。個々人として会ってみると、実は変な人だったということがままあるのも事実です。変人のほうが上手く学校社会に適応して、巧みに身をかわしているというべきか。

——さて、今年は蓬萊学園誕生二十周年ですが、何か特別な企画はあるんですか？

★SF大会では蓬萊の企画をやる予定です。twitterで実況して、大会に直接参加しなくてもいろいろできるようにしたいと思っています。あと年末に少し何かやろうかなと。

——年末にはどんなイベントを？

★それをSF大会で決めていくことになるのかなと（笑）。あまり決め打たなくても、みんな

ができることをやっていけばいいと思っています。蓬萊学園だけに寄りかかるのではなく、巨大学園ものというのは面白いんだよというのを訴えていきたいんですね。それで、できれば今後に繋げていける何かを作っていきたいと思っています。

物語とゲームが絡まるあたりを、もっと知りたいですね。蓬萊も、ゲームであるし、物語であるし、世界設定であるし……このあたりをふわふわしているところが面白いんですよ。

蓬萊はメイルゲームとして成立していきましたが、真ん中に巨大学園というものがあって、そしてデータベースの部分、ゲームの部分と物語の部分、そしてデータベースの部分を、すべて読者に開放してしまったというのが、結果的に面白いにつながったんです。しかも、ただゲームというだけではなく、参加型のゲームだった——ゲームシステムの一部すらも参加者に解放していたんです。

繰り返しになっちゃいますが、二十年経ってオープンソースやクラウドという言葉が流行っていますが、そこは自分自身の感覚からすると、「既に通り過ぎた場所」という部分が少なからずある（笑）。でも、面白いことをやろうと思ったら、結局は同じ手法に行き着くということなんじゃないですかね。

学校という無政府地帯
——宮下あきらと自由と死

●文＝本橋牛乳

宮下あきらについては、何度か書いているけれども、学校という断面から語ってみたい。

学校がしばしばアナーキーな場所として語られることは、少なくない。例えば、大学という場所が学問における自由を求め、それゆえ自由な活動を目指した自治組織を形成するということは、ごくふつうのことだ。

団塊の世代であれば、学生運動を目の当たりにしていた。それより少し下、例えば村上龍の世代であれば、高校時代にその最後の姿を見ていたはずだ。それよりさらに下の世代、つまりぼく

のような50歳前後になれば、その残滓を感じることになる。学生運動の名残はキャンパスにはあったが、活発なものではなかった。でも、あるにはあった。宮下あきらは、世代としては、学生運動の最後を見ていた世代になるのだろうけれども。

アナーキーということを語るにあたっては、少年マンガ、とりわけ「週刊少年ジャンプ」に掲載されたマンガにしばしばその光景を見ることができる。尾田栄一郎の「ワンピース」は確実にその頂点にある作品の1つだ。主人公は海賊、そして敵は正義の名の下にいる

海軍。10年を超える連載だが、テンションが下がることはない。人気があれば連載が続き、なくなれば打ち切られるというシステムの中で、決して行き当たりばったりではなく、明確な構想の下に伏線がはりめぐらされているこの作品は、マンガがもたらした文化的な大いなる成果といってもいい。

もちろん、学校という文脈からは、永井豪の「ハレンチ学園」を思い出す人もいるだろう。エッチな描写満載のこの作品は、教育団体からさんざんクレームがつけられたにもかかわらず、教育評論家の阿部進が絶賛するというものだった。このアナーキーな学園は、物語の中で教育団体によって破壊されていくが、それこそ当時の永井のレジスタンスだった。

そもそも、アナーキーな世界を描く上で、マンガというスタイルが、定型化された表現から逸脱しようというベクトルを常に持っていたということも無関係ではないだろう。手塚治虫がそうであったように、後に続くマンガ家たちは、スタイルを破壊し創造しようとしてきた。赤塚不二夫の「天才バカボン」のスタート時期は学生運動を背景として語られるが、それは偶然ではない。

そこから現在まで、いくらでも思いつくはずだ。

というようなことを語った上で、宮下あきらがなぜ学校を舞台として選ぶのか、ということになる。

そもそも、デビュー作が、「私立極道高校」だった。極道のための高校という、徹底して暴力を描写した作品だったこと、そして暴力を賛美する描写が実在していた学校の名前だったことから、物語に登場した学校が実在していた学校の名前だったこと、そして暴力を賛美する描写が批判された。もっとも、宮下はこれでじけたりはしない。

最初の商業的な成功は、「激!!極虎一家」だった。貧困な田舎から出てきた主人公が仲間を集めて社会的な地位を築く、と書くと、まるで本宮ひろ志の「男一匹ガキ大将」みたいだし、実際に本宮の影響下でマンガを描き始めた宮下だからそう思われるところもある。というか、宮下版の「男一匹ガキ大将」と言っていいだろう。けれども、このそれぞれの作品を比較すると、本宮と宮下の本質的な違いが明確になる。

本宮の作品は、主人公のサクセスストーリーであり、脇役はそのために死ぬこともある。つまり、万吉一家のメン

バーは、戸川万吉の作品では、脇役は主人公以上の存在感を持ち、死ぬときは自分の為に死ぬ。というか、死ぬということが、ある部分では目的として語られる。すなわち、命を自分のために使うという自由である。極虎一家のメンバーは、虎のために死ぬ。虎は宮下のイコンでしかない。自由のために死ぬ。虎を自分のために殺すのではなく、自由のためにこのことが、宮下にとって本質的なことの1つだ。

最終的に打ち切りになってしまったが、宮下にとってもっとも重要な作品の1つが、『嗚呼!! 毘沙門高校』だったが、貧しい村の高校が都会で、さまざまなスポーツを通じてあばれまわるというストーリーは、痛快ではあった。けれどもその最終回は、スポーツではなく、村の独立がテーマだった。誰も知らない山奥の村は、隔絶された世界であり、税金を払うこともないが、政府のサービスを受けることもない。政府は村を発見し、税金をとりたてるために自衛隊を派遣する。このときの「不沈空母仲宗根」のセリフ「国民ってな、税金を払ってこそ国民ってよべるんじゃねぇのか」というのは、けっこう本質をついている。マンガは村の独立を守ることで完結する。

宮下が次に商業的に成功するのが、後に続編として、『暁!! 男塾』だった。後に続編として、『暁!! 男塾』が『スーパージャンプ』という青年誌上で描かれ、今年、それがとうとう完結した。

とはいえ、『魁!! 男塾』の成功は、宮下にとって必ずしも本意ではなかったと思う。この作品が持つ、友情・努力・勝利という少年ジャンプが持つ、友情・努力・勝利というキーワードに基づくバトルシステムだからだ。それは、鳥山明の『ドラゴンボール』やゆでたまごの『キン肉マン』などと同じシステムであり、今なお続いているものだ。そのことに、宮下は半ばうんざりしつつも、さまざまなキャラクターを創造し、とりわけ民明書房という架空の出版社の書籍を出典とする解説は、けっこう定番になっていく。

けれども、バトルシステムに関連しない部分は、取り除いておこう。実は連載の最初は、戦いではなく、ばかばかしいような男塾の日常が描かれていたし、最終回近くで再び、そうした日常の描写に戻っていく。その上で、ここで問題にしたいのは、なぜ舞台が「男塾」という学校なのか、ということだ。そのことを、『暁!! 男塾』の完結を機に、語ってみたいということだ。

男塾というのはどういう学校か。学年齢を考えると、高等学校ぐらいに入学年齢を考えると、高等学校ぐらいになる。1号生から三号生までになる。そのばかばかしいことをさせられるはずだ。

『魁!! 男塾』の主人公は剣桃次郎。脳みそがたりない男塾の塾生の中にあって、かなり高い知性を持った存在であり、英語も堪能、1号生筆頭は当然といったところ。もっとも、江田島の青年時代の天才ぶりには劣るかもしれない。桃次郎は後に総理大臣を暗誦するレベル。油風呂に入り、あるいはひたすら何かがあっても直進してみたりする。

塾長は江田島平八。太平洋戦争では日本軍で特殊な任務を遂行しつつ、戦争を回避しようと画策してきたが、結果として悲劇を防ぐことができず、戦後は男塾塾長として日本を背負う優秀な人材の育成に努める。朝礼では「わしが男塾塾長、江田島平八である」としかしゃべらない。

『暁!! 男塾』の主人公は桃次郎の息子の剣獅子丸。以下、何人かは前作の登場人物の息子だった。主人公以上に脇役が個性豊かで愛すべき人物に描かれている点は、二つの作品に通じたことだ。

男塾では、教官は絶対であり、上級生は絶対である、そういう、何だか戦前の日本軍を思わせるような不合理な世界である。けれども、そうした不合理を受け入れ、乗り越えることで、男なお、『暁!! 男塾』の掲載誌はスーパージャンプだが、かつて少年ジャンプで人気があった作品の続編『キン肉マンⅡ世』も『リングにかけろ2』も青年誌

という学校なのか、ということだ。ばかばかしいといえば、そうかもしれない。けれども、現実のぼくたちを考えてみれば、しばしばそのばかばかしいことをさせられるはずだ。

に掲載されている。つまりは、前作を読んでいた読者がすでに少年ではないということだからなのだが。

それにしても、なぜ、宮下は学校を舞台に選ぶのだろうか。男塾の目的は、男であるというわけのわからない価値観に満たされた、女人禁制のユートピアでもある。男塾が何かをするということは、基本的にはない。結果として戦うことにはなるが、「NARUTO」で描かれる、戦うコミュニティという性格のものではないし、自分たちの利益を追求しているわけでもない。一般的な学校がそうであるように、NPO（非営利団体）といえばその通りだ。戦うのは、あくまで自分たちを守るためである。

つまりは、宮下において、何かを得ようとして戦うという意思は、常に希薄だということだ。「男一匹ガキ大将」が万吉一家をつくり、社会に影響を与える地位を築こうとすることとは対照的に、極虎一家にはそんな目的はなかった。常に仲間を守るためにしか戦わない。そのことが、男塾という学校としてよりふさわしい形で描かれるということになる。サラリーマン金太郎の

学校であることによって、塾生は学校の論理で動くことになる。それは、学校の外側とは異なるものだ。不合理なことを強要されたとしても、それは誰かに支配されているということを意味しない。自分を支配するのは自分だけである。そう考えていくと、男塾に、踏み込むものから踏み込まれるものから守られる機関だと考えることもできる。

その上で、江田島の親友を含め、高僧が塾生を導く場面は少なくない。少なくとも、空虚に見える内面には、私利私欲はそもそもない。江田島ですら、闇の社会を知る人間であるにもかかわらず、権力を行使することはない。

「魁!!男塾」の登場人物たちは、卒業後、社会において重要な地位につくが、だからといって社会を変革することはない。総理大臣の剣桃次郎がそうだ。宮下の思想的空虚さが反映されているとすれば、そうなのだろう。だが、結局のところ、彼等はいずれもが、社会を影で支える存在ということになる。総理大臣に影もないものだが、無党派で数の論理を背景にしない剣総理は、明確に社会を変革する政策があるわけでもなく、やはり社会を守る存在というものは、気持ちいいほど死に急ぐ。だが、死というのは誰のためか自分のためか、そしてそれ以上に誰かの自由を、何者にもおかされないという自由

多分、本当は思想的空虚ということではないのだろう。そうではなく、人の内面は本質的に自由だし、だからこそ、返ってくるというのがすごいのだが、実際に死ぬということではなく、死というのは踏み込むべきものではないだろう。それは、踏み込むべきものではないと同時に、踏み込もうとするものから守られるべきものでもある。

だとすれば、男塾というのは、踏み込まれない内面の自由を守るための、教育機関だと考えることもできる。

最終回では、江田島塾長は、「幸せになるのは女と子供だけでいい」「男なら死ねい」と訓示する。死ぬ覚悟で生きることにもなる。男であれば、死ぬものでもある。そこに、男であるという以上の理由はない。

宮下あきらが学校を舞台にするとき、それは徹底したアナーキーな世界を必要としているからだ。そのことは、デビュー作の「私立極道高校」から何も変わっていない。そこには、自分自身であることが必要とされている。逆に言えば、それだけが必要とされている。だからこそ、学校以外を舞台にする必要はない。戦いの中で、登場人物たちは、気持ちいいほど死に急ぐ。だが、死というのは誰のためか自分のため、そしてそれ以上に誰かの自由を死にもの狂いで守ること、それが本義であり、そのために、死はいつも抱えられている。

四方山幻影話 4

●写真&文=堀江ケニー

今回は学校に関するエピソードを。と、いうことで何を書こうか考えてしまう。というのも、自分はある意味ちょっと特殊で、みんなと学校に関する共通の話題がないのである。

自分は横浜、本牧という、当時は日本の他のどこよりも変わった環境で生まれ育った。60年代から70年代後半にかけての本牧は、一種特別なところで、アメリカ文化がどこよりも早く、かつ浸透していた町。G・Ｉやら外国人船員で町は溢れていて、それはベトナム戦争あたりでピークを迎えた。町中のいたるところがフェンスで覆われ、フェンスの向こうにはアメリカがあった。都内から来る人にとって、本牧は憧れとともに怖い町でもあったと思う。

そんな環境の中、自分が通っていたのは、そのフェンスの向こうのアメリンスクールだった。白人、黒人、スパニッシュ、日系人、そして当時はハーフなどと言われてもはやされる前の、いわゆる混血児達と混じって通っていた。今ではあまり考えられないが、当時ハーフの子は混血というだけで巷では差別されたり、イジメの対象になっていた。

アメリカンスクールでも英語がマトモに話せない生徒達が、自分を含め当時はわりとたくさんいた。それらのほとんどは混血。父は米軍兵士で母は日本人だった。

自分の学校の思い出といえば、この、英語が話せない連中と同じクラスに入れられ、毎年、毎年、何年たっても同じ顔ぶれと一緒だったことだ。このクラスはＥＳＬと呼ばれていた。ＥＳＬ、つまり English as a second language、英語が第二国語クラスということだ。

今考えてみて当時イジメがあったかというと、ほとんど覚えていない。英語が話せないから、東洋人だから、といっ

てイジメられたかというとそうでもなかったのに、気付いていなかっただけかも？

ただ、差別ではないが、完全な区別はあった。白人は白人といて、黒人は黒人、そして日系人、混血チームとなっていた。ほとんどの場合、人種の混じり合いはなかったと記憶している。カフェテリア（大きな食堂）で昼ご飯を食べる時も、学校への行き帰りのスクールバスの中も完全にどの人種がどこに座るかは暗黙の了解で決まっていた。したがってその領域を犯してしまうと、トラブルが発生することもしばしばだった。

スクールバスにいたっては、白人ルートを通るバスと、日系、ハーフルートを通るバスとは完全に分かれていた。別に日系人が白人バスに乗れないわけではないのだが、居づらいのも確かだった。

面白いもので日系人にもタイプがあって、普通に日本で育ち、日本語も分かり、気持ちも日本人的なタイプと真逆のタイプがいた。真逆というのは、日本語を話さず、日本のこともほとんど分からず、興味もなく、白人的な生き方をしているタイプだ。ちなみにこのタイプの日系人を、当時自分達はバナナと呼んでいた。外見は黄色だが中身は白いということ。校則はかなりルーズで制服もなくバイク通学は無論、16才で親の許可があれば車の免許も取れたので、上級生は車通学ありだった。なんだかとっても FREE & EASY なスクールライフだった。ゆとり教育どころの話ではない。でもおかげで大人になった今、天才バカボンのように適当＆ダメ人間になってしまった自分がいる。トホホのホなのだ。そんな FREE & EASY な学校ライフを送った母校も、今

今回はまったくトーキングヘッズらしからぬお話でありからず。

そしてこの場をお借りして、先日YASUDA ART LINKでの展示でお世話になったすべての方々、本当にありがとうございました。

展示をセッティングしていただいた編集長、YASUDA ART LINKの皆さん、ウサギ頭を心よく貸していただいた七戸画伯、人形を作っていただいた林さん、イベントで歌を歌っていただいた兼坂さん、ダンサーの相良さん、小林さん、小川さん、井上さん、撮影のアシスタント、展示の搬入をすべてまかなってくれた冥途の土産のみんな、そして無論展示にお越し下さった皆さん、心からありがとうございました。またお会い出来る日を楽しみにしています。

は跡も形もない。当時一緒に学校へ通った同級生もほぼいない。本牧の米軍キャンプは80年あたりにほぼすべて横浜市に返還され、跡地は住宅地へと変わった。同級生のほとんどがアメリカへ帰り、何年かに一度おこなわれる同窓会はラスベガスで行われている。気分的には、ダムの底に故郷を失った村人のようだ。

★堀江ケニー個展「WILL SHINE」
2010年7月25日(日)〜31日(土)
渋谷・ギャラリーコンシール
※L.A.、ハワイ、東京、横浜など、なつかしくてあたたかい風景を集めた写真展！

131　●堀江ケニー http://kenny-horie.com/

うじ虫奇譚 南真樹

頭の中から音がする。
にゅる、にゅる、ずずずぅ、ずずずぅ
僕の頭をうじ虫が這い回る音。
僕の頭の腐ったところに、蠅がやってきて、卵を産みつけていく。
僕は、脳が腐ってきた日の事を思い出していた。
僕の脳がこうなり始めたのは、あの時からー。

学校で、兎の失踪事件が起こった。
学校で飼育している兎が、一匹、また一匹と、日毎にいなくなってゆくのだ。
奇妙な現象に、学校ではちょっとした騒ぎになっていた。
僕は飼育委員でもなければ、動物愛好家でもなかったので、皆が騒いでいるのを横目に過ごしていた。

そんなある日、僕は、姉と一緒に帰ろうと教室へ向かっていた。
授業が終わって時間も経っていたので、ほとんど校舎には誰も残っていない。
夕日が廊下に差し込んできて、学校全体が血の海のように赤く染まっていた。
教室の中も、校庭も、そして僕自身も。
音は教室の外から聞こえてくるようだった。
僕は廊下に出た。
教室の隣の女子トイレからその音は聞こえていた。
近くまで行ってみても音は止むことなく鳴り続けている。
きゅうきゅうという泣き声と一緒に。
一つの個室が閉まっている。
音は確かにその中から聞こえる。

姉さんの教室を覗くと、誰もいないようだった。
待っていると言っていたのに。
僕は窓から見える、赤い校庭をぼんやり眺めていた。

その時、
がしゃり
がしゃがしゃがしゃ
何か、金物同士がぶつかり合うような、そんな音だ。
檻の中で何か暴れているような音。

少し離れたところから物音がした。

がしゃん
きゅう

古いトイレなので、ドアには隙間があり、中を覗く事ができた。

そこには、ねえさんが・・・いなくなっていた兎たちと・・・兎は、3、4匹いるだろうか。トイレの座椅子に座る姉さん。戯れる兎。

その時、頭から、熱い、どろっとしたものが流れてくるのを感じた。そして、そのどろどろとしたものは、僕の額から流れ出て、頬をつたい、ぼとぼと音を立てて床に落ちていった。床に落ちているものを見ると、腐ったような液体の中にうじ虫がうじゃうじゃと動いていた。

頭から、どろどろしたものがどんどんどんどん、止まる事なく溢れ出てくる・・・それすらも心地よく、僕は・・・その事と、目の前の光景にくらくらして、時間が経つのを忘れて・・・目の前の淫靡な光景から目が逸らせないのだった。

その日を境に。僕は、姉さんを見る度に頭からうじ虫達が溢れてくるようになった。

きっと姉さんも気づいているはず。僕がいつも見ている事を。うじ虫たちの事を。

それでも止めない姉さんの事を想うと、またうじ虫たちが、騒ぎ出す。

ふつうの美意識とは少々違う、たとえば江戸川乱歩のようなエログロ世界に通じるようないかがわしさ。見てはいけない闇の世界を覗き込んでしまったかのような、そんな感覚と、だが目を背けられない魅惑が交錯する。おそらく南は、画面を小奇麗にまとめることなどにはあまり興味を持っていないだろう。逆に、猥雑な欲望がひしめく世界を果敢に探検していこうとしている。

ここに掲載した作品「うじ虫奇譚」には、南が好むモチーフが凝縮されている。そのひとつ、ウサギは、いつでも発情期であることが南の興味を惹いたのだという。確かにかわいらしい表層からはうかがうことのできない内面の欲望というのは、男女ともに制服で描かれることが多いのも、ウサギ同様の表層の純粋さのシンボルなのだろう。

しばしば描かれるウジも、興奮すると身体から湧き出てくるイメージなのだというから、やはり内面に秘められた欲望の表象だ。ウジとして表現することで、その欲望には、直視したくない気味悪さと、それでも湧き出てきてしまう自走性が感じられる。

南は作品에 文章を添えることもしばしばだが、まず文章を書くことによって世界観の細部を掘り下げていくのだという。自然、絵には物語性が加味されることになり、文章と絵を合わせてそれを読み解いていくのも、南の作品を見る楽しみであるにちがいない。(S)

★(左頁)「うじ虫奇譚」、前頁はその部分。

※本稿は、2010年6月21日〜26日に銀座フォレストにおいておこなわれた南真樹個展「絶版発禁本 蜉蝣倶楽部」に取材した。●南真樹 http://minamimaki.blog68.fc2.com/

...

学校の追憶的イメージ

●S「ノスタルジーも当然あるわけだが、薄暗い靄のようなものもかぶさってくる。具体的にいうなら、その靄というのはいやな思い出とか、暗い記憶ということが多いのかもしれないけど、もっと謎めいて不可思議な何か、はっきりとは言い表せないけど、記憶にしっかりと定着されちゃってるようなものかな。学校のイメージに張り付いた膜のような、影のような何かで、心の深奥をゆさぶってくる。もちろん、その中味深いテーマではあるが、いろんなところにころがっていそうでいて、でもそれを明確に打ち出してるアート作品というと、意外に思いつかないかもね」

●家の主S「そうなんだよ。ただ、たしかに学校という空間というか、時空かな、それは相当特異なものではあるよね。だから、アートのテーマには十分になりうるとは思う」

●K「まあ、いじめや教師と生徒との関係などシリアスな問題はおいといて、大人になった今、距離をおいて、とりあえず小中学校ということで思い出してみるなら、しかにその記憶は妙な空気におおわれているというか……」

ある隠遁者Sの書斎談義

第3話……欲望の迷宮としての学校
◉相馬俊樹

●大学教師の友人K「机上の、とある雑誌の企画書を見て）学校のエロスか……興

靄におおわれた

●K「具体的にいうと？」

●S「これが、また、具体的にいわれるとむずかしいよね。女の子が自分ではあらゆる庭）が組織化されるのは当然として、学校という制度は内側だけでなく、その外にも磁力を発揮して、必要とあらば、あらゆるところを異化してしまうのかもね」

●S「でも、学校が終わった後、友達と遊ぶときにも何となく学校の影がついてまとってる気がするから、学校という制度は空間だけじゃなくて、時間の範囲をも超えて影響を及ぼすのかな」

●K「そんなこといったって、家帰ったって、宿題とか、学校の話題が出たりとかするわけだから、それこそ学生時代はすべて学校の影におおわれてるってことになるぞ」

●S「そうだな。そう考えると、いやな気分になってくるな。学校って、あまり好きじゃなかったし、よくさぼったし。

まあ、影響を及ぼす強度の違いというのもあるから、とにかく、少なくとも学校というのはかなり強力で、異化作用というのもすさまじいということだよね。ということは、よく学校を抜け出てさぼったりもしたけど、あれも、結局のところ、学校から脱出したってわけじゃなくて、今思えば、学校の影に染められた時間に、公園とか行ったりし

欲望の迷宮としての学校

うか、熱病のようにぼーっとする感じに似ているような……」

●K「だから、その内側（つまり校舎と校気づかずにちょっとあらわな格好をしているとか、何かで自分が極度の緊張を強いられるために強烈に反応することってない場所に陥ってしまったときとか、なんの股間のあたりのずれを女子が指で直すのを見てはっとしたり、水着から滴る水滴にもとづく妙な妄想を膨らませたりっていう、いかにも妙な妄想を膨らませたりとは思うけど……」

●S「そうね。ちょっとしたことなのに、なぜか学校というイメージを思い浮かべると、多様な性感に訴えかけてくる妙な感覚にかぎらず、なにやら謎めいた感覚というのが呼び覚まされるよな。漠然としか説明しようがないが、学校という制度においてはその場と時間が独特に組織化されて、日常性に微妙な歪みが生じるという制度においてはその磁力はかなり強力で、異化作用というのもすさまじいということだよね。たとえば、登下校の通学路って、学校の行き帰りじゃなくても歩くことあるじゃないか。でも、同じ道路でも、登下校のとき通るのと、普段通るのではやはり違う感じがしたよね。学校という制度が、同じ道路に何か見えない磁力を及ぼすはずの道路に何か見えない磁力を及ぼすというか……」

には、性感をざわめかせる要素も含まれてはいる」

●K「でも、それは、大人となった今では記憶の奥底に封じちゃっていて、普段は呼びにあらわれてこない不思議な感覚だよね。たとえ淫猥な妄想を膨らませているときでも、まあ、やはり出てこないだろうな。かならずしも性器的感覚に結びついているわけでもないし、もっと広い性感の領域に響いてくるというか……頭が痺れるといすぎなかったわけだ。公園とか行ったりし

K「とんでもないことばかりやってるんだが……」

S「高校時代は友達に「あいつは、友達に会いたくなると、ふっと学校にやってくる」って噂されたこともある。あと、教師に「S君、学校は午前中もやってるんだけどね」っていやみいわれたことも……」

K「……」

●S「また、いやなこと思い出しちゃったな。

君のせいで。

まあ、授業時間以外で特に影響が大きいのは、まずは放課後かな。授業が終わってから下校時間までの間。これも、今思い返すと、不思議な空気感に浸された時間帯だった。

それと、長期の休みということでいうなら、夏休み。これは、ある意味、学校生活の反転した時間ということもできるんじゃないか。学校という制度が組織化したアンチ・スクール・デイズ」

夏休みというのは、これはこれで一つの、そこそこ大きなテーマになるから、話をするのはまたの機会にしよう。

で、少し前に話を戻すと、学校という制度によって場と時間が独自に組織化されるそこそこに、これは多分、偏執的というのもまた相当特異というか、多分、そこに、これもまた相当特異というか、偏執的という

か、とにかく子供時代に特有の奇妙なエロスの記憶を覆うた謎めいた靄や膜や影のようなものの核心に触れる作品群だと思う」

●K「彼女の個性は君に勧められて何度も足を運ばれて、このシリーズは見たことないんじゃないかな。

この絵《水道》なんか、君のいうとおり、時空の裏側をものすごい勢いで侵食しつつあるっていうイメージだね。とある女子がまるで吸い込まれるようにトイレの鏡の暗黒へ立ち入ろうとしているが、そこはやっぱり異界なんだろうか」

●S「あらゆる蛇口からほとばしる水の、何ともいいがたい脅威には狂気の気配すら感じる。静かに異界が迫りつつあるという不気味な予感を惹起する」

●K「でも、たしかに不気味なんだけど、「不気味」って一言ではやりすごせないようね」

●S「この人の絵というのは、何か明確な一言では言い尽くせないって意志のようなものを強く感じさせるよね。言葉で説くなら、いくつもの言葉を重ねていくか、曖昧な形で語るしかないという、そういう状況をあえて突きつけてくる。本人も言っていたが、いくら言葉を尽くしても説明仕切れないという状況だね。とにかく、い

ないってことをこそ、描きたいんだろう。次の絵《かくれんぼ》だけど、これなどは、遊びのなかに唐突にエロスの気配が忍び込んで、なんてことない日常にずれを生じさせてるってタイプかな。これも、どうしてエロティックなのかと問われれば、そういう雰囲気が漂ってるとしかいいようがない。でも、目的が皆目不明の欲望を感じるわけだけど、それをひしひしと感じさせるんだよな」

●K「また、何となくで申し訳ないが、そのエロスの気配にはサディスティックないたずらのニュアンスも溶け込んでいるように思うね」

●S「そうだね。かすかに危険な香りもする。子供同士が遊んでいたんだけど、片方の子がつい欲望に歯止めがきかなくなってサディズムすれすれの領域に入っていっちゃう」

●K「凍りつくようなシーンというか、静止の魔力のようなものも、その危険な香りに加担しているのかもしれない。この構図くらい言葉を尽くしても説明仕切れないという状況だね。本人も言っていたが、何が起こっているのか、そしてその後どうなってしまうのか、描いている本人にもわから

ね」

●K「学校という制度が子供たちの多様な欲望機械と夢想機械を作動させてしまうというわけか。学校という場は、子供にとって未知の欲望を発動させるスイッチの宝庫ともいえそうだな」

上田風子《学校シリーズ》の衝撃

●S「その子供時代特有の奇妙なエロスと幻想のなかでも、とりわけ謎めいた部分、何なのかわからないんだけど、強烈に訴えかけてくるような欲望の暗部を見事に画布に定着させた、若い女性の画家がいるんだ。上田風子さんというんだけどね。彼女は、なんと二十代で衝撃のデビュー作《学校シリーズ》を仕上げたんだ。

以前、彼女にはインタビューを試みたことがあるけど、そのとき彼女が強調していたのが「予感」と「気配」ということ。《学校シリーズ》は、まさに学校という時空の裏側に引き込まれるような、混沌の闇へとなだれ込むような、「予感」と「気配」に満ち満ちている。さっきからわれわれが話してる、学校

てしまうのか、描いている本人にもわからない。

●S「それにしても、この人の描く、サディスティックな匂いを含んだいたずらのイメージというのは、妙にそそるよね。見る人をあっと驚かせながらも、納得させちゃ

うというか、封印してきた欲望の底部を刺激されるというか……あるいは、子供時代の欲望の迷宮に引きずりこまれてしまうというか……かなり奇抜ないたずらの行為を描いた作品でさえ、そういうところがある。とある女子の口から魚を引きずり出す《鵜飼い》や、やはり女子の口中に彼岸花を生ける《彼岸花》などは完全に彼岸の世界なんだけど、見てる方の欲望に強烈に響いてくる。謎めいた快楽か、奥底から呼び覚まされるような気がしてくる」

● K 「《跳び箱》という作品に描かれている女の子の髪切りシーンも、サディスティックな儀式を髣髴とさせないか。跳び箱に仰向けでだらりと横たわって、垂れた長い髪を切られるわけだが、彼女の髪を鋏で切り取るもう一人の女の子が、なんというか、子供の秘密結社かなんかの一員のようにも見えてくる。とすると、髪を切られる方は自ら志願した生贄か、それとも入社式を受ける新人結社員といったところかな。女の子にとって、おそらくは何か特別な思い入れがあるであろう髪を捧げるってところが、また何とも象徴的で、かつ魔術的でもある。髪フェティシズムの一種だとしても独特のイメージだ」

● S 「今度はまた、やけに具体的な想像をするね。たしかに何らかの規則を設けた架

空の結社を結成するというのは子供のごっこ遊びの定番ともいえるし、風子さんの作品にも秘密結社幻想への郷愁を匂わすものはあるね。《下校1》という作品だが、狐のお面を被った怪しげな四人の女子たちを描いていて、道端で三人の女子たちが一人の女子をひざまづかせ、彼女を見下している。まあ、例によって、そういうふうに見えるという雰囲気だね。何かしくじったのか、ひざまづいた子はうなだれ、他の三人はどこか彼女を責め立てているような切迫した空気感、残酷な冷気のごときものが漂っている。
いは規則を破ってしまったのか、ある暗黒のノスタルジーというのかな。画面全体は重々しい気配に包まれているね。

● K 「学校という制度は表の秩序と共に、子供たちのなかに裏の秩序、闇の秩序も育ませるのかな」

● S 「子供の秘密結社幻想には、たしかに奇妙な秩序感覚への指向が認められるよね。ちょっと排他的な秩序感覚」

● K 「ところで、つきなみな指摘かもしれないけど、このシリーズをぱらぱらと眺めると、やはりバルテュスの影響というのは感じるよね。風子さんは好きなんだろうか」

● S 「そりゃ、こういう絵を描いてるわけだから、嫌いなわけないだろうし、よく知ってもいるだろう。ただ、特にこのシリーズの場

合、指摘すべきはむしろ、やはりバルテュスに触発され、そのエッセンスを自らのなかで消化して、少年時代のエロスの世界を独自に築き上げた片山健さんの初期の鉛筆画を発表したあと、どういうわけか、理由はまったくわからないが、画風をがらっと変えて、自然味あふれる子供の姿を描いた色彩豊かな絵を制作するようになる。今なお絵

本作家として活躍しているが、新しいファン層をもしっかりと獲得している。

風子さんの《学校シリーズ》は、構想自体はまだ片山さんの鉛筆画を知らない中学校時代からあたためていたというから、構想の段階で直接的影響があったというわけではないらしいが、でも片山さんの鉛筆

戦慄的といっても過言ではないほどの、子供のエロティックで危険な欲望世界が展開されている。片山氏はそれら三冊の作品集『美しい日々』『エンゼル・アワー』『迷子の独楽』に収められている、七〇年代に描かれた彼の鉛筆画群だね。そこには、

● カラー図版 ☞ p.1

★（右頁）上田風子《学校 連作「跳び箱」》2000年、300×300mm、紙／アクリル絵の具
　（左頁）上田風子《学校 連作「鵜飼い」》2000年、297×210mm、紙／アクリル絵の具

画は高校時代から相当好きで、後にはわざわざ古書店で探して『迷子の独楽』を入手したというから、影響はやはり大きかったと思う。そう、ご本人もインタビューで告白していたしね。

片山さんの『美しい日々』は、放課後なのか、なぜか教師の姿は見当たらなくて、教室やら校庭やらプールサイドやら体育館やらで子供たちが夢遊病者のように放延の快楽と描かれるんだけど、そのなかに薄汚れて薄暗い学校のトイレをテーマにしたものが含まれている。風子さんの『下校2』にも描かれた、男子トイレに一人の女子が座り込んでるというシーンは、もしかしたら片山さんのトイレ・テーマを意識したのかもしれないね。彼女はこれを女子トイレにしたくても、わざわざ小学校に取材を申し込んだらしい。思い入れが伺えるエピソードだよね。

ただ、彼女の場合、みだらな行為という のが直接的に表現されることはなくて、やはりあくまでもみだらな気配というところにとどめている。片山さんはかなり衝撃的なシーンを描くのだけれども、風子さんにはそういうところはないんだね。この トイレ・テーマにしても、なんで女子一人が男子トイレにぐったり座り込んでいるのかというのはまったく不明なわけだ。だけ

ど、何となく陰惨で淫猥な空気というのが漂っている。

●K「汚穢の匂いなかに、そこはかとなくエロスの香りが感じとれるという雰囲気だ。何が起こったのか、何が起こるのかというを予感と気配にこだわる姿勢は徹底しているね」

●S「風子さんの《学校シリーズ》の中で、《廊下掃除》のエロティックな表現を試みたのが、多分《廊下掃除》だと思うけど、それにしてもやはり暗示的だよね。外から吹き込んできた女子が箒で集めて、廊下に溜まった枯れ葉をある女子の股の間にぐっと座り込んだもう一人の少女の股の間に押し込んでいる。暗示的ではあるが、不思議と強烈なエロスを感得させる」

●K「左側に並ぶ教室の窓は、闇の異界を思わせるがごとく不気味なまでに真っ暗だ。《水道》の鏡の闇と同じく、吸い込まれそうな暗闇。廊下のずっと奥の方は白日夢のようにぼんやりしている。

また、オーブ(霊的光体)のような光体というか、奇妙な光の染みが画面のところどころに散らばっているね。そういえば、この染み、他の作品にもあったかな。これらの染みの群れは、ゆっくりとだけど、動いているようなね。

●K「それが突風の中に交じって、下駄箱のところにいる女の子たちに襲いかかってきたりもしている。《下駄箱》と題した作品においては、これらの染みは、もちろん偶然なのだろうけど、荒々しく氾濫を起こしているような印象を受ける。

というか、漂っているような錯覚を見るとしても、何というか、この作品は気配と

いうものそのものの脅威を表現している ようにも思えるね。異様な気配の元凶が何だったのかという答えが提示されないままの気配そのものが膨張して襲いかかってきたという感じかな」

●S「そうも見えるかな。せっかく完成させた作品をあえて汚してしまうような、ちょっとイコノクラスムめいたこの染みについてはやはりインタビューで質問したんだけど、作家本人によれば、制作にずっと没頭してきた自分を、あとは作品を見る鑑賞者をその作品世界から切り離すための儀式のような行為らしい。だから、この行為は、作家自身と見る者を分断し保護する役割を担っているわけだ。たしかに、彼女の作品世界から日常を見る者とうする作品世界に描かれている特異な謎(不可知)と呼応しあっているとも考えられるかもね。

ただ、もうひとつ、ずっと理性でコントロールしてきた作業にコントロールできない何かを刻みたいという欲望もあるかもしれない、ということも語っていた。この発言を考慮するなら、これら染みの群れは彼女の作品世界に描かれている特異な謎(不可知)と呼応しあっているとも考えられるかもね。やや観念に関しては彼女はとても口を差し挟むことができないが、とにかくこのシリーズに対する意欲や集中力を感じさせる」

●K「それにしても、ほんとう、若いのに、上履がフェティシズムの気配を振り撒いているように思う。風子さんの作品には髪フェティシズムをはじめ、フェティシズムによって散らかされる風変わりな表現が忍び込むことがしばしばあるけど、それがまた、絶妙の効果を発揮するんだよね」

●S「彼女はいろんなものを見たり、読んだりしてるし、ものすごく勉強家だってこともインタビューしてよくわかった。このシリーズのあとも次々とよい作品を送り出してるし、そのつどよい方向へと少しずつ変化もしている。最近は海外での出品が多くて、国内ではあまり出品してないようだけど、多分来年の早い時期には個展もあるんじゃないかな。楽しみだよね」

★上田風子《学校 連作「下校1」》2000年、297×210mm、紙／アクリル絵の具
● 上田風子 http://www.fucoueda.com/
※2011年2月に渋谷のBunkamuraギャラリーにて個展開催予定

甲秀樹
少年愛の耽美的・郷愁的迷宮

寄宿舎。閉ざされた陸の孤島。世の喧噪から隔絶された、少年たちにとっての優雅なる牢獄、あるいは黒き夢に彩られた楽園。

規律という見えない城壁に乱反射する欲望と不安は、やがて、その場所を秘密の園へと変貌させるだろう。少年たちの複雑な感情の縺れ合いは、友愛を甘美なエロスの形へと整えていくだろう。

甲秀樹は、寄宿舎という特異な閉鎖的空間で醸成される情感とムードを画面の中いっぱいに封じ込める。高度な古典的技法を思うままに駆使して、ぬけぬけと同性愛的耽美主義に溺れるその様は、むしろ表現者としての余裕さえ感じさせる。そのこだわりは少年的空間で醸成される情感とムードの細かい仕草や表情から服装の微妙な乱れの表現にいたるまで徹底していて、的を射た少年愛的特質をここぞとばかりに誇張する。しっかりと定着された油絵の具からはエレガンスと高級感が漂い、見る者は蠱惑的な細身の裸身を誇る少年たちの、噎せ返るような美しさというより、植物的な官能で周囲を彼らの醸す芳香に陶然となるだろう。

《Seduce（誘惑）》と題した作品では、絡み合う少年たちがギリシャ・ローマ神話の神々の優雅さを纏いながら、昂揚しすぎた友愛の情がついに禁断の領域に突入し、エロティックな同性愛へと移行しつつある様が描かれている。彼らの視線と表情には美しき友愛が、そしてその裸身にはみだらな欲望が宿るという、まさに少年愛の耽美的・郷愁的迷宮に踏み込む瞬間をとらえた圧巻の作である。

一方、甲の作品には、少年特有のいたずらっぽい、罪の意識のかけらも感じさせないある種の陽気さと、性の疼きに耐えかねるがごときけだるさの混淆する頽廃の気配が忍び込むことがしばしばある。さらには、頽廃の気配を呼び寄せるのであろうか、明らかに背徳の匂いの染みついた作も見られる。題名からして《背徳の戯れ》はその好例といえよう。全裸の少年二人が、今まさにみだらな極まりない背徳の行為、すなわちソドミーの罪を犯そうといいうより、

★（上）《Seduce（誘惑）》667×243mm　（左頁下）《Juniors》227×166mm　●カラー図版◆p.10　142

している。そして、その奥には、自らの性器をほんの少し垣間見せる磔刑のキリストの裸身が淡い光のなかに浮かび上っている。

人々の罪を背負った磔刑のキリストのイメージと背徳行為に耽る若き少年たちのイメージがかわるがわる目追う循環構図の妙は見事であり、陶酔をもたらすだろう。と同時に、男女の性愛ではなく、男性同性愛だからこそといえようが、背徳の色に染まる少年たちの魅惑的な裸身とあたかも呼応するかのようにキリストの裸身にもエロスが伝染し、キリストの聖なる肉体にみだらな衣が被せられる。絶妙のイメージ効果を発揮させる、その発想もまたキリストの裸身は逸楽の美に染まり、地獄の領域に引きずり込まれる。そのとき、光と闇、美徳と悪徳は微妙な混乱に見舞われるだろう。

おそらくは学校にてたたき込まれるであろうキリスト教の教えのなかにさえ、背徳の匂いを嗅ぎつける恐るべき少年たち。その身震いするような官能のイメージを画布のうちに過不足なく収め切るという手腕も、同性愛の深き淵にまで踏み入ることを厭わない奇特な画家ならでは、とはいえないか。（相馬俊樹）

★甲秀樹人形展＝2010年10月5日（火）～16日（土）、銀座・スパンアートギャラリー http://www.span-art.co.jp/
●甲秀樹 http://hidekikoh.cool.ne.jp/

渡邊ゆりえ
少女だけの秘密の遊び場

セーラー服、しましまのハイソックス、そしてきれいに切り揃えられたおかっぱ——そうしたアイテムから少女性への耽溺を読み取るのは、容易かもしれない。しかもしばしば、画面の周囲を濃いモヤのようなものが覆い、どこか閉塞された空間にいるかのようなイメージを抱かせている。少女だけの秘密の遊び場を覗き込んでいるかのようだ。

少女たちはその鳥籠のように小さな宇宙の中で、無邪気に孤独な遊戯にふけっている。少女性というものは、そうした宇宙的な感覚のなかで育まれるのは言うまでもないだろう。そっと保護してあげないとすぐに壊れ去ってしまいそうなか弱さと儚さ、そこに生じる傷やコンプレックスを、渡邊は繊細に描き出す。大きなマスクは、もしかしたらそんな少女の過敏さを表象しているのかもしれない。

もちろん学校の制服は、保護されるべき者を表すものとして、少女性を代表するいちばんの記号だ。ある意味、制服をまとうことによって少女は、制服や保護者からの抑圧と引き換えに、秘密の遊戯にふける自由を手に入れる。渡邊の作品に登場する少女たちも例外ではなかろう。

今回小さな初個展を終えたばかりの彼女だが、旧作に較べ垢抜けてきた印象を受けた。その世界観といい、表現のなまめかしさといい、今後注目していきたい作家である。（S）

★〈上〉《矮鶏》2008年、515×364mm〈下〉《告白》2008年、257×257mm ●カラー図版☞p.12
※本稿は、2010年6月14日〜19日に銀座フォレスト・ミニにおいておこなわれた渡邊ゆりえ個展「かさかさかさ」に取材した。●渡邊ゆりえ http://www.ttrrco.com/

石橋秀美
魂が出入するヒトガタのスケルトン

人というよりはブリキでできた機械のような、もしくは昆虫のようなイメージを抱かせる。魂がすっぽりと抜けた抜け殻のように見えるのである。

もしかしたら、その抜け殻のような状態に石橋はフェティッシュのようなものを感じているのかもしれない。というのも、石橋が2004年に開いた最初の展示のタイトルが「学校わるっ。」であり、同タイトルのハガキセットを作ったりもしていたので、学校に対するこだわりをちょっとメールで質問してみたのだが、こんな返事をいただいたからだ。

「小学校の頃から学校の存在、教室、トイレ、黒板消しのにおい、水道から出る水滴に至るまで、とても興味があり、不思議な存在でした。明るい時間に子供たちの黄色い声であふれるこの場所が、夕方以降は誰も居なくなる。ただずんでいる学校全体の姿が、いつも静かに脈打って息をしているように見えました。まるで、こちらを見ているように感じていたので」

――そう、そこに綴られているのも、夜は抜け殻になるという、学校の存在感の奇妙さに起因するものだったからだ。とすると石橋の描く絵は、単なる抜け殻というよりはむしろ、そうした学校の、魂が自由に出入りするヒトガタのスケルトンのようなものなのかもしれない。

石橋は、見世物パンク一座・ストロベリーソングオーケストラや劇団・維新派で役者や美術に関わったこともある。石橋の描くスケルトンは、そうしたバンドや劇団が照射する人の暗部が、ふと迷い込む休息の場であるとも言えるかもしれない。(S)

★(上)《こえのようなもの。》2009年、273×220mm (下左)《巣》2010年、273×220mm (下右)《おはなをみたとき。》2004年、409×318mm
●カラー図版●p.16

※本稿は、2010年6月5日〜7月4日に高円寺の前衛派珈琲処マッチングモールにおいておこなわれた石橋秀美ソロエキシビション「Delusion lunch〜妄想昼食。」に取材した。なお、この個展は、2010年8月上旬〜9月上旬には六本木のレストランバー・六本木ギャラリーにて、11月にはニューヨークのOuchigalleryでもおこなわれる。●石橋秀美 http://ringomushi.jimdo.com/

児童プレイが終わらない

斎藤栗子

やりすぎてしまった。
児童プレイをやりすぎてしまった。
児童プレイをやりすぎて、
自分がどこにいるのか、もうわからないのだ。
嘘ですか　本当ですか
演技ですか　本心ですか
確かめることをあきらめて
今日も児童プレイが終わらない。

私目身の小学生に向かう憧憬は、その強烈なフェティッシュな高揚感であって、肉体そのものに欲望を向ける小児性愛とは別の類のものだと思う。それは他人というよりは自分自身に向かうナルシスティックな羨望に近い。

小学校の不気味さは、遊園地の不気味さと似ていたし、遊園地の高揚感と似ていた。小学校は教育、遊園地は遊戯、それぞれ目的は全く違うのだけれど、子供の力が到底及ばない巨大な権力によって企画・管理されながら、ファンシーな笑顔で私たちに近づいてくるという点ではとてもよく似ていた。

あまりにキャラクター化されたそれらの景色は、子供の自意識にはとても刺激的だった。それらは子供を上手にあやし、統率するためのトリックだったのだけれど、その景色の中にいる自分は輪郭がとてもはっきりするような気がした。莫大なお金、影の権力、子供を捌くためのトリックの数々が、クマさんの着ぐるみや教師という正義の姿をして迫ってくることに不気味さを覚える一方で、そこでの遊戯に正直に身を浸すことで、巨大権力を欺き、自分こそが正義になったような気がした。

遊園地のように囲まれ整備された世界の中で、決められたシステムに統率され躾を施される小学校は、とてもスリリングなプレイルームだった。嘘も本当も、演技も本心も混じり合って、児童というキャラクターに没頭した。

ファンシーな笑顔を向ける正義がとっくに去った今も、ゲームの興奮を忘れることができなくて今日も児童プレイが終わらない。

斎藤栗子の児童コスプレの手引き

こんにちは。今日はみんなで児童コスプレをして、終わらない児童プレイを肯定しましょう。たくさんのアイテムがある児童コスプレは、工夫次第でたくさんのバリエーションが楽しめます。

① ランドセル
まずはランドセルを購入しましょう。年末から3月にかけては、新作ランドセルのカタログがたくさん出るので要チェック。また、この時期には中～高学年でランドセルを買い替えるやんちゃ坊主のために、値下げ品も多く出ます。

② 制服
次に制服を購入しましょう。小学生用の丸首学ラン(特大サイズ)を、通販で買うのが私のお気に入り。

③ ヘア
髪が長い人は、ショートヘアのウィッグを付けるとキュート。

④ 靴下
靴下は白いソックスが似合いますが、思い切って網タイツを合わせてみてもグッド。

⑤ 靴
靴はローファーが似合いますが、ここも思い切ってハイヒールを合わせてみてもグッド。

⑥ 小道具
リコーダーなど、かつて使っていた私物を引っぱり出してきましょう。

⑦ 帽子
ちびまるこちゃんのような黄色いキャップや、学帽をかぶりましょう。

⑧ 名札
名札は、文房具屋さんや小学校の近くの駄菓子屋に売っています。

⑨ 最後に
最後に、ランドセルの中にエッチなおもちゃを入れて、大人なのにこんな格好をしている自分に興奮しましょう。

レッツエンジョイ♡ JIDOCOSUPULE

栗子カルタ

し	あ
処女膜あります	甘い破瓜

せ	か
折檻日和	固くて長くて太いのください

そ	き
そんなに長く我慢できない	騎上位の時代

た	け
太陽の下でぶって	健全な発育に支障あり

私の遊園地の中で、子供たちにはいっぱいエッチなことをさせたい。それは子供を穢す愉しみなどでは決してなく、自分の分身をメリーゴーランドではしゃがせるような楽しみなのです。このカルタが完成した時は、自分の手で遊園地をひとつ作り上げたような興奮がありました。分身の子供たちをパラダイスに閉じ込め、また自分がその国の王様として君臨することは、何より愉快なゲームなのです。

★カルタの全容は著者サイトへ！
http://www.kimusumenoringetsu.jp/

よ 夜の課外授業	は 破廉恥ブランコ	ち 血生臭い濡れ場
ら 乱がしい月経日	ま まだ死ぬな	て 手に負えない排卵日
り 理想的だよ正常位	み 未成年はご遠慮ください	ね 姉さんの横恋慕
わ 別れ際の誘惑	ゆ 郵便屋さんおよしになって	の 悩殺患者の色仕掛け

ある通学路の風景
──死体を運ぶ子供たち

●文・写真＝釣崎清隆

コロンビアはサンタフェデボゴタ旧市街南部、大統領府と目と鼻の先にあるカルトゥーチョと呼ばれるスラム街の中心サンタイネス地区は二つの公共施設、法医学鑑定所（メディシナ・レガル）とサンタイネス小学校を中心に、林立する葬儀社が包囲する一大葬儀屋街を擁し、有機溶剤やカンナビスやバスコ（代用コカイン）に混ざってヒトの汗や血、内臓の臭気が絶えず充満する、あらゆる逃亡者のサンクチュアリであった。

筆者が製作したドキュメンタリー映画『死化粧師オロスコ』はこの街が舞台だ。老エンバーマー、フロイラン・オロスコを中心にこの世界最悪の掃きだめにしがみついて生きる人々を描いた。

摂氏十度。陰鬱な曇天がたれこめるカルトゥーチョの夜明け。死臭がむせかえっていた。果物売りは昨夜遅くにカレラ12とカジェ8の交差点で大の字になったまま朝を迎えた。

彼は昨夜ここで、胸骨を中心に正十字を切るような四つの端点と心臓を刺されて死んだ。一昨日は脳天を撃ち砕かれた宝くじ売りが大の字になっていた。一昨々日はマッサージ師、その前の日は、誰のものとも知れぬ右腕だけが転がっていた。

果物売りはここがどんな場所なのかをよく知っていたし、毎日あらゆる果実を山積みにした荷車を押すコースからここをはずしていたし、他の場所で死体に遭遇した場合も、見ず知らずの彼らのために丁寧に十字を切ったりしていたが、どうにも無駄だった。

まだ暗いころからずっと眼球に張り付いていた一匹の蠅を追い払う者がいる。果物売りの目には一人の乞食が映っていた。乞食は寒さに肩を縮こませ、周囲をきょろきょろしながら、手と手を摺り合わせていた。果物売りにはもう一匹の蠅が縄張りを荒らしているように見えた。

乞食は果物売りの見開かれた目にくさい手をやり、そっと閉じさせた。そして持っていたビニル袋を顔にばさりとかけた。

「神の御加護を…」。

乞食は壁際に腰を下ろし、一度鼻をすすった。そして死体の守を決めこんだ。

オロスコの目の前に二人の浮浪児が立っていた。この馴染みの兄弟はごみ漁りや死体運びをしながら助けあって生きてきた。

「兄弟」なのかは、本人たちはおろか、オロスコも知らない。カルトゥーチョの住人の半分は十二歳以下の子供である。また、路上で暮らすガミンは日々大勢が忽然と消え、大勢がどこからともなく湧いてくる。彼らはあまりにも悲劇的な存在であるが、しかしそれは影絵の像にすぎないのかもしれない。実態をもたない美しい像が漂流し、怒涛のコマ落しで流れ去り、この醜い世界に鏡の中の華麗なる残酷を刻印している。

彼らが黒々とした眼をいたずらっぽい興奮で染めながら、しかし抑制をきかせた調子で話しはじめた。

「モルグ街に死体だよ」

「うむ。お前らが運んでくるのか？」

「先を越されちゃった！」そう屈託なく笑いながら言った弟を兄が制する。

「任せてくれないか、ドン・フロイラン！ 死体はここに運ばせる！」

オロスコは皺くちゃの満面の笑みで頷き、そしてポケットをごそごそまさぐった。二人は彼のゴツゴツとした大きな手のひらの上の五〇〇ペソ玉二枚をひったくり、「神の御加護を！」と言い放ってすばやく消えさった。オロスコの苦笑は兄弟の乞食としての律儀さ、天真爛漫さ、逞しさに起因していた。実際彼らはどうしようもなく愛らしかった。

「期待しないで待ってるぞ、殺し屋ども！」

死体運びは浮浪者が確実に現金収入をあてにできる仕事の一つである。路上で死体を見つけたら警察が来るまでその番をし、現場の検視を待ってメディシナ・レガルまで運び、そこでわずかばかりの駄賃をもらうのである。原則として第一発見者が死体の権利を得る。

警察権力の介入が最小限しかないここカルトゥーチョでは、メディシナ・レガルが目と鼻の先にあるという事情もあって、公共の死体搬送サービスが基本的に省かれている。ここではカタギの死体が出ることはほとんどないため、その死体の行方などにも誰も関心がない。警察の最小限の検

視さえない場合もある。

浮浪者はある程度死体の番をしても警察が来なかったらそのまま死体を運んでいってしまう。警察を待たない場合もある。そういう場合、死体はメディシナ・レガルに持っていっても意味はない。死体ブローカーに売りさばくことになる。

死体ブローカーは、脳下垂体、硬脳膜、眼球、骨組織など死体の有用なパーツを

外国の医療関連企業、研究機関に売りさばいている。オロスコもナルコと組んでそういう仕事をしていた。

兄弟はカジェ7Aを南下、突き当たりを左右に走るモルグ街を左に折れて、サンタイネス小学校に登校する生徒たちのサッカーボールを蹴る青いセーターの波に逆らいながら1クアドラ、カジェ8との交差点

目がけて走り抜け、サッカーボールの六角形痕でぼこぼこになった死体の横をすり抜けた。弟が息をはずませながら聞いた。

「どこまで行くの？」
「いいから！」

二人は現場の斜向かい、カジェ8のダビデの詩篇の落書きがある壁に陣取った。

「様子を見よう」

モルグ街の死体の両脇を子供たちはひっきりなしに行きすぎた。毎日のことなので整然としていて澱みがない。たまにサッカーボールを蹴りながら通学する天使たちが死体損壊の過失を犯すくらいである。

幼女の孫を連れた買い物途中の中年女が立ち止まり、死体見物としゃれこんだ。孫はしきりに女の手を引っぱって立ち去ることを促す。女はくいいるように死体を見つめている。

「もうちょっと待ってね」

孫は間もなく泣き出した。死体守りの浮浪者は叫んだ。

「女の子を連れていけよ！ 怖がってるじゃないか！」

女はなにやらぶつぶつ言いながらも孫と現場を去った。

死体守りは高らかに叫んだ。
「ちっ、見せもんじゃねえってんだ!」
日も高くなり気温が上がり始めたころ、一人の警官がヤマハのトレールバイクに乗って現場に到着した。暖かくなったせいか、不覚にも番人は壁際に横になって気持ちよく眠ってしまった。
「お巡りさん、いいですか?」ちゃっかり兄が進み出た。
「そうです」
「お前らが運ぶのか?」
「よし! 持っていっていい!」
警官はそそくさとバイクに戻り、ピカピカに磨かれた乗馬靴でキック・スタートした。兄は機敏に作業をこなした。死体にかぶせられたビニル袋を引きずりながらその物体の尻を引きずりながら街を逆に進んだ。一クアドラ行ってカジェ7Aを過ぎればメディシナ・レガルの死体搬入口だ。その奥隣りがサンタイネス小学校の入口。

兄弟はモルグ街をまっすぐ行かず、カジェ7Aを右に折れ、カフェテリア、ディビーノ・ロストロ、オロスコの仕事場を通りすぎて、マッサージ屋、葬儀屋アウロラの角を右に折れ、また右に入った。そしてアウロラ、マッサージ屋の裏を経て、オロスコの仕事場の裏口に着いた。
兄弟はもう息も絶え絶えで死体をどさりと落とした。その音を聞いてオロスコが出てきた。もう気尽きた幼い兄弟の目の前でオロスコはおもむろに、牡牛のような首に力をみなぎらせて一気に死体を持ち上げて解剖台に載せた。「角膜が傷ついている」着衣を脱がせながら値踏みを続ける。「死斑が発現しはじめている……」。
オロスコがおもむろに財布をとりだした。兄弟は直立不動でごくりと唾を飲んだ。五〇〇ペソ札が二人の鼻先に突きつけられた。兄はすぐには受け取らず、少し不服そうな顔をした。
オロスコは「角膜が使いものにならん。少し時間が経ってって使える臓器も限られる」と無愛想に言った。このやりとりは儀礼的なものだった。兄はすぐににっこり笑って「ありがとう、ドン・フロイラン!」と言って五〇〇ペソをひったくった。弟も続けて「ありがとう、ドン・フロイラン!」

と言った。
「うむ。また頼む」
兄弟はすぐさま巷に飛び出していった。モルグ街を走りぬけ、さっきの現場を追い越していった。
あいかわらず死体の番人は番をすべきものとビニル袋を盗まれたのにまったく気づかないで、陽だまりの中で高いびきを楽しんでいた。

私を食べて
破壊か死
死海か果てへ
倒したわ

●絵と回文＝古川沙織

旅の岐路 午後の網目 許しを 言葉よ
余は床を知る 夢見 あの心 生の襞

Hoc ma che ur a gent.
homi gene raliter implec.

四条綾 SHIJO Aya

乙女らしい恥じらいが醸すエロスの芳香

性的快楽とはまったくもってしぶとく、かつ不思議なものである。それを徹底的に排そうとする厳格な規律がほんの少しでも隙を見せたとき、その小さな隙間からより大きなエネルギーでもって爆発を引き起こす。規律が厳しければ厳しいほど、その爆発力は増すようにさえ感じられる。規律の厳格極まりない学校という制度のなか、その隙を突いて、いたるところに性的快楽が育まれる可能性がひそんでいるというのも、われわれはすでに経験済みといってよいのではなかろうか。

それゆえ、妄想家の頭のなかにおいては、規律をよりハードに厳格化し、奇妙にねじ曲げて、自らの欲望を強化する形に捏造するという作業が重視されることがある。いわば、本来の規律を元に、欲望強化のみに奉仕するような闇の規律を捏造してしまうのである。よくも、まあ、ここまで膨張したみだらな妄想は、彼らにとって欲望発動のために欠かせない切実な要素となるようだ。

もはや、通常のセックス・シーンや性的イメージでは彼らの欲望には響いてこないのである。規律を歪ませながら自らの欲望に合致させていくという、考えてみれば遠回りで浪費的な作業のみが、彼らにとって快楽を得る唯一の手段となるといってもよいかもしれない。

＊　　＊　　＊

今なおその経歴が謎に包まれた四条綾は、かつての風俗雑誌やSM雑誌で、好んでお仕置きシーンを描いた挿絵画家である。うら若い古風な女学生が手や鞭などでスパンキングされるシーンや、あるいは浣腸されたりお灸をすえられたりするシーンは、四条の十八番といってよかろう。これらの挿絵群は、まさしく、辱めとしての厳罰を豊かな妄想力によって加工し、エロティックな快楽の宝石へと純化していった好例とみてよいのではなかろうか。

なかでも古きよき時代の厳格な女学校における朝の会や体育館のような集会場での朝礼などでの、教室における朝の会や体育館のような集会場での朝礼などでの、規律を破ってしまったとおぼしき一人の女学生が、友人・教師の衆目のなか、若々しいお尻をあらわにし、お仕置きを受けるというたぐいのものは秀逸である。スカートを捲り上げられ、下着を剥がされて、今さらに尻叩きのお仕置きを受け入れるということの、その麗しき顔が羞恥と困惑で曇らされる犠牲者の表情はもちろんのこと、若干マゾヒスティックな感覚も入り交じらされる羞恥心が感染したかに思われる彼女を見守る他の女学生の多彩な表情までもが細部にいたるまでこまやかに、そして相当の配慮をもって描かれている。

見せしめとして罰を受ける哀れな女学生が醸すエロスの芳しき香りに、その一部始終を見守ることを義務づけられた周囲の友人たちが立ち上らせる、恥じらい含んだ官能の気配が、ためすがめつ絵を眺めるうちに、見る者の感覚のなかでゆっくりと絡み合い、交じり合って、性感を刺激する独特のムードを形成する。

四条のお仕置きを描いた挿絵群は、強烈な猥雑へと猛進しがちな性的妄想を、古風ともいえる乙女らしさと恥じらいの感覚によって軌道修正を施しながら、われわれを心の深奥に息づくみだらな郷愁のざわめきへと導いてくれるだろう。（相馬俊樹）

★本稿の図版はいずれも、『秋吉巒・四条綾 エロスと幻想のユートピア～風俗資料館 秘蔵画選集1』（発行＝アトリエサード、発売＝書苑新社）より。この本の詳細はp.51参照。

「クラバート」の中のプリミティブな魔法学校

●本橋牛乳

★「クラバート」（上）偕成社文庫

ぼくの本棚の中で、ずっと読まれずにあったのが、オトフリート・プロイスラーの「クラバート」だった。プロイスラーといえば、「大どろぼうホッツェンプロッツあらわる」シリーズの作者としての方が有名だと思うんだけど。どうして読まなかったかというと、もうと思って買ったのに、読むタイミングを逃してしまっていたから。もっとも、娘が「大どろぼうホッツェンプロッツ」に触れる機会があって、そういえば同じ作者の本があったな、ということで、再びぼくの前に現れたということになる。今回はたまたま、学校を特集するということで、この機会に読むことにした。

ストーリーはというと、主人公はクラバート。ある日、何かに導かれるように水車小屋に行き、粉ひきの弟子になる。そこには職人＝弟子たちが暮らしており、クラバートも新しい弟子として、仕事をしていた。クラバートは魔法も習うようになっていく。そうそう、このあたりの展開は、宮崎駿が千と千尋の神隠しをつくるにあたって、参考にしたらしいということが、ウィキペディアに記されているのを見つけて、そういうもんかな、とも思ったりもした。

それはさておき、ストーリーに戻ろう。1年後、その年の暮れに、弟子のひとりが死ぬ。実は、何らかの理由があって、毎年暮れに、弟子の誰かが死ぬことになっている。それがどうということなのか、というのは詳しく書かないでおく。多少、書いてしまうかもしれないけれどもね。

さて、この物語の中で、とりわけ奇妙なこととは、学校が描かれていないということだ。プロイスラー自身がこの本を書いた当時、教師をやめて執筆に専念するようになった時期だけに、このことはなおさら奇妙に感じられる。弟子は魔法の学校で魔法を身につけるのではなく、学ぶ様子は一切描かれない。教師は親方のはずなのだが、物語の中では、教師と生徒の関係ではなく、あくまで親方と弟子、である。だったら、学校である必要はないはずなのだが。

さらに、弟子たちは魔法の学校を卒業することはない。なぜなら、何年か後の暮れに、死ぬ運命にあるのだから。それまで、職人として魔法を使いながら粉をひき続けることになる。親方にとって弟子は消費財なのだ。そう単純ではなく、だからこそ、「クラバート」ではその装置が描かれることがなかった。装置だからこそ、場所として描かれるのだろう。そして、「クラバート」ではその装置を親方だというになる。

プリミティブな学校というものは、場所ではなく装置なのだろう。装置だからこそ、場所として描かれることがなかった。装置だからこそ、場所として描かれるのだろう。そして、「クラバート」ではその装置を親方だというになる。装置には機能がある。単純に、現在の学校は、一般的に、生徒のために使われる装置ということになる。でも、結局は装置でしかない。単純な機能は、使う人の目的によって、役割を

学校という場所は、生徒が何かを学ぶためにある、というのが、ぼくたちの常識なのだと思う。でも、「クラバート」の学校はそうではない。学ばせるためにある。なぜ学ばせるのか。それは、本人のためではなく、あくまで親方のためでしかない。いずれ誰かに殺される運命の弟子にとって、魔法はどれほどの意味があるというのか。

もっとも、事はそう単純ではなく、親方自身は、弟子の中から自分を継いでくれるものを求めていた、ということも指摘されるまで親方と弟子、である。ただし、「クラバート」の中では、学校というのは、教師が自分の都合で生徒に学ばせる場所、なのだろうか。でも、それだけでは、なぜ学校が描かれないのかが説明できない。

とはいえ、では、学校になるのだろうか。でも、それだけでは、なぜ学校が描かれないのかが説明できない。

プロイスラーは「クラバート」を書いた後、10年以上たって、同じ南ドイツを舞台にした「先生は魔法つかい？」という童話を書かずに存在しているのではないだろうか、と考えてみた。もっとも、時代は20世紀初頭、場所はボヘミア王国。近代的な学校で、主人公のクリングゾア先生は小学校3年生の担任。「クラバート」の親方というより（以上）、デカ帽（流れの職人で、魔法の力は親方以下）に近い人物で、魔法の力は親方以下ではないけれども、プロイスラーの学校に対する距離が、このふたつの時間の間になって変わっていったのかもしれない。この作品では、先生は誰でも魔法が使える、と書いている。

「クラバート」が描く物語は、自分たちの消費しようという装置からいかに自由になるか、ということだった。多くの近代から現代の物語が学校を舞台に描いたことを、あえて学校不在により、その機能だけを描くことで、学校そのものの抽象的な意味、プリミティブな形を示した、ということになる。そして、その装置の持つ機能を通して、クラバートと親方の関係が語られていく。その親子関係が語られていく。そのこらが、後に、「先生は魔法つかい？」では、先生自身が生徒が自由になる手助けをしていく。クリングゾア先生自身、失恋が原因で転勤してしまうという、ちょっとエゴイスティックな展開においては、先生もまた同じだということも含めて。

元々、「クラバート」はドイツ南部の民話が原型だったという。それをプロイスラーが時間をかけて熟成させ、語り直したものだ。そうした物語の中で、描かれ、あるいは描かずに存在しているのではないだろうか、意味としての学校がそこにある、ということだ。

変化させる。時に、残酷な装置にもなりうる。

164

五感の記憶【味覚】
～給食あれこれ
●文・写真＝有科珠々

★(写真左上) デニソン大学のダイニング・ホール (右)ランチ、最大限に盛った例 (下右)サンドイッチは具を指定してその場で作ってもらえる (下左)このギロチンのような器具でベーグルを縦割りにする

生涯で口にしたもので一番不味いものは何だった？と、私がパリで、マレのダンス学校やリラの教練所で開催している舞踏クラスの皆に訊ねると、生徒の殆どが答えるのは「学校の給食！」。それ以外の答えは、砂糖と間違えて塩を入れてしまった珈琲や賞味期限の過ぎてしまった食物の類。でもそれらは問題にならないにも関わらず不味い、という方に不味さにかけての軍配が挙がるのだ。

公立小学校の給食といえば、私が味わったのは60年代後半。パサパサのコッペパンにマーガリン、牛乳1本、アルマイトの皿におかずが一品か二品。いつもパンは残して給食袋に入れて持ち帰っていた。あれだけ不味いパンはその後口にしたことがない。しかし高学年になった頃には改善されてパンは柔らかくなり、随分ましなものになった。それでも、給食の厨房の前を通るといつもスープや煮物の嫌な匂いがした。給食を残すには、食べ残しの入ったお椀を持って、担任に許可をもらいに行くことが義務付けられていた。私は毎日儀式のように列に並んだものだった。教師によっては、残した給食を午後の授業中ずっと机の上に置いておかなければならない。この給食は不味さのチャンピオンだと彼は言う。

思うに、子供の学校の給食が地獄なのは選択の余地がないからではないのか、このような不快な経験は、教育上の効果があるどころか、トラウマのもととなり、むしろ人格形成上よくないのではないか？もっとも、今日では、日本の学校給食は随分改善されていると聞く。

2007年に私は、米国オハイオ州にあるデニソン大学のダンス課で、助教授を勤めていたのだが、その時の経験が私の最近の給食経験といえるだろうか。この大学食堂は極楽だった。昼は7ドル60セントですべてのフードがトレイに取り放題。料理の温冷も保たれ、選択肢も多い（写真右）。ピザ、ハンバーガー、パスタ、肉や魚の日替わり料理、幾種類ものスープ、サラダバー、各自が切ってトーストできるパン。牛乳、ソーダ類、デザートにはいつも焼きたてのクッキーが皿に山盛りにあった。好きなだけカップやコーンに盛れるアイスクリーム。果物、珈琲に紅茶。ただ、ここには酒類は一切ない（フランスの大学では、学生食堂にもワインがあるというのに！）。

美食の国フランスだが、給食だけは大学も含めて概して不味い。息子のトリスタンはパリ市内の公立コレージュ（12歳から15歳までの学校）に通っているが、そこの給食に合わない店にはその後行かなければいい。しかし、給食はそこであてがわれたものを採るしかないのだ。

ところで、面白いことに、学校の給食は不味いものとして挙げられるのに、一方で兵役の賄い（フランスでは近年まで成人男子に兵役義務があった）や病院食、刑務所(!)の食事は逆に食事が美味しく感じられた経験として挙げられる。兵役や病院や刑務所では食事が唯一の楽しみだから、なんでも美味しく感じられるということが理由であろう。学校の給食が不味いと思うのは、それだけ食事以外の学校生活が楽しみに満ちたユートピアだということなのかもしれない。

★有科珠々 www.dansenuba.fr：パリ在住の舞踏家。著書に「パリ発・踊れる身体」（新水社）がある。
有科の舞踏ワークショップで行われるプログラムのひとつに、五感のそれぞれについて、参加者がひとりひとり印象に残っているものを発表し全員で語り合うという感覚的刺激を強化する訓練なのだが、言語を介して感覚をひとつひとつにフォーカスして綴ったものでもある。このエッセイはそのひとつである。

165

吉屋信子 わすれなぐさ

● 絵と文＝さえ 河出書房新社(文庫)、750円

舞台は女学校。登場人物は、クラスの3つあるグループの、それぞれの代表的存在の3人。個人主義の風変わりな弓削牧子。軟派でおしゃれで押しの強い相場陽子。硬派で模範生の佐伯一枝。

なぜか牧子を我が物にしようといろいろな策を練る陽子だが、いじらしい。牧子は一枝に惹かれてるみたいでなんだか、その魅力からなかなか抜け出せないでいた。そのうえ、陽子の使うわすれなぐさの香水がさらに彼女の魅力をひきたて、牧子はちょっとしたバッドガール（この表現

がたまらなくかわいい）になっていく。果たして陽子の策は成功するのか、牧子は陽子の魅力から抜け出し一枝に思いを伝えることはできるのか？

物語は途中暗雲が立ち込めたりと、一筋縄ではいかない。やはり時代なのか、一枝の父親の発言には腹立たしかったり、つらい気持ちにさせられてしまったりもした。

しかし、少女たちの奔放な生き方、騒々しい女学校。それらすべてが元気になれる薬のよう。『屋根裏の二処女』とはまた違う、なんだか勢いがあって読んでいて気持ちの良い作品だった。

吉屋信子
屋根裏の二処女

● 絵と文＝さえ
国書刊行会 1900円

吉屋信子が23歳で書き上げた半自伝的小説。

滝本章子は女学校を卒業し、寮生活をしながら専門学校に通う日々を過ごしていた。しかし、勉学に励むことがなかなかできず退寮を余儀なくされ、基督教徒であった彼女は、YWA（YWCAのことらしいが、信子が配慮してYWAにしたとか）の寄宿舎にお世話になることに。今まで得ることのできなかった1人部屋（しかもそこは素敵な屋根裏部屋！）で暮らせることになり──隣の部屋の住人である秋津環との出会いによって、章子の生活は今までのものと違い、生き生きしたものになっていく。

生活の描写は寄宿舎内でのことがほとんどだが、章子が環に惹かれ、環もまた章子に惹かれていく背景には、その時代の女学校での生活があったからなのではないだろうか。男尊女卑の考えによって、男子は男子、女子は女子と区別され、思春期は同性で過ごさなくてはならなかった。自然と同性に愛情を芽生えさせることもあり、女子の場合はそれを「エス」または「S」と表記した。そんな思春期を過ごしたもの同士、またお互いに似たものを持っていたもの同士、惹かれ合ったのは自然だったにちがいない。中学生の時に読んだが、大多数に組み込まれない自由な感覚、自我を持っていた処女（おとめ）の生き方に勇気をもらえた気がした作品だった。

血なまぐさい殺戮劇への序章

淫蕩学校
マルキ・ド・サド

訳/澁澤龍彦　絵/町田久美　平凡社・1800円

★わが国で一般に『ソドムの百二十日』として知られているこの作品は、正しくはLes Cent Vingt Journées de Sodome ou l'École du libertinage といい、原題に忠実に訳せば『ソドム百二十日、あるいは淫蕩学校』となる。そう、およそ四ヶ月にもわたるブランジ公爵ら四十名のばかりでなくこの物語のもつ神話的な射程のスケールを、ありきたりなポルノグラフィーの域にまで格下げしてしまうおそれもあるだろう。しかし思い返してみれば、サドの作中の女ヒロインたちには必ず淫蕩の教師たる年長者の存在があったのであり——もっとも『閨房哲学』におけるウージェニーとドルマンセほどその関係がはっきりしている例は少なく、ジュスティーヌとジュリエットの姉妹の遍歴には師の数が多すぎるらいだが——その関係がひとたび一対多のものへと置き換えられ、しかも社会から隔絶された場での教育(調教)の機会を与えられたとなれば、それはもう、学校と呼ぶにのに如くのではあるまいかと言うべきだろう。じじつ語り女たちは集会の間においても「四本足の高い玉座」という以上に特権的な位置を占めており、そこでは主人も従者も等しく淫蕩の教えを乞う者として、ひとつの教室的な空間を形作ることに寄与している。しかし彼女らの語りの調子の昂ぶりに呼応するように、いよいよ血なまぐさい殺戮劇へと変貌していくことに留まはいよいよ百二十日間の逗この狂宴に参加させられた者には他にも四人の妻と四人の召使の若い娘と、八人の少年。なお、生徒たち(八人四人の主人ら(ブランジ公爵、司教、キュルヴァル法院長、徴税請負人デュルセ)が考えているこ

とといえば、もっぱら自らが、坤を明かす」ことばかりであって、とは言えこの作品に登場する女、それから八人の屈強な若者たちがいる)に淫蕩の手解きを施そうなどというつもりはさらさらないらしい。生徒たちはつねに主人たちの淫欲のための犠牲者であり、サドお得意の長口上による演説も、ここでは主人同士の間で火花を散らすための小道具でしかない。むしろここで教師の役割を果

放蕩とは、まさしく昔日の「学校生活」の再現であり、また実践でもあったのだ。

なるほど「学校」という単語は、もしかしたら淫蕩の舞台であるデュルセの城館や、無政府主義的で自由主義的な作中の登場人物たちのイメージにはあまりそぐわないかもしれない。そ

れているのはその序章に相当する部分のみなのだが、何が行われることになるのか、あたかも読者の想像に委ねられるような形で終わっている。もちろん勇気のある読者は、ぜひ佐藤晴夫の完訳版『ソドム百二十日』のほうにも挑戦していただきたい。(皐木)

幸いにも(?)本書に抄録さ

女生徒によって書き継がれたノートが織りなす迷宮

倒立する塔の殺人
皆川博子
理論社、1300円

★戦争末期から敗戦直後にかけての日々の思い。そして、架空のフランス人教師を語り手としたみすすむにつれ子構造をそなえた本作は、読みすすむにつれ一歩、また一歩と物語の奥深くへ下ってゆくような、奇妙な感覚を与えてくれます。出口のない迷路をどこまでも歩まされている感覚、ともいえるでしょうか。著者の代表作『死の泉』で見られたメタフィクションの魔術的効果が、ここでも巧みに用いられているのです。少女たちのノートが指さしているのは、チャペルで焼け死んでいるところを発見された一人の美少女です。なぜ彼女は防空壕に入らず、チャペルでの死を選んだのか。入り組んだノートは、その死の謎に少しずつ迫ってゆきます。

もっとも、本作を単に罪の告発を描いたミステリーと表現するのは、正しくないでしょう。戦中戦後の激動期にあって、つかの間、帝・皆川博子。学園少女小説、ミステリー、メタフィクションとさまざまな顔をもつ本作は、容易く読みながすことのできない挑戦精神に溢れています。（朝宮運河）

著者の学園ミステリーとしては、軍艦島を思わせる島が舞台の『聖女の島』がよく知られていますが、ここでは著者の変わらぬ健在ぶりを示すものとして、二○○七年に発表された本作を紹介しておきましょう。

太平洋戦争末期。都内のミッションスクールでは、数人の女生徒たちの手によって『倒立する塔の殺人』と題されたノートが書き継がれていました。軍需工場での作業の合間を縫って、美しい装丁のノートに綴られたのは女学生たちの手記が含まれている、という入れ子構造をそなえた本作は、読みすすむにつれ一歩、また一歩と物語の奥深くへ下ってゆくような、奇妙な感覚を与えてくれます。

新任フランス人語学教師サマンは、自分の前任者ロスタンが職員用宿舎の一室で心臓麻痺を起こして死亡していることを知り、不審の念を抱きます。生徒たちの間で、ロスタンは殺されたとの噂が流れているようなのです。ロスタンの遺した手記には、倒立する塔にまつわる不可解な記述があり、サマンはますます怪しみてゆきます。

少女たちの『倒立する塔の殺人』と題されたノートの中に、同タイトルのミステリー小説が含まれるのは、その中にはさらにロスタンの手記が含まれている、という入れ子構造をそなえた本作は、読みすすむにつれ少女たちの姿を、眩惑的な筆致で綴ったおそろしくも哀しい青春小説。そう呼ぶ方がおそらく実像に近いように思われます。

泰西の文学や絵画、音楽がしばしば言及されているのも、著者らしい特徴です。たとえばバルチュスの『地獄』やドストエフスキーの『カラマゾフの兄弟』、エル・グレコやムンクやルドンの作品が少女たちの口の端にのぼり、それらの放つ薄暗い光によって、作品全体が一種の祝祭的空間と変じています。往時の日本人たちを魅了した泰西文化のきらめきをここまで鮮やかに描くことができるのは、久世光彦亡きあと皆川博子くらいのものでしょう。決して安易な自己模倣に陥ることなく、一作ごとにより遠くで飛翔してゆく幻想文学界の女

牢獄を思わせる校舎の女学院で囁かれる奇怪な噂

京極夏彦 『絡新婦の理』

講談社（文庫）、1333円

★大正期に創立された全寮制名門校・聖ベルナール女学院。監獄を連想させるその堅牢な建物の中では、奇怪な噂が囁かれていました。一人の女性教師が、巷を騒がせている連続目潰し魔の犠牲となって命を落とします。その死が、呪いの儀式によって引き起されたものではないか、という噂自体を探偵役でさえ、例外ではありません。「外部に居ようと思ったら関わらない——否、事件自体を知らないで居るよりない」「関わった人間には——真犯人の、蜘蛛の目論見を阻止することは絶対に出来ない」。偶然が偶然ではなくなり、個々の自由意志さえも不確かなものとなってしまう。本作はそんな特異な事件を描いたミステリーなのです。

恐るべき奸智をそなえた〈蜘蛛〉の正体とは何者か。冒頭シーンにおいて中禅寺が「あなたが——蜘蛛だったのですね」と指摘した真犯人は、一体どの作中人物にあたるのか。作品末尾でついに明かされる事件の真相が、冒頭シーンと見事に照応し、ミステリーに登場する、魅力的なお城や洋館に目のない向きには、是非ともお薦めしたい一作です。

（朝宮運河）

子は予想だにしていませんでした。個人的にはゴシック趣味溢れる、聖ベルナール女学院の描写を好ましく感じました。血を吸う黒い聖母、涙を流す基督の像、開かずの告解室といった学園に伝わる怪談や、夜な夜な執り行なわれる呪詛の儀式、黒弥撒に興じるマント姿の少女など、古靱な道具立てはもちろんのこと、牢獄を思わせる石造りの校舎に立ちこめた重々しい気配がたまりません。日本を舞台に聖ベルナールは房総半島の森の奥にあると記されています）、全寮制ミッションスクールを描いた場合、大概は薄っぺらな、借り物にある作品になりがちです。しかし本作は、東西オカルティズムにまつわる厖大なペダントリーと、何よりも豊かな文藻によって、冷え冷えとした石造りの獄舎を見事に描き出しました。

拝み屋・中禅寺秋彦の活躍する《百鬼夜行》シリーズの第五作目にあたる本作では、蜘蛛の妖怪〈絡新婦〉が事件全体の構造を象徴しています。聖ベルナール女学院での怪死事件をはじめ、各地で発生する無数の他殺・自殺は、それぞれ無関係に見えながらも、その実すべてが互いに緊密な関連をもっているのです。巨大な蜘蛛の巣さながらの事件に接近した者は、構成要素の一部とならざるをえません。中禅寺や榎木津礼二郎といった稀代の

のです。礼拝堂の裏側にひっそり祀られている、聖母マリアとはとても似つかない黒い聖像。そこに願をかけると、憎んでいる相手が必ず命を落とすと生徒たちは噂しているのです。ある日、女生徒・渡辺小夜子は、黒い聖母像のそばで呪いの言葉を口にしてしまいます。半ば本気、半ば冗談で吐きだ

したその呪詛が、思わぬ惨劇を引き起こすことになろうとは小夜

「少女」は俗世の彼方にある桃源郷の住人のよう

田山花袋 少女病

※書影は、藤牧徹也による写真を付加した青山出版社版（1200円）

★柄谷行人はシクロフスキーの言葉を引き「リアリズムの本質は非親和化にあるといっている。つまり、見慣れているために実は見ていないものを見させることである」（『日本近代文学の起源』）と、リアリズムを定義する。田山花袋の『少女病』は、まさに「リアリズム」に満ちあふれた作品である。

本作の主人公は「少女」に憧れる文士先生だが、彼は大柄な体格とは釣り合わない少女小説を執筆し、電車や町中で「少女」（女学生）を見つめることに喜びを感じている。物語は「少女領域」（高原英理『少女領域』）を持つ先生の生活、日常風景、非親和化された「少女」に関する描写で占められているが、「この娘とはいつでも同時刻に代々木から電車に乗って、牛込までいくので、以前からよくその姿を見知っていた」「四谷からお茶の水の高等女学校に通う二八位の少女、身なりもきれいに、ひとにあでやかな容色（きりょう）」のように、駅と「少女」が結びつけられている点が特徴的である。

この物語は、乗り合わせた令嬢を見つめるうちに電車から押し出された先生の轢死で幕を閉じる。「たちまちその黒い大きな一塊は、あなやという間に、三、四間ずるずると引き摺られて、紅い血が一線長くレールを染めた」というように、「少女」への憧憬と比較すると、先生の最期が随分と淡泊に語られる点が印象深い。

前述のように、「少女」を見つめる先生の観察眼や言葉によって表現された憧憬を追うことで、先生の彼方に潜む光景が浮かび上がる。さらに、「少女」の姿形は風呂敷包みを抱えているが、今日はリボンがいつものと違って白いと男はすぐ思った」というように、「少女」に関する描写で占められた「少女」の生活、日常風景、非親和化された「少女」に関する描写で占学校の場面が登場することはない。

郷の住人であるかのように思えてくる。しかし、先生は彼方へ至る道を探す術を持たず、かつては彼方にいた細君も、その道を引き返すことはできない。

この物語は、乗り合わせた令嬢を見つめるうちに電車から押し出された先生の轢死で幕を閉じる。「たちまちその黒い大きな一塊は、あなやという間に、三、四間ずるずると引き摺られて、紅い血が一線長くレールを染めた」というように、「少女」への憧憬と比較すると、先生の最期が随分と淡泊に語られる点が印象深い。

「懐からノートブックを出して、しきりにそれを読み始めた」などの非親和化された電車の中の女学生の描写や、「今日は学校に行かぬのかしらん？そうか、試験休みか春休みか」という先生の独白を思い出しながら、親和化された日々の電車通学・通勤の風景を非親和化し、女学生が棲む彼方の光景を夢想してみるのも、たまには良いかもしれない。

（鈴木真吾）

不条理かつ猟奇的だが、どこか懐かしい雰囲気

大槻ケンヂ
ステーシー

『ステーシーズ——少女再殺全談』所収・角川書店(文庫)・476円

★世界は神のきまぐれで、十五から十七の少女が歩く屍「ステーシー」と化してしまう。不条理なものへと変わってしまった。ステーシーになった少女は百六十五分割の肉片に切り刻んで「再殺」されなければならない。そして、ステーシーが十五から十七の少女である以上、彼女らには「学校」が良く似合う。

物語の中心的な舞台は、ロメロ再殺部隊が駐屯する山奥の女子高である。主要なエピソードは女子高を中心に展開されるがゆえに、ステーシーの多くは制服姿である。「つい一年前までは女子高生だったであろう彼女たちの夏服は砂や灰や血で薄汚れ、茶色く変色した制服姿の十三体の少女たちは、古ぼけた記念写真のように見えた」。

山奥の女子高という断絶された空間で繰り広げられるのは、猟奇的な学園祭とも呼びたくなるような狂宴である。さらには体内に保有される悪性分泌物によって死に至ってしまうため、ステーシーはひどいものだ。ダメだこりゃ。聖歌隊解散解散」。

が聖歌隊として並べられ、「パズル落とし」などの異名を持つ主人公、有田性的欲望と暴力がグチャグチャに混ざり合った、やけっぱちのレクリエーションが展開される。この校庭の場面は、山奥という舞台やキャンプファイヤーと相まって、さながら移動教室のような雰囲気を帯びてくる。

言葉を話すステーシーは「私たち、ホントはさ、この炎の下で、本当にキャンプファイヤーができればよかったね。みんなでマイムマイムでも踊れてさ。二、三組、カップルなんかもできてさ。闇の中に、そっと消えちゃう二人なんかもいて。(……) ギターを弾ける人はいないの? もしいるんなら、ギターを弾いてさ、みんなで歌でも歌ったら、楽しかったろうね」と、楽しい移動教室に思いを馳せる。

「学校」の場面は不条理かつ猟奇的で、奇怪で、残酷だが、どこか懐かしい雰囲気がある——ぼくも、女子との思い出に溢れた移動キャンプファイヤーの薪はステーシーの肉片が用いられ、銃撃によって四肢を次々に吹き飛ばしても構わないから。(鈴木真吾)

次に体育の授業。かつて草プロレスで生計を立てていた隊員が校庭のキャンプファイヤーを背景に、関節技を駆使してステーシーの骨という骨を折ってみせる「オクトパスショウ」や、ジークンドーの技でステーシーをグチャグチャにする「クンフーショウ」などが披露される——歩く屍は、楽しいダンスを踊るほど器用ではない。

シーとの性交渉は行えず、一部の隊員はステーシーを暴力的に陵辱することで、「再殺」に性的な喜びを感じるようになっていく。また、そうであるかのような描写は登場しないが、幾つかの場面は女子高の授業のような光景にも見える。例えば音楽の授業。教会のひな壇の上に十三体のステーシー

エルサレム。しかし、顔面拘束具が装着されたステーシーが満足な発声をできるわけもなく「ダメだダメだ、ステーシー聖歌隊の歌はひどいものだ。ダメだこりゃ。聖歌隊解散解散」。

長野まゆみ
夏帽子

● 絵と文＝さえ
河出書房新社、440円

白い夏帽子に旅行鞄……臨時の理科教師の紺野先生は言葉を魔法のように使い、不思議な世界を見せてくれる。ひとつひとつの短い話が、そのままリアルに時間軸に組み込まれたかのように、一瞬で過ぎてしまう楽しい日々のようだった。うっかり、不思議な世界に入ってしまっても、その世界を壊すことなくやんわりと紺野先生は受け入れてくれる。

やさしい時間だけが紺野先生の周りには流れているようで、心地良い。関わった人すべてがその時間に触れることができる。そんな紺野先生が赴任してきたら退屈なんてありえない。こんな先生がいたらもっとアウトドアになれたかな、なんて考えてしまう。

学校という場に幾重にも堆積してきた遊戯の記憶

学校
山本直樹
太田出版、952円

★前・後編に分かれた短編作品だが、後編の冒頭には次のように前編のあらすじがまとめられている。「金を払えばやらせてくれると言うウワサのAにGは金を払おうと思ったBはFとセックスしたかったがFはBの歌が聞きたかった EとHは保健室で向かい合っていた Dは黒板に落書きをした IとJは口論していた Cは雨を見ていた KとLは部室でレズっていた MとNのチンポを見ていた OとPとQは教室でコックリさんをしていた／雨が降っていた」。

雨の降りしきる中、学校のあちらこちらで繰り広げられる秘密の人間模様。ほとんど関連性を持たないそれらの数多の出来事が、同時進行する。それぞれのシーンのコマを混在させることでその同時性を表現しているのだが、コマ割りはシンメトリカルに整理され、そのあたり見どころだったりするが、とりあえずそれはともかく。

この作品のキモは、降りしきる雨だろう。生徒や教師、保護者などさまざまな人間がそれぞれの事情で放課後（たぶん）の学校に残っている。その学校を雨が包み込んでいる。雨は外界とを隔てる壁になる。学校はまるで社会から隔絶した孤島のように閉鎖された空間であるかのようなセックスが過去の怪談話として語られ、時は繰り返すというか、学校は空間的だけでなく時間的にも封じ込まれていることが巧みに暗喩されているのである。

そのなかで、ギターを弾いて女の子に歌を聴かせていた少年だけが、「こんなセコい場所じゃあ 何も生まれやしないのさ」と言って学校の外へ出て行く。だが、その少年は口説いていた女の子を体育会系の男子に目の前で寝取られ、学校を出ていく時も「おおい みんな出てこいよお 外はもう晴れているぞお」と叫びがだれも反応してくれないという、孤独なマザコン。彼も結局、学校というユートピアだからこそ演じることのできる遊戯をしていたに過ぎない。

山本直樹は特にその遊戯を肯定もしないし批判的に捉えているわけでもない。確かに、日常の延長線上で、流されるようにエロ口に溺れていくのが山本の作風だ。学校という場での遊戯もそうした山本流の日常性の一部としてあり、われわれはエロに自然に誘い込まれるのと同じように、学校という場に幾重にも堆積してきた遊戯の記憶の中に導かれる。その記憶はもちろん、エロティックな心地よさを醸し出す。

リフが語られる。レズっている少女は「あたしたち もう ここから死ぬかもしれない 出られないかもしれない」と言い、子供のケガで抗議に来た保護者は「転校しますっ」と頭に血をのぼらせるが教師の前で寝取られ、少女を金で抱いた少年は「そのお金でどこかに行こうよ／どこか天気のいいところまでさ」と少女を誘うが、「どこに行ったって雨降りだよ」と少女にたしなめられる。

そこに渦巻く絶望とディスコミュニケーション。

（沙月樹京）

恋愛未満の淡いときめきは、桜色

櫻の園
中原俊 監督

※写真は、1990年版のVHSパッケージ
なお原作は吉田秋生の同名のコミック

★桜の季節、櫻華学園では、創立記念祭で演劇部がチェーホフの「櫻の園」を上演するのが伝統行事となっている。女子校という特別な空間で乙女達は、春が来ると望まなくても進級したり卒業したり、刻々と過ぎる時間のままに秩序正しく大人に近づいていく。

学校という箱庭の中で退屈に守られながらも、いつまでも留まっていることは出来ないことが分かっているから、変化への憧れと、漠然とした不安と焦燥感の中で、煙草を吸うとか、パーマをあてるとか、大人になってしまえば何でもないような、今しか出来ない事件を起こしてしまう演劇部の女の子達。恋愛未満の淡いときめきは、色に置き換えると桜色なのだと思えてくる。

レトロな校舎と、満開の桜と、クラシカルな制服が織りなす、演劇の上演前のたった2、3時間を描いたエス映画の名作。乙女達の花咲く瞬間に意図せず振りまいてしまう清楚なエロスの薫りを自然に捉えてくれている。

当時の高校生のもどかしさと上品な恥じらい加減がたまりません。(西川祥子)

死を覚悟して学校というシステムの外に出ること

回游の森
灰原薬
太田出版 752円

★幼女だったりヘビだったり湖面に沈みゆく白く美しい手だったりの手を握って教師は「どこにも行かないでくれ」と懇願する。「ぼくが教師になったのは、社会に出るのがこわかったからだ／学校にまつわるものではないが、最後の作品「死滅回游」は、山本直樹の「学校」同様、学校という場の特異性を浮き彫りにする。

それは、落ち着いて大人びた女子高生と、東京から赴任してきた若い教師との恋愛話。少女の卒業を寂しがる教師。その様子を見てデートに誘う少女。そのふたりの関係が、海流に乗って生息域を変えるものの、多くが環境の変化で死んでしまうという回游魚になぞらえられる。死を覚悟してでも生息場所を変えること——「いつまでも、ここにはおれんのよ／あたしも 先生も」。彼女もここから出ていくことが、回游魚の運命のように死にも等しいことに気づいている。それだからこそ切ない話なのである。(沙月樹京)

嵐のように激しい少女たちの生きざまを浮き彫りに

おにいさまへ…
池田理代子
中央公論社〈文庫コミック版〉、各599円

★池田理代子先生の作品はいずれも素晴らしいものですが、ここではとりわけ素敵な学園ものを紹介いたしましょう。舞台は良家の子女ばかりが通うお嬢様学校・青蘭学園。主人公・御苑生奈々子は入学試験にパスし、晴れて青蘭の門を叩くことになります。憧れの高校生活に胸を踊らせる奈々子。しかし、そこは彼女の想像をはるかに超えた異世界でした。

学内には選ばれたごく一部のエリートのみで構成される社交グループ〈ソロリティメンバーズ〉が存在し、社長令嬢、国会議員令嬢といった錚々たる家柄の少女たちが、その一員になることを夢みます。

さて物語は、奈々子がソロリティのメンバーに選ばれたことでそのまま現代の日本に登場させたアントワネットのような人物をこそソロリティに相応しいものであるソロリティに相応しいものでなければなりません。会のリーダーは生徒会長・一の宮蓉子、通称宮さまです。青蘭学園には豊かな巻き毛の宮さまをはじめとして、死の大天使サンジュストこと朝霞れい（『ベルばら』のオスカルを思わせる麗人です）、学園内の人気を集める麗人こと折原薫、クレオパトラのようなヘアスタイルにつぶらな瞳の同級生・信夫マリ子など、個性的な美少女が通学していて、奈々子を圧倒します。

この作品の魅力は、まず第一に洋服や髪型の美しさでしょう。『ベルばら』ブームの直後に書かれた本作は、オスカルやマリー・アントワネットのような人物をそのまま現代の日本に登場させたのようなものと思われないのおよそ普段着とは思われないゴージャスな装いは、ページを繰るたびに溜め息がもれてしまいます（庶民の子である奈々子でさえ、質素とは無縁の服装をしています）。第二にキャラクターたちの気高さです。下座に座らされただけで泣きだした、という逸話をもつ宮さまを筆頭に、本作の主要登場人物たちは皆、凛としたプライドを持って生きています。それぞれに暗い影の部分をもちながら、決して己を失わないというキャラクター造型は、池田作品ならではのものです。第三に、と本作の美点を一つずつ挙げていては、いつまで経ってもきりがありません。奈々子の目を通して、ソロリティという貴族階級の繁栄と崩壊を描き、嵐のように激しい少女たちの生きざまを浮き彫りにした本作は、大輪の妖花ともいうべき学園少女マンガの傑作です。（朝宮運河）

高みを求めるロマン派的感性と、それがもたらす悲劇

少女革命ウテナ アドゥレセンス黙示録

幾原邦彦監督

※図版はチラシ

★本作は一九九七年に放映されたテレビアニメ『少女革命ウテナ』の劇場版です。主人公・天上ウテナが、〈薔薇の花嫁〉こと姫宮アンシーをめぐって、〈生徒会〉の面々と決闘をくりひろげる、というテレビ版の基本設定はそのまま継承しつつ、人物や舞台の設定にいくつかの変更が加えられ、及川光博演じるキャラクターが新たに登場するなど、単なる総集編とは一線を画したオリジナル作品になっています。テレビ版と劇場版、どちらも甲乙つけがたいほど私は大好きなのですが、ここでは「学園」というテーマをより顕在化させたものとして劇場版を挙げておきたかを、劇場版の美術イメージは能弁に語っています。ここで描かれる鳳学園は、遠近法の狂ったドイツ表現主義のセットそのものですが、生徒たちは誰一人としてそのいびつさを指摘しようとはしません。空中を滑る黒板と、淡々と授業を受ける生徒たちの対比を目の当たりにするとき、私たちはこの学園が悪夢の世界に他ならないことに気づかされるのです。

外へ外へと向かってゆく苛烈な衝動は、ウテナ以外のキャラクターにも与えられ、作品全体の通底音をなしています。現状に満足できず、さらなる高みを求めるロマン派的感性と、それがもたらす悲劇こそ『ウテナ』の魅力の秘密だと言えるでしょう。ロマン派といえばそなえた『ウテナ』は、中井英夫の作品に似かよっている、と言えるかもしれません。（朝宮運河）

劇場版『ウテナ』を動かしている最大のモチーフは、脱出願望で――あるいは破壊願望と呼んでもいいかもしれません。映画後半においてウテナは〈薔薇の花嫁〉をめぐる決闘ゲーム（テレビ版を支えてきた基本的プロット）の役目を降り、舞台となっている鳳学園から逃走することを決意します。ウテナや〈生徒会〉の面々を輝かしいキャラクターとして成立させてきた学園という制度を、ウテナは閉じた世界として断固拒否するのであり、鳳学園での生活がいかに非現実的で、空想的なものであったかを、劇場版の美術イメージ

用されていることは、よく知られています。この劇場版でも、予告編に「神の名はアブラクサス」のコピーが用いられていました。アブラクサスというのは『デミアン』で言及されている神性で、ユングの『死者への七つの語らい』によれば世界の創造者にして破壊者、すなわち自分自身を指しているそうです。

随所に挿入されるJ.A.シーザーの合唱曲（幾原邦彦監督は十代の頃、寺山演劇に熱中したといいます）が、薔薇の咲き誇る白亜の学園をたちまち不穏なものに変えてしまいます。おそらく幾原監督にとって、シーザーの合唱曲は荒々しいロマン派的衝動を思い出させてくれる、呪文のようなものなのでしょう。私にとっての『ウテナ』もまさにそうした作品です。耽美的世界観と生々しい衝動とを二つながら養小説『デミアン』がたびたび引『ウテナ』にヘルマン・ヘッセの教

イノセンスのもつ危うさ、壊れやすさ

エコール
ルシール・アザリロヴィック監督
DVD＝3800円

★なんだか見てはいけないものを見ているような、言いようのない不安感にとらわれる。森のなかの秘密の学園、外の世界との交わりを断つための規則の数々、そしてそんな環境のもとでバレエや水泳の稽古に励みながら社会化されずに育つ、あどけない少女たち……。純潔と無垢の象徴である純白のドレスに身を包んだ少女たちがこの森のニンフェットであることには疑いがないが、ただしかつて『ロリータ』の著者であるウラジーミル・ナボコフが定義したそれ（九歳から十四歳までの、抗いがたい性的魅力をもつ少女）よりも、彼女たちはさらに幼い。おまけにイノセンスに対して、私たちの視線がそれに対抗できるだけの純のための契機となるだろう。その儚さは、まさしく作中において頻出する蝶のイメージによって象徴されているとおりである。そうであるならば、というよりもそうであればこそ、学園運営の目的はこの希少なイノセンスの保護に充てられるべきなのだが、残念ながら少女たちを取り囲むこの環境も、綺麗ごとだけで成り立っているわけではない。学園の運営には多大な資金力が必要であり、学園は少女たちの踊りを見世物にすることによって、なんとかその維持費を稼ぎ出している状態である。

また、気になる点も多い。そもそも少女たちはどのように選別され、ここに連れてこられたのか。イノセンスを抱えたまま卒業させられた社会に放り出された少女たちは、その後どうやって生きていけばいいのか。少女のイノセンスの保存とは、やはり身勝手なコレクション願望にほかならないのかもしれない。（梟木）

彼女たちはその幼さゆえに、無防備にも陽光のもとで裸体を晒してしまう（この無防備さはラストシーンにおける外の世界の噴水でも繰り返され、彼女たちは人々から奇異な視線を向けられることになる）ものだから、カメラのレンズを通してその場に居合わせている私たちとしては、なんとなく覗き趣味を満喫しているような、居心地の悪さを味わわせられずにはいられない。そしてそれは、なにもその対象が幼女であるからという疚しさのためばかりではない。おそらくこのような形で投げ出されたイノセンスに対して、私たちの二次性徴に伴う必然的な意識

粋さを持ちえないためでもあるのだろう。

抒情性豊かな映像とミステリアスなストーリー、そしてイノセンスの主題化によって瞬く間に全国の少女ファンにその名を知られることになった『エコール』だが、しかし本作において強調されているのは、むしろイノセンスのもつ危うさ、壊れやすさであるといえるだろう。嫉妬に衝き動かされて友達に石を投げつけたり、泣いている下級生を草木の蔓で鞭打ったりするような残酷さも、イノセンスのなかには含まれているのだ。また一方で、外の世界への脱出を夢見た少女たちは、あまりにもあっけなくその生を閉じてしまう。

変化も、やはりイノセンス喪失

どこまで逃げても「外の世界」などない

ミネハハ 秘密の森の少女たち
ジョン・アーヴィン監督
DVD=3800円

★『エコール』と原作小説を共有しているが、内容はまったくの別物。『エコール』がイノセンスのユートピアを描き出したのに対し、本作で描かれることになるのはまったくのディストピア、つまり、学校の秘密を知ってしまった生徒たちは片っ端から消されていく。

物語の主人公である少女は公爵に買われていくことで一時はなんとか学校を脱出した気になれるが、しかしそれもまた新たな苦悩の始まりでしかない。学校もまた世界そのものの腐敗の一部に含まれるものでしかない以上、どこまで逃げても「外の世界」などないのだということを痛感させられるなんとも皮肉なオチが、映画の最後には待ち受けている。

テーブルマナーにまで調教の手が及び、規則を違反すれば懲罰も与えられる、ディシプリンの支配する世界である。バレエシューズを履いて演舞する少女の足の爪先からじわりと血が滲み出す……というオーラーと血が滲み出す……というオチが、映画の最後には待ち受けている。（梟木）

思春期の少女たちの等身大の哀しみ

小さな悪の華
ジョエル・セリア監督
DVD=2267円

★「神聖なものを犬に与えてはならない。（中略）彼らはそれを足で踏みにじり、向き直ってあなたがたに噛み付いてくるだろう」と聖書は教えているが、どうやら「犬に与えてはならない」のは、悪もまた同じであるらしい。寄宿生活を送っている教会学校の屋根裏でその少女たちの等身大の哀しみの道標となるテクスト、ボードレールの『悪の華』を見つけた二人の少女は、既成の道徳規範への叛逆を決意するのだが

……。

懺悔を利用したシスターの不道徳の告発であれ、老人の世話していた愛鳥の毒殺であれ、あるいは年上の男性の誘惑であれ、彼女たちの悪行はつねにその規範の存在を前提としており、残念ながら規範そのものの破壊や解体にまでは届いていない。その意味では、やはり「ひなぎく」とかの少女たちのほうが二倍も三倍も恐ろしい。けれども「舞台の上で焼身自殺」という末路をも含めたその平凡さゆえに、思春期の少女たちの等身大の哀しみは、痛いほどに伝わってくる。（梟木）

閉ざされた空間のもとでの抑圧された女の性

ドン・シーゲル監督 白い肌の異常な夜

DVD＝4700円

★女だけで共同生活を送る神学校。そこの生徒である十三歳の少女エミーは、ある日森のなかで重傷を負った男に出くわし、治療のために学園へと連れて帰る。ジョン・マクバニーと名乗るその男は南北戦争の戦闘で負傷した敵軍の兵士であったが、学園の園長らはごく私的な異性への興味から、彼を施設のなかで匿うことに決める。そのうちに男は自らの置かれた境遇を理解し始め、次々と学園内の教師や生徒たちを誑し込んでいくが……。ドン・シーゲルが監督し、閉ざされた空間のもとでの抑圧された女の性を描いた異色のサスペンス。ジョン・マクバニーを演じるのは、時期を前後して『恐怖のメロディ』などの作品でも陰のある色男の役を務めてきたクリント・イーストウッド。彼がこの子宮的空間に種を宿すため遣わされた一個の精子であることは、マクバニーが現れて以来「雌鶏がやっと卵を産むようになった」と喜ぶ黒人女の言葉によって、とりあえず

それでも男性読者のなかには、役得、と思われる方もあるだろう。本来なら男子禁制のはずの女学院で療養生活を送り、しかも少女たちはみんなよくしてくれる（まあ、相手であってのの仕打ちはなく、園長がゴリゴリと音を立てて鋸を引いていくシーンはそれだけでもトラウマものである。

挙句、怒り狂ったマクバニーは銃を手に取り学園を支配しようとするのだが、彼は女たちによってあっけなく殺害されてしまう。これまで女たちを自由に操ってきたように見えたマクバニーが突如支配権を主張し始めたことは奇異に映るかもしれないが、やはり彼が支配する側の立場にあったことなど、ついに一度もなかったのだということだろう。

裏付けられることになる。面白いのは、必ずしもこの映画がその通りにはなっていないことだろう。前述のように、敵側の兵士である以上マクバニーは捕虜同然の身の上であり、また重傷者であることからも、始めこそ彼は学園内を自由に歩き回ることさえ許されていない。ベッドの上にねりにおいてだろう。ある晩、浮気がクリント・イーストウッドなのだから当然なのだが……）なんて、いかにも学園モノ、そうでなければ病院モノのエロゲのシチュエーションにありそうな展開ではないか。

がバレたマクバニーは嫉妬に駆られた女生徒に階段から突き落とされ、右足を骨折してしまう。そしてなんと、今や浮気が学園じゅうの女にバレてしまったマクバニーは、あわれ骨折した右脚を（あくまで治療という名目で）切断されてしまうのだ。この右脚の切断は代替的な性器の切除である、なんて古風な解釈を施すつもりはないが、罰としてこれ以上の仕打ちはなく、園長がゴリゴリと音を立てて鋸を引いていくシーンはそれだけでもトラウマ

（臬木）

格差と競争を小学校の教室に導入

女王の教室

DVD-BOX＝18200円

★二〇〇五年に日本テレビ系列で放映されたテレビドラマ。金崎小学校六年三組の児童たちと八先生のような「人生の教師」としての在り方がすっかり時代遅れなものとなり、友達感覚で付き合える先生ばかりがのさばる師・阿久津真矢（天海祐希）と半まは、まるで集団心理実験の過ちが子供らしさを失っていくさ徹底的な抑圧によって児童たの一年間にわたる闘いを描く。

程を見せられているようだが、もちろんこれはそれだけのドラマではない。格差と競争によって成り立つ日本社会のシステムを小学校の教室に導入し、つねに教え子たちの壁として立ちはだかる阿久津真矢の教師像は、現代の教育を見直す上での重要な問題提起となっているのだ。阿久津真矢の存在は、まさしく生まれるべくして生まれたものだといえるだろう。

この時代に、昨今のゆとり教育の風潮に真っ向から対立する教師像を打ち出し話題を呼んだ。教え子たちを成績によって差別し、自らの教育方針に逆らう者には罰を与えることでクラスを支配しようとする冷酷な女教師。

（梟木）

リリシズムへと昇華される幼児的な性的遊戯

Anthony Goicolea
Anthony Goicolea
Anthony Goicolea

２００３年に発行された作家と同名の作品集（洋書）。その内容のほとんどは、セルフポートレイトによる学徒たちの日常だ。同一の顔、同一の瞳の少年学徒たちのおりなす互い同士（あるいは少女に向けてのオナニズムの）性の遊戯は、性交を知り得ない年の子供が、正体の見えない背徳感をおぼえつつ互いに触れ、互いを見せ合う、そういった幼児期の性的接触に似たものを感じる。

彼らは極めて暴力的で、いたずらに見えるが、性を持て余しているように見えるが、エネルギーの暴発の熱は感じられない。むしろ草木の茂る地と調和のとれたメランコリックな夢想・退廃の擬人化のようだ。成長しきらぬ彼らの性は、リリシズムへと昇華し、観る者を懐かしく閉鎖的なデカダンへと誘うのだ。

（林アサコ）

美のパルマコン《4》

● 樋口ヒロユキ

★やなぎみわ《桜守の茶会》2010、撮影：山田晋平

当為意思としての芸術

■やなぎみわ「桜守の茶会」
三月二十八・二十九日、京都芸術センター

　最近、私が驚いたのは、三月に京都芸術センターで開かれた、やなぎみわによる「桜守の茶会」であった。この催しは毎回アーティストが席主を務めて開かれる茶会で、これまでにも多くの美術作家が席主を務めてきた。ところがやなぎによるこの茶会、実に破格の奇想的茶会だったのだ。
　茶室のなかはほとんど真っ暗。床の間の大きなカメには一本丸ごと、桜の幹が生けられてスポットを浴び、新芽のヤナギが絡めてある。やなぎの姓にかけた洒落である。やがてやなぎが入ってきて口上を述べ、茶菓が席に並びだした。と、床の間を背にして座ったご婦人が一言。
　「いやぁ、見事な桜どすなぁ。この桜、どこから持ってきはったんどす？」
　……胃が痛くなった。関西人でなければわかりにくいが、これは京都風のイヤミであって、桜を伐ったやなぎへの当てつけである。この時間はやなぎ自ら招いた招待客だけのはずだが、どうやら作家とは面識がないらしい。床の間を背にして座るのは「正客」といって、本来なら客の代表として、茶席を盛り上げる役回りと聞くが、これでは

182

★やなぎみわ《桜守の茶会》2010、撮影：山田晋平

初っぱなから台無しである。関西人が聞いても芝居がかって聞こえるほどの、典型的な祇園言葉。仕方なく言を左右してやなぎがこれを交わし、歌を一首吟じてみせた。
「みわたせば柳桜をこきまぜて京ぞ春の錦なりける」
と、今度は西陣から来たという初老の紳士が一言。三十六歌仙の一人、素性さんの歌の出来映えはねぇ。しかしこの歌の「こきまぜて」というのがねぇ。ま、歌は好きですけどねぇ……。

これまた京都特有のイヤミである。ここまであからさまなイヤミになると、むしろ京都人としては「ズケズケした物言い」という部類に入るが、今度はそのあとに続いて、近所の室町から来たというオバチャンが、ねちっこく絡んできた。
「私もこの辺に昔から住んでますけど、いつもここで若い方が変わったことしやはって、ええことや、思てたんです」
京都の人が「面白い」とか「変わってはる」と言うときは、十中八九は真逆の意味、つまり「つまらない」とか「はた迷惑だ」という意味である。要するに祇園、西陣、室町の町衆三人が揃いも揃って、やなぎの活動に異議を申し立てているのである。
そもそも京都という町では、何世代前から住んでいるかでステータスが決まる。二十年や三十年住んだ程度では「最近来た人」なのだ。祇園、西陣、室町といえば、歴史の古い京都の中でも、古参の町衆が住む地域である。そうした最強の地域から来た面々が、席主たるやなぎに向かって、ねちねちイヤミを垂れているのである。さらに話は席主さえそっちのけになり、互いへのイヤミ合戦に変わる。祇園と西陣と室町とが、互いのステータスを自慢

183

しあっているのだ。

しかも本来なら正客の位置に着いて良いはずの、地元、室町のオバチャンが末座に座らされ、幕末になってやっと栄えた「新興」の歓楽街である祇園の客が、正客の位置に着いているから、なおのこと話はややこしい。しかも互いの教養を見せびらかすためかやたらと桜の歌を引用する。

「咲けば散る咲かねば恋し山桜思ひたえせぬ花のうへかな」
（中務）

「わきて見む老木は花もあはれなり今いくたびか春にあふべき」
（西行）

「願わくば花の下にて春死なむその如月の望月のころ」（西行）

歌われる歌は風雅だが「見せびらかし」のために引用されるばかりだから、座の雰囲気は急降下である。あまりの雰囲気の悪さのためか、やなぎは席を外してしまっていて、一座は静まり返ってしまった。……気まずい。

席主不在でも平気の平左、イヤミ合戦はまだまだ続く。話は盛り上がりすぎて脱線し、しまいには会場近くの姥桜の下に、幽霊が出るという話になった。なんでも彼らの話によると、一本の姥桜があり、その下に江戸時代の京都芸術センターの隅に、一本の姥桜があり、その下に江戸時代の人々と思しき幽霊が出るらしい。

幽霊が出るのは真っ昼間、チョンマゲを結った霊もいるという。室町から来たオバチャンによれば、この桜の木の下の幽霊、どうやら時代が混線しているようで、彼女の祖母と思しき幽霊も出た

らしい。彼女の祖母が若い頃に好んだ、大正時代のモダン柄の着物を着ていたというのだ。もしやと思って家に帰り、タンスの奥を見てみると、よく似た柄の着物が一枚出てきた……。

しかし姥桜の下の老婆の霊の話とは、まさに老女づくしの幽霊奇譚だ。それを茶室という密室で楽しむとは。やなぎには以前から怪奇趣味があり、ことのほか密室を好む。なんと期せずしてやなぎらしい茶会になったことか！……などと思っていると、今度は横から若い男が一言。

「さまざまなこと思い出す桜かな」

今度は歌でなく俳句である。芭蕉さんですな、と問われると、ええ、好きなんです、芭蕉、と男が答えた。確かに桜の下にいると、あの年の桜はこうだった、あの時はこうだったと、さまざまなことを思い出す。幽霊もまた死者の記憶の現れであり、芭蕉のいう「さまざまなこと」の一つなのかもしれない。高踏な和歌から庶民的な俳句に話題が移ったこともあってか、刺々しい雰囲気が和らいで、妙に座がしんみりした。すると。

「さまざまなこと思い出す桜かな」

それまで喋っていた全員が前に出て芭蕉の句を唱和し、一礼してみせた。実はこの無礼な客人たち、実は全員やなぎが仕込んだ「サクラ」ばかり。桜にかけてサクラを仕込み、やなぎが仕込んだ「老い」に引っかけ、老女の幽霊話を語らせていたのだ。

しかも配られた会記を見ると「席主・脚本・演出　やなぎみわ」とあるのだ！

今回は都合九回の茶席が開かれたが、その都度サクラの台詞は同じ、幽霊の話も真っ赤な嘘だ。観客が俳優をサクラと気づかず相づちを打ったり会話したりすることで「演技」の一部を担当させられる仕掛け。なかには「私もその幽霊を見た」と言い出す観客もいたらしく、虚実皮膜の間を行く迷演技が見られたそうだ。ちなみに観客にサクラを混ぜるこの手法、かつて寺山修司が「観客席」（一九七八初演）という作品で使ったのと、まったく同じ手口である。やなぎは演劇にも造詣が深く、唐十郎のテント芝居や寺山修司の前衛劇から、しばしば創作上のヒントを得ている。たとえば血まみれの残酷童話を描いたモノクロの写真連作「フェアリーテール」シリーズは、寺山の手になる偽童話を連想させる。

また、同シリーズに登場する、テントを被った「砂女」というキャラクターは、唐十郎によるテント劇の影響から生まれたもの。最近作の「windswept women」のシリーズで、やなぎは「テントで移動する女性だけの人工家族」という奇妙な集団を描いたが、ここにも唐十郎の影響が伺える。そんな彼女の芝居好きが一気に出たのが、今回の芝居仕立ての茶会だったのだ。

さて、ここで注目しておきたいのは、彼女のなかの「老い」へのイメージの変化である。かつての彼女の作品では、しばしば「老い」が世界の破滅や、残虐な拷問の場面とともに、いわば「甘美な恐怖」をもたらすものとして描かれていた。けれども今回の作品では「老い」の彼方にある幽霊たちは、むしろ懐かしい記憶の現前として描かれ、イヤミ合戦を繰り返す一座に対して、和解を促す契機になってさえいるのだ。

老いと若さの対立を、無惨なほどに誇張して、かつてのやなぎは描いてみせた。だが、ここでは誰もがそれぞれに「さまざまなこと」を思い出し、それぞれの生き方を肯定されている。老いも若きも、生者も死者もが、緩やかに和解して許しあい、ともに茶席に座っているのだ。

かつて寺山の「観客席」では、会場で乱闘騒ぎが起こる寸前となるほど、観客に化けた虚構が現実の観客に、荒々しく挑みかかった。だが今回の茶会では、観客に化けた無礼な客人たちは、初めこそやなぎにイヤミを投げかけ、互いに見栄を張り合うものの、最後は誰もが和解していく。そこには「老いと若さ」の和解と同時に「虚構と現実」、つまり「芸術と社会」の和解がほの見える。戦国時代における茶会は、互いに覇権を争う敵味方同士が、日常の敵対関係を忘れ、武装解除して臨む和解の空間だったと聞く。かつて「エレベーター・ガール」シリーズなどで、辛辣な批評を社会に投げつけてみせたやなぎみわは、社会といま和解し、連帯しようとしているのではないか。

実際、今年に入ってからの彼女には、社会を意識した行動が目立つ。一月にはホームレスの自立支援を目的とした雑誌『ビッグイシュー』でゲスト編集長を務め、三月には哲学者の鷲田清一と、芸術と社会のありようを巡って対談。さらには今後、やなぎは演劇の分野をはじめ、脱領域的な仕事を手がけていきたいと語っている。

今後の彼女の活動が、具体的な社会的アクションとして、つまりは「現実」のものとして現れるのか、あるいはいわゆる芸術作品、つまりは「虚構」として現れるのか、いまのところわからない。だが、既に今回の作品に示された通り、やなぎの求めている

■「六本木クロッシング2010展：芸術は可能か?」

三月二〇日〜七月四日、森美術館

虚実皮膜の間といえば、もう一つ興味深い作品を私は見た。三年に一度、森美術館が開催するグループ展「六本木クロッシング2010展」に出品された、八幡亜樹の《ミチコ教会》(二〇〇八)という作品である。本作はヴィデオ映像と数点の写真からなるインスタレーションだが、映像は約三十分のものでこれが現実のものとも虚構のものともつかぬ、虚構ドキュメンタリーとなっているのだ。

話は比較的シンプルで、どことも知れぬ山奥に、トタンで手作りの教会を建てた、老夫妻の日常を描くものだ。夫の名は吉郎、妻の名はミチコ。ミチコはなぜか年中ウエディングドレスを着て生活しており、教会は人呼んで「ミチコ教会」と呼ばれている。ただし教会と言ってもバラックに近い粗末なもので、十字架は枯れ枝を組んだだけ、ステンドグラスは波形スレートに色を塗っただけ。雨が降れば水浸しになり、容赦なく隙間風が吹き込んでくる。いわばホームレス寸前の生活である。

だが、そんな教会にも、果たすべき役割がある。訪ねてきたカップルに、結婚式を挙げてやるのだ。結婚指輪は針金で作っ

た粗末なもの、だが、いつしか「あそこで挙式すると幸せになる」という伝説が生まれ、何組ものカップルが、そこを訪れて挙式するようになったのである。

やがて夫の吉郎は癌を患い、入院を拒否して教会で亡くなる。ミチコは独居老人となるが、バラック同然の教会は、一人で住むには過酷すぎる。ミチコは街に住む姉を頼って山を下りるべきか、それともここに独りで残るべきか悩むのである。

もともとこの教会は、貧しかった吉郎が、ミチコとの結婚式を挙げるために、独力で作った「プレゼント」だった。そこで夫婦は結婚式を挙げ、そこを訪れるカップルのために、幾度となく結婚式を挙げてきたのである。だが、そもそも吉郎は牧師でさえなかった。彼らは見よう見まねで聖書を読み、多分に想像を交えて式を挙げ、針金で作った指輪を渡してきたのである。

野外同然の過酷な環境、正統な教義も教学も知らない貧しい宗教的体験の産物が、このミチコ教会だ。だがそれは二人にとってかけがえのない生の証しであり、数多くの無名のカップルの愛の証しでもあるのだ。街へ下りるべきか山に残るべきか、悩んだミチコはインタビュアーにこう呟く。生きることを考えるなら、こっちかなぁ。生き延びるということではなくね、生きるということを考えるなら、ね……。

気恥ずかしい話で恐縮だが、映像がこのくだりにさしかかったとき、私は涙が溢れてどうしようもなかった。見かねた隣の外国人が、私にハンカチを差し出すというハプニングが起こったほどだ。見ようによっては平凡な人情話めいたこの作品の、どこに自分がそこまで感動を覚えるのか、そのときは自分でもわからな

★（上下とも）「六本木クロッシング2010展：芸術は可能か？」展示風景
八幡亜樹《ミチコ教会》2008、撮影：木奥恵三、写真提供：森美術館

かった。だが、いま思うとこの教会は、まさに美術の、芸術の姿そのものであるように私には思えるのだ。

どんな国の美術でもそうだが、すべからく美術は呪具に始まり、宗教建築や宗教絵画を経て「近代的」な美術へと変化してきた歴史を持つ。言い換えるなら、美術史とは美のなかから、宗教性が忘却されていく歴史なのである。宗教的な資格も知識も持たない裸の人間が、それでもなんらかの形而上的な救済を求めて何かを創り出そうとするとき、近代芸術の歴史は始まる。それは牧師でもなんでもないホームレス同然の吉郎が、波形スレートでバラック小屋のような教会、つまりは虚構の宗教建築を建てるという営みと、まったく同型の行為なのである。

宗教的な存在とは遠く隔てられた近代人が、まったく無根拠に作り出す作品群は、ミチコ教会の外貌にも似た、哀れな宗教美術の模造品かもしれない。だが、その作品を介して人と人が結びつくとき、そこに微かな奇跡が起こる。それを芸術的感動と呼ぶのも、宗教的感動の劣化コピーと呼ぶのも自由である。だが、そこには確実に奇跡が存在する。ホームレスの偽教会でしかないバラックが、若者たちに幸せを呼び込んだように。

この作品を巡っては、作中に描かれたミチコ夫妻やミチコ教会が、本当に実在するのかどうかが、かなり

話題になったようだ。だが、私は虚実どちらであっても構わないと思う。それが事実に基づくものだとしたら、夫婦の苛烈な生き方に、私は感嘆せざるを得ない。だが、それが虚構だとしても、その本質には何ら変わりがない。もともとそこは教会でもなんでもない、単なるバラックとして描かれているからだ。

虚実いずれの産物であれ、まったく見知らぬ外国人と私との間に《ミチコ教会》は一瞬の出会いを生み出してみせた。それは日常の中に埋没してしまう程度の、取るに足らない奇跡でしかない。だが同時に間違いなく、それは一つの奇跡なのだ。神の存在や死後の世界が、虚構のものであるか現実のものであるか、信仰する人は問おうとしないし、そもそも問う必要もない。それとまったく同じように、芸術的な真理もまた、虚実皮膜の間を超えた彼岸にこそ存在している。そうした場所が存在すると信じることを、人はある場合には信仰と呼び、ある場合には芸術と呼ぶのだ。

さて、教会に残るべきか去るべきか、悩んだミチコは最終的に、山を降りることを決意する。街に住む姉のところに身を寄せた彼女は、あのウエディングドレスを脱ぎ、平凡な老女として生活する。もはや結婚を夢見る若者たちが訪ねてくることはなく、奇跡の瞬間も訪れない。信仰は、芸術は、虚構は、現実の前に敗北するのである。

映像は久々にミチコが山の教会を訪れ、かつてそこで式を挙げた若者たちと、一時の再会を喜びあう場面で終わる。現実は圧倒的な力で我々の生を規定しており、そこから全面的に脱却することは不可能だ。だが、人が現実を超えた「何か」への意志を持つ

続ける限り、虚実のはざまで人は出会い、喜びをわかちあう一瞬が訪れる。そのことを示して、この映像は終わるのである。

今回の「六本木クロッシング2010展」には、副題として「芸術は可能か?」という問いが附されている。この言葉は一九九五年にAIDSによる敗血症で亡くなった、ダムタイプの故・古橋悌二が発したものだそうだ。本展でこの問いにもっともよく答え得ていたのは、古橋の遺作となったダムタイプの《S/N》(一九九五)を除けば、この《ミチコ教会》だったと私は思う。芸術は、現実的には不可能である。だが、虚実皮膜のはざまに可能となる芸術、信仰にも似た努力の彼方で、それは奇跡的に可能となるのである。

芸術は可能なものとして存在するかどうか、つまり「ザイン(存在)」の問題として可能かどうかを問われれば、不可能な存在であるというほかない。芸術が芸術たり得るのは奇跡的な一瞬だけで、それは常に権力関係や経済原則の渦に巻き込まれ、屈服させられてしまうからだ。芸術はむしろ「可能であらねばならない」「可能たらしめなければならない」ものだ。つまり芸術が可能かどうかとは「ザイン(存在)」の問題ではなく「ゾルレン(当為意思)」の問題なのである。

■「表現者蹶起集会」
五月二十一日〜二十八日、エーデルプラッツビルほか

さて、私はこの期間中、京都造形芸術大で「芸術論研究Ⅲ」という講義を六週間担当し、そこでサブカルチャーとハイアートの

関係について論じたが、この両者が融合する場所もまた、あらかじめ存在する「ザイン」でなく、不断に追求される「ゾルレン」の結果、奇跡的に現れるものである。

サブカルチャーとハイアートは、現在その境界を失い、自由に往還できるもののように思われているが、その両者の間を人が自由に往還でき、双方の作品を平等に鑑賞できる環境が整ったかと言えば、そうでもない。その間にはあいも変わらぬ大きな溝があり、両者の交通は容易ではない。両者の間を分断しているのは、端的にいえば流通の形式、つまりは経済的下部構造である。

アニメやマンガ、ロックやプレタポルテ・ファッションといったサブカルチャーの産物は、基本的に複製が可能であり、より多く複製されること、すなわち「売れること」が是とされる。このため一点あたりの単価は優れた作品ほど下がり、比較的安価で誰にでも購入できることになる。幅広い層が小額ずつを出しあって作家を支える、それがサブカルチャーの下部構造なのである。

逆に絵画や彫刻などのハイアートは、基本的には一点ものであり、版画やマルチプルなどの複製品にも必ずシリアルナンバーが記され、希少価値が担保される。従って優れた作品ほど価格は競り上がり、一点でしか購入できなくなる。つまり富裕なエリート層が、高額を出して作家を支えるのがハイアートなのである。

このため両者の間には、拭い難い文化的ギャップが存在する。サブカルチャーは猥雑で混沌としたバロック的表現を好み、ハイアートは古典的な美意識を尊ぶ。サブカルチャーでは学歴は不問だが、ハイアートでは陰に陽に作家の学歴が言及され、修士以上の作家がほとんどである。出身校も国公立中心で、実質的な学歴社会だ。

ある人が富裕層であるか貧困層であるかということと、その人の芸術鑑賞の能力には関係がない。ある作品がサブカルチャーとハイアートのいずれの形式で流通しているかということと、その作品の芸術的価値も、やはり何の関係もない。いわんや学歴なぞ作品の質と、いっさい関係を持っていない。サブカルチャーにも優れた芸術的価値を有する作品はいくらでもあるし、ハイアートにもくだらない作品は山ほどある。

日本ではサブカルチャー作品の方が、ハイアートの作品よりも強い国際的競争力を持っているというのは、以前からある議論だ。経済産業省はそうした議論の旗振り役で、たとえば今年六月には、デザイン、アニメ、ファッション、映画などをはじめとする日本のサブカルチャーの、海外進出を促進する「クール・ジャパン室」が設置された。

だからといって「もうハイアートなど日本にはいらない、サブカルチャーだけで十分だ」とするのは危険な議論だ。芸術的な質の高さを誇るサブカルチャー作品は、決して手放しでは支持されない。手塚治虫の『火の鳥』は連載時には散々な悪評を受けたし、川久保玲の服はユニクロでは買えない。高い芸術的価値を持つ作品ほど大衆からそっぽを向かれるのは、万古不変の事実なのだ。

数多く売ること、より多くの大衆に届くことを目的にしたサブカルチャーは、基本的には大衆の声の代弁者であって、少数者に声を伝える力は弱い。逆に少数者に支えられたハイアートは、少数の声を代弁する役割を担う。アートがサブカルチャーを無視

れば、大衆的支持の基盤を失った脆弱なものになるし、ハイアートを断念してしまえば、美的ポピュリズムとでもいうべき事態に陥り、表現の多様性は失われる。その両者を共存させ、双方の作品を双方の需要者の間で流通させること。それは我々がゾルレンとしてなすべき、永遠の課題なのである。

日本では同時代の作家によるハイアート市場が、長らく未成熟のまま放置され、サブカルチャー市場だけが成長を遂げた。私が教えた学生たちも、ほとんどがいわゆるオタクであり、ギャラリーよりもマンガ喫茶に慣れ親しんでいた。クール・ジャパンがお手本にしたクール・ブリタニアや、YBAと呼ばれるハイアートの潮流を柱にしていたが、日本発のクール・ジャパンは、アニメとマンガに集中し、いびつ極まりない状況にある。

いっぽうハイアートの分野では、サブカルチャーの要素を作品に取り入れはしても、ビジネスのあり方としては伝統的なやり方、つまり裕福なコレクターにできるだけ高値で作品を売るという方向への回帰を、ここ数年強めてきた。つまり「様々なる意匠」としてサブカルチャーを取り入れはしたが、そのあり方を規定する下部構造は、むしろ伝統的あり方に回帰したのである。

近年、日本の現代美術が以前に比べ、大衆の支持を拡げてきたのは、サブカルチャーからの栄養分を吸収してきたからだ。だが、このまま行けばハイアートは再びサブカルチャーから遊離して大衆の支持を失い、サブカルチャーに圧倒されて行くだろう。ハイアートが生き残るには、サブカルチャーとの不断の再接続が不可欠なのだ。

そうした再接続の試みの中で、私が近年注目するのは、ネット上におけるカオス*ラウンジの動き、そして路上における小瀬精一の活動である。前者のカオス*ラウンジについては、村上隆や東浩紀、黒瀬陽平らが理論的指導者として関わっており、私が注釈を加える必要はなかろう。問題は小瀬である。

小瀬精一は「トラリープロジェクト」なるプロジェクトを主宰する、アーティスト＝オーガナイザーである。このプロジェクトは小瀬のほか、ハルマキヨシコ、岸本雅樹、岡本奈香子の四人で構成され、トラックに作品を載せて作家とともに移動し、展覧会をゲリラ的に開催するというもの。なにせトラックで移動するので、会場はどこでもお構いなし。路上で、公園で、愛知県芸の学祭で、横浜トリエンナーレ会場のすぐ脇の路上で、彼らは展覧会を開くのである。

展示する内容も、まさにハイアートとサブカルチャーを接続し、無秩序で混沌とした内容だ。私は先日、小瀬の主催するイベント「表現者蹶起集会2010」を見てきたが、その会場は大阪ミナミの宗右衛門町という、歓楽街の雑居ビルだった。そこでは本誌でも健筆を揮う死体写真家の釣崎清隆のほか、南船場の「赤い人」こと、美術作家の浜崎健など、種々雑多なルーツを持つ作家たちが出品。会場には作家名も作品名も記されぬまま、異なる作家の作品が干渉し、混淆して散乱していたのだった。

百聞は一見に如かず、まずは作品をご覧頂きたい。たとえば久恒亜由美の作品。日常生活から無作為抽出されたかのような混沌としたジャンクが、まるで洗濯物のようにぶら下がっている。作品の一部はエアコンのダクトや配電盤に接続され、どこまでが作

★「表現者蹶起集会 2010」展示風景
久恒亜由美、2010

★（中段 2 点）
「表現者蹶起集会 2010」展示風景
岸本雅樹、2010

★「表現者蹶起集会 2010」展示風景
岡本奈香子、2010

191

品なのかさえ判然としない。久恒は文化服装学院卒で、もともとは服飾が専門。ロックバンド「あふりらんぽ」の衣装も手がけるまさに異分野からの闖入者なのだ。

あるいは、トラリーのメンバーでもある、岸本雅樹の作品を見て頂きたい。雑多な日常的要素からなるブリコラージュ作品を制作する岸本の作品もまた、久恒のそれと共通した混沌と出鱈目さに満ちあふれている。だが、彼が作中に取り込む各要素の、どうしようもないまでの俗悪さはどうだろうか。得体の知れぬ民芸品や土産物をしばしば作中に取り入れる岸本は、かつて自分の名前を大書した大漁旗を作品化したこともある。ヤンキー仕様の改造単車や、竹ヤリ出っ歯の改造車にも似た、独特の泥臭いこの美意識を、一体何と形容すれば良いのだろうか。

そしてもう一つ強烈だったのが、岡本奈香子の作品である。作家が頭に被っているのは、頭部に微弱な電流を流しながらドローイングを行うための実験装置である。大阪が誇る、おそらくは日本一俗悪な歓楽街、道頓堀の路上で彼女はドローイングを行い、通常のドローイングと比較する実験を行ったのである。なんとも脱力させられる話だが、当人曰く「何も変わらんな」と呟きながら描いていたらしい。これは一体、何なのだ。

私が見に行けたのは、件の雑居ビルでの展覧会だけだったが、この「表現者蹶起集会2010」は、展覧会やトークイベント、ロックバーでの飲み会までも含む、同時多発的なイベントとして企画されたのだそうだ。路上や深夜のロックバー、雑居ビルを舞台にし、トラックで移動する小灘たちの活動は、ロックバンドの全国ツアーによく似ているし、事実、彼らのイベントには、数多くの

ミュージシャンが関わっている。その企画には主催者の小灘のほか、刺青師でアーティストの藤本修羅や、ミュージシャンの森昇平も参加し、練り上げられていったという。

彼らの無作為抽出に近い美意識や、混沌とした展示やイベントは、かつてダンスの世界にBaby-Qが登場してきたときの、淫猥で危険で破滅的な雰囲気、異様な熱っぽさを連想させる。だが、彼らの行動が単なる思いつきと無計画さの所産として終わるか、それともアートの世界に何かの変革を起こすのか、明らかになるのはこれからだ。

現在、彼らは路上や雑居ビルを発表の場としているが、今後そうした場所を捨てて商業ギャラリーに移っていくなら、単に「新人現る」で終わってしまい、従来通りのハイアートの構造に、新たな「様々なる意匠」をつけたすに過ぎなくなるだろう。カオス＊ラウンジもまた同様で、こうした路上発、ネット発の表現を、いかに新しい下部構造に着生していけるか、そこにこそ彼らの勝敗がかかっているように私には思える。

昔ながらの貸し画廊のように、アーティストが自腹を切るのでもなく、商業ギャラリーで富裕層だけをターゲットにするのでもない、大衆に開かれた新しいアートの経済構造を築くこと。webで決済するか投げ銭制か。ライブハウスのようなチケット制か、超低価格帯でのマルチプル販売か……。アートの表皮に引っ掻き傷をつけるだけでなく、その経済構造に斬り込んで、根本に一撃を加えること。そうした下部構造をひっくるめた活動を、私は彼らに期待している。

192

舞姫の死
追悼・大野一雄

●文=志賀信夫／写真=池上直哉

舞踏家大野一雄

　大野一雄が、二〇一〇年六月一日、亡くなった。土方巽とともに「舞踏」を創り出し、それを世界に広めた大野一雄。「大野一雄の舞台を初めて見て、なぜか涙がこぼれたという人に、どれほど多く出会ったことか。いや、涙を流している人を何度目撃したことか。それは九十歳を超えている、百歳を超えたとか、動けなくなった体で踊り続けているといったことによる感動ではない。

　元気だった三十三年前、七七年の『ラ・アルヘンチーナ頌』から、独立し、四九年を皮切りにソロリサイタルを開くようになる。その第一回公演を見た土方巽が、その踊りに驚き、やがて大野と交流を始める。

　土方巽は一九二八（昭和三）年、秋田に生まれ、高校時代に、ヒットラーユーゲントの行進、そして石井漠の地方公演を見たことがきっかけで、秋田でモダンダンスを習い始める。やがて上京

　大野一雄は一九〇六（明治三九）年、北海道函館市に生まれる。裕福な網元の家で、母親が洋食をつくるというハイカラな生活。十四歳から秋田県大館市で育ち、日本体育会体操学校（日本体育大学）に入学。そして、二九（昭和四）年、スペイン舞踊家のアルヘンチーナが来日したときに、門田義雄に連れられて日劇に見にいったことが、後の舞踏家、大野一雄を生み出すことになる。

　大野は卒業すると、横浜の関東学院女学校に移るときに、ダンスを教える必要が出たため、舞踊家石井漠の門を叩き、さらに江口隆哉に師事する。やがて大野は江口が出征中にその代稽古を努めるほどになる。そして徴兵で第二次大戦では中国、ニューギニアなどで戦い、オーストラリアの捕虜となって帰国する。戦後、江口の元からずっとそうなのだ。それはどうしてなのだろうか。僕は、それが知りたいがために、それからずっと、見続けてきたといってもいい。

★「ラ・アルヘンチーナ頌」1977年

してダンスを学ぶ。その折に、大野の舞台を見たのだ。大野は、当時四十三歳。シュミーズを来た少女の姿で登場した大野の踊りに土方は驚き、「劇薬のダンサー」と後に述べる。やがて、土方は大野一雄と同じ舞台に立ち、フランスから帰ってバレエとマイムを教えていた及川廣信の影響を受ける。そして、及川に学んでいた大野一雄の次男、大野慶人とともに、『禁色』を五九年五月に発表する。舞台で鶏を殺し、同性愛を表現するこの作品が、舞踏史において、舞踏の始まりとされる舞台である。

大野一雄はそれに先立ち、同年四月には、「老人と海」を土方の演出で発表。これが大野のモダンダンスとしての最後の舞台である。土方はそれから六五〇エクスペリアンスの会、土方巽ダンスエクスピアリアンスの会などで、大野父子とともに舞踏の舞台を創り出す。やがて土方は、ネオダダなどの前衛美術家の協力によって、『バラ色ダンス』（六五年）『性愛恩寵学指南図絵 トマト』（六六年）などの問題作を生み出し、大野はこれらに出演、さらに二人は及川の『ゲスラー・テル群論』（六七年）、互いの弟子、石井満隆、高井富子などの舞台に出演する。そして

六八年に、ソロ『土方巽と日本人　肉体の叛乱』を発表する。

大野一雄はこの舞台を手伝った後、長野千秋監督の『O氏シリーズ』の映画づくりに熱中する。そして九年の沈黙を破って、七七年、『ラ・アルヘンチーナ頌』を発表する。これは元々、弟子の上杉貢代（現、満代）、秀島實らとともに踊る舞台だった。それを土方がソロに踊り振付に専念するようになる。以後、『四季のための二十七晩』『静かな家』（七二年）などを上演するが、以降、自らは踊らず振付に専念するようになる。

それから大野は、「わたしのお母さん」（七八年）『死海 ウインナー・ワルツと幽霊』（八五年）、土方巽が八六年に亡くなり、『睡蓮』（八八年）『花鳥風月』（九六年）『天道地道』（九八年）などの作品を発表し、国内外で公演を行う。そして二〇〇〇年、『宇宙の花』公演時に舞台で転んだことが原因で立てなく

なったが、車椅子や椅子に腰掛けたまま踊り続け、その舞台も多くの人に感動を与えた。しかし、アルツハイマー症が、ジャン・ジュネの老男娼ディヴィーヌ、少女、裸身の男性、スペイン舞踊とタンゴなどが展開する極めて特異な舞台だった。これには多くのバレエ、日舞、ダンス関係者が集まり、大野一雄の本質的な再デビューといえるものとなった。

それ以降、海外から招聘され、欧米、南米など各地で公演を行い、舞踏を世界に広め、大野一雄の名は世界の舞踊関係者の間で知られるようになった。一方、土方巽は「四季のための二十七晩」『静かな家』（七二年）なども患い、片目は倒れる前からほぼ見えなかったことなどから、徐々に衰えて、近年はずっと病床で過ごしていた。

大野一雄と会う

大野一雄と最初に話をしたのは、一九九五年。『海外移住』誌を担当していた僕は、南米関係のエッセイの頁に大野一雄を登場させようと思った。というのは、大野一雄が南米公演を行い、そのことを文章に残しているからだ。そして、南米から日系人の舞踊家が学びに来ていることも報道されていた。当初、彼を取材しようとも思ったが、帰国していたので、ずっと会いたかった本人に取材することにしたのだ。

上星川のお宅に取材にうかがうと、駅から十分ほど、トンネルをくぐった先の学校のそばまで迎えにきてくれた。「この先、わかりにくいですから」という大野さんは杖を手にしている。恐縮しながら、丘の上の自宅まで案内された。そして部屋に通されると、大きいテレビとビデオを前にして座り、「これを後で見てください」という。七七年の『ラ

★ 1977年の「ラ・アルヘンチーナ頌」の公演会場にて

TH RECOMMENDATION

中川幸夫との野外公演の後、小さな場所で開かれていた中川さんの展示を見に行った。舞台を終えた大野さんは、慶人さんに車椅子を押されてきたのはいつも驚くほど血色がよかった。最後にお会いしたのは昨年夏、歌い手と一緒に楽器を持ってうかがい、『アメイジンググレース』などを聴いていただいたときだ。音楽には反応する体。それはあたかも人はほとんどいない。そこでカメラを構えて数枚スナップを撮ろうとした。すると、大野さんは踊り始めた。手で何かを掴み、宙に向かって放つよう、あの動き。自然と交感し、天に何かを届かせようとも見える踊り。シャッターを切り続ける、フィルムがなくなり、踊りは続く。フィルムを抜いて空シャッターを押し続けた。観客は僅か数人、十五分余り。ファインダーが曇った時にとっては自分の涙だった。

大野一雄が亡くなったという一報を知ったとき、頭のなかで「まさか」ぱり「もう」といった言葉がない混ぜになった。はっきりとした意識はない状態で数年間もたっていたので、いつかはこの日が来ると覚悟していた。しかし、会うたびに実に血色がよく、まだまだ生きるという、希望も含めた思いをずっと抱いていた。昨年十月の誕生日には行けなかったが、たぶん少なくとも今年一度、誕生日を迎えることはできるだろう、今年は行こうという気持ちだった。その意味では、突然の訃報という印象なのだ。

死せる舞姫

舞踏批評家、市川雅に『舞踏物語』という著書がある。タマラ・カルサヴィーナ、イサドラ・ダンカン、出雲の阿国、サロメ、ジョセフィン・ベーカー等々。そして踏、二○○三年の越後妻有での中川幸夫さんのチューリップと踊るアルヘンチーナの頁には、大野一雄『花狂』、岐阜の養老天命反転地での公演では土方巽の思い出はたくさんある。ど、大野さんでは真の「舞姫」だと思う。そしてともいえる名著がある。そして僕はた。ちなみに土方巽が踊る姿は、七七『ラ・アルヘンチーナ頌』のエンディングで舞台に上がった土方が大野さんと手を取り合って踊ったダンスを見たのみ。また、後に大野さんのスタジオ二○○でのトークの会でサインをもらったが、「言葉を交わした唯一の機会だった。大野さんがベッドから起きれなくなってからも、何度かうかがった。時ぱり「土方こそ真の「舞姫」だと思う。そして僕は、土方がな、女装した大野の踊りに驚いて以来、そこから大野と土方の出会いがあり、それが舞踏を生むきっかけになった。これは土方が女装したのみならず天荒さに驚いたのみならず、僕にちが感じる感動、思わず涙がこぼれるような体験をしたのではないか、と密かに思っている。やがて大野は、七七年、舞踏家アルヘンチーナを再発見して踊り続け、自らが舞姫となったのだ。

れてはいたが広報されないので、地元の方たちが見に来ていた。そのようにして、大野さんの大きい公演はほとんどこの十年ほどは大半見てきた。研究所に学びに来ている外国人のアトリエ公演や誕生会、数十年間、大野さんは聖史劇にも出演したりサンタを努めてきた、上星川幼稚園でのクリスマス会にも、外部の人間にも関わらず呼んでいただいた。二○○○年の大雨の中の四谷三丁目での野外舞踏、二○○三年の越後妻有での中川幸夫さんのチューリップと踊るアルヘンチーナの頁には、大野一雄『花狂』、岐阜の養老天命反転地での公演では土方巽の思い出はたくさんある。ど、大野さんでは真の「舞姫」だと思う。

アルヘンチーナ頌』の映像を自らビデオテープにダビングして、背にタイトルを書き準備していてくれたのだ。そしてインタビューが始まった。すると説明しながら、紙に黒マジックと赤マジックで図や文字を書き、やがて「こうやって赤子が」「宇宙が」「花がと踊り出す。さらに北海道の病院で踊った映像を流しながら、色々話が広がっていく。あっという間に四時間が過ぎ、テープはとうに切れている。一時間くらいというお願いだったので、予備に準備していればお悔やむ。すると稽古場の食事に誘われ、装を見ながらまた話す。さすがにそろそろと思ったら、「食事を食べていって」。初めての取材で食事をご馳走になるなどとさらに恐縮しつつ、食堂で戦争のときの話。気がつくと、合わせて六時間以上。そこでおいとました。

それからも公演のたびにお話しし、息子の慶人さんとも話すようになった。九九年からのアトリエ公演に誘われて毎回うかがった。友人の批評家やダンサーなどを連れていき、終わるとパーティとなって、山口昌男や岡本章、上杉満代さんらとお話ししたり、研究生たちとも親しくなる。そして慶應義塾大学の新入生歓迎行事、一般公開する折、体調が悪くなって、入院されたこ

舞姫へのオマージュ

深夜遅く一報を知って、眠れなくなった。そして朝七時に家を出ようかと思った。しかし九時まで寝て夕方訪れた。すると、七七年の『ラ・アルヘンチーナ頌』から撮り続けている同世代の写真家、池上直哉さんと入れ違い、納棺が済んだといわれた。慶人さんからは、「急に具合が悪くなって、入院した。レントゲンを撮ったら、肺が真っ白。肺炎が進行していた」と聞く。そして、多くの研究生たちに会う。池宮中夫・熊谷乃理子夫妻、大野十雄の父、信夫氏は五九年、大野一雄の『老人と海』の振付を担当した。それから夜中まで多くの人々と話し、翌日また訪れた。そんなお別れかと思ったが、葬儀は翌日、教会で行なわれ続いた。考えたらこの稽古場で本当に多くの人と知り合った。研究生でもないのに、よくお邪魔したものだ。

いま、毎日のように舞台で舞踏、ダンス、舞踊を見ている。そのなかには、まさに踊るために生まれてきたと思えるダンサーもいる。しかし、大野一雄のような『舞姫』には、二度と出会うことはない。そのことだけは、確信している。そして、大野一雄の踊りを見ると、なぜか涙が出る。その理由はいまもわからない。

今回、『Corpus』誌と本誌のために、追悼文を多くの方々にお願いした。すると、追悼になると思うからだ。これだけ多くの人々が大野一雄への愛を示そうとしていることは、驚くべきことだ。この世界に稀有な舞踏家の死、今後、絶対に出てこない稀有な『舞姫』の死に対して、僕はただ涙するほかない。生の大野さんの舞台を見ていない人も弔問に訪れたり、文章を載せており、本当に多くの大野さんを惜しんでいる。

ここでは届いた追悼文のいくつかを読者に紹介する。その多くの人々の思いと大野さんへ何らかの思いを多くの人が抱いているからだ。

多くのサイト、ブログ、ミクシィなどの日記に追悼の言葉が寄せられている。ほとんど即座に受けていただいた。また、

「上星川」岡佐和香（舞踊家）

心の深いところから、哀しみがたくさん打ち寄せてきます。

二十代前半の昼下り、居間でテレビのリモコンを押しまくっていました。そしたら、おじいさんが舞う姿が映りました。自然と涙が込み上げた。その後もテレビでお見かけしました。その後もテレビでお見かけした瞬間、自分を見つけた瞬間になったのか、上星川に稽古場があることを知り、と思ったものだが、実際に形になってそれはそこに存在していた。

彼に会いたくて、上星川まで行った。トンネルをくぐり、丘を登ると稽古場があり、その扉を開けたら一雄さんが座っていた。見学で来たはずなのに、気づいたら一緒に踊っている。舞踏がなんだか自分が何をやってるんだかわからなかった。でも魂は既に踊っているのが自分でもわかった。それから一雄さんが一人で踊り出したとき、ただわーっという涙が止まらなかった。じわ〜じゃなくてっ、うっうっぽたっという涙。一雄さんは踊りへの愛に溢れていて、いまも流れ出してしまいそうだった。「ブラボー！」という誰かの叫び声がした。

一雄さん、本当に大切なモノに出会わせて頂いてありがとうございます。先生の立居振舞から学んだことを大切に、生きてゆきます。安らかなご永眠を、心からお祈り致します。

大野一雄舞踏研究所だったのだ、と今感じています。そして、一雄先生という大きな存在だったのだと、今感じています。

出来ない私でも、受け容れてくれ、成長させて頂いた、温かい場所。それが大野一雄舞踏研究所だったのだ、と今感じています。

古場の人たちともよく話せませんでした。稽古の後、みんなで語らう和やかな時間が辛かったのでした。舞台にも立たせて頂き、生半可なキモチや生き方では踊れないことを思い知らされ、寝込んでしまったこともありました。それでも通い続けました。

当時私は、まわりに壁を築いていて、稽古場の人たちともよく話せませんでした。

「ブラボー」原口真由美（モデル・舞踊家）

初めて上星川の稽古場の扉を開けたのは、私がまだ二十歳の頃だった。「舞踏」というものを知る前に、大野一雄という人物に興味があり訪れた。その一雄さんが亡くなった夜、風呂場に立ち、裸で手を合わせていました。祈った瞬間、強い光ちらみがして、それでも集中していっ方で踊ってるあなたが突然見えました。「やっと踊れる」と嬉しそうな表情を

TH RECOMMENDATION

「ある日のアスベスト」 泰造（舞踏家）

ある春の夕暮れ時のアスベスト館でのことです。

たくさんの生徒さんのなか、先生は静かに腰を床に沈め古びた大きな鞄の中から手書きの文字で埋め尽くされた資料を取り出すと、まるで呪文を唱えるかのように語りはじめました。やがて優しく立ち上がり始め私達を宇宙に導きはじめてくださいました。

ただまわりが楽しそうに踊ってるなか、舞踏はおろか踊ること自体その日が初めてだった私は、何をしたらよいのかまったく解らず、とまどいました。

それでもとにかく、せっかくここに来たのだからと先生の真ん前に滑り込みました。その後、私自身何をしたかはまったく覚えてませんが、たぶん、無我夢中になり踊り始めたのでしょう。

「フリースタイル‼フリースタイル‼」

目の前であの大きな手を振りかざし、叫び、床を力強く踏む姿だけが鮮明に脳髄に焼き付いています。

今は静かに休まれてることでしょう。ご冥福をお祈りいたします。

風になり
雪石となり
花弁になり
砂となり……。

宇宙で舞うあなたに 心からの拍手を！

見てまた涙が止まりませんでした。祈るのをやめて、私はブラボーと叫びます。

「巨木」点滅（舞踏家）

私の舞踏は、大野一雄先生とともに踊ることから始まった。

土方巽記念アスベスト館に初めて足を踏み入れたその日、教えに来られていたのが大野先生だった。先生は何やら虚ろな目で自分の内なることを話されていたかと思うと、ゆっくりと踊り出された。

当時はまだ車イスではない。それについには全員一人、ついには全員一人、また一人、踊り出す。私も初めて踊った。心地よい空間。鮮烈な体験。初めて舞踏というもの、初めて巨木に触れた。今でも鮮明に思い出す。未知なる扉を開いていただいた。そして中から「おいでおいで」と手招きされた感覚。もう十七年も前の話だ。

その後、私は『赤色彗星館』を主宰、封印後はソロとして活動しているのだが、何度も踊らせたいためにあの場所へもう一度たどり着きたいがために踊り続けている。無心になった時のみに垣間見られる、あの時の風景へ。

大野一雄先生、ありがとうございました。

「出陣する」大村未童（舞踏家）

私にとって舞踏とは、大野一雄のことです。三十九歳のとき、役者をやっていた。

先生がつぶやいたあることを、先生のお世話をしている研究生が書き留めたノートを盗み見した。

「誰か、出陣する人はいないの？ こんな年寄りにいわれても出陣しないようじゃ、これから始まらない。大丈夫、すべてうまくいくから」

先生、大村未童、私は出陣します。私は、あくまで、大野舞踏を追い求めたい。

見事なカーテンコールでしたよ！ 先生──これからもずっと、トゥギャザーですよ‼‼

（ジュネーブにて。六月三日）

先輩の演出家にサロメをやらないかとオファーがあった。美貌、妖艶、処女。私が？無理でしょ？ 演出家は私に写真集を観せた、大野一雄。私の書いた戯曲にパフォーマーという名のダンスでもマイムでもない、魂で表現しようとする役が私の理想を投影した役だ。私が演じる。何度も観たが私には手が届かなかった！ 初めて観た大野先生の写真！ 私が演じたかったのは、彼だ！ 驚いた。こんなパフォーマーが現実にいるとは。あれから大野一雄舞踏研究所に通い、いま四十八歳、いっそう手が届かない。

197　★（上）平野克己監督「魂の風景」のロケ風景（1990年）／（下）ゲッティンゲンにて（1990年）

「愛に対する欲望」 長岡ゆり (舞踏家)

十代で大野先生の『ラ・アルヘンチーナ頌』を初めて見たときから、大野先生は私のアイドルだった。だから追っかけのように情報を集めては公演を見に行った。魂を何かに捧げて踊る、誰かに奉仕するかのように踊るその姿は、私自身が踊ることへ勇気と指針を与えてくれた。そして老いてしまった人は、世界中に他に一人もいない。こんなことを近代以降と個人で実現してしまった人は、世界中に他に一人もいない。そして老いてしまった人は、世界中に他に一人もいない。この世界にあまねく存在するその何かとは、この世界にあまねく存在する神の愛のようなものではなかろうか。今この瞬間に触れているモノや人に対する普遍の愛だったのではなかろうか。その、愛に対する欲望の強さが、あのような強く美しい形となって世界中に顕現したのではないかと思う。大野先生や故土方巽氏の偉業のお陰で世界中に舞踏の種が撒かれた。それを育てていくのは我々後進の者たちの責任でもあると思う。大野先生、本当にありがとうございました。いつかあの世で再び先生の舞踏を拝見できるのを楽しみにしています。

「永遠の人」 最上和子 (舞踏家)

私は大野さんの厚化粧とごってりしたおおげさな衣装が好きだ。踊ること、

「そこにいるんだろう」 飯田晃一 (舞踏家)

大野一雄を三度みた。一度目は、川崎市立岡本太郎美術館での土方巽展のレセプション。二度目は元藤燁子のお別れ会で、かつて『バラ色ダンス』を踊った場所。舞踏と出会ってから、多くの時間が変

「大野一雄さん」 南阿豆 (Minami Azu、舞踏家)

大野一雄さん、踊っているお姿を拝見したかった。私が出会うにはあまりにも遅すぎた。
踊りと生が一体になっている。死してもなお、踊り続けているような風格。そう私も在りたいと心から思います。踊りへ出会ってはいけない異様なモノを見たとから知ったショックだった。それが大野一雄とから知ったのはずっと後、福岡の田舎から東京へ出てきてからであったが…。東大の駒場寮に学生でもないのに半端に住み着くようになって、そこで舞踏家と呼ばれる人たちと知り合うよう

舞台に立つことは、自分以外の、現世のスケールを越えた存在になることであり、ハレを生きることである。黄泉の国からこちら側にやってきた者を生きるという王道があるから。大野先生は本来の姿があるから、という踊り本来の姿があるから。こんにちはという人間の精神において、ただそこにいる人間の精神においてに応えようとするもの、ただそこにいることにほかならない。魂の存在です。

もう一つが笠井叡と大野慶人のデュオ公演『め』であった。寄り添う大野慶人の姿が、欠かさず在る。そこにいる才能。同じ空気を吸うこと。その場にいることができるセンス。前にも出ず、後ろにも引かず、寄り添いながら、ただ逃げず、立ち向かいもせず、ただそこにいる大野慶人。大野一雄は本当にいるのだろうか。大野一雄は何をしているのだろうか。何を感じたのだろうか。彼の、何を。ジャム瓶の蓋がなかなか開けられない。ふと力を抜いて試す。蓋がするっと開いたが、同時に肉体の感覚を見失った。この明滅する現象は…。大野舞人の行方は何処へ。旅情を呼び起こされる春の青さよ、月光を浴びて轟沈する軍艦か、希望的観測の道しるべに立つ貉であるか。いや、ただただそこにいるんだろう、大野一雄は。ね、慶人さん。

「大きな象徴」 ノブナガケン (音楽家)

舞踏家・大野一雄が亡くなったことを知ったとき、自分でも意外なことにこみ上げてくる思いがあった。
私が大野一雄を初めて見たのは遠い昔のテレビの中だった。たぶん小学生の頃だったと思う。もうその時の感覚や記憶はあいまいなのだが、その記憶の中に残っているいかし、かの中に残っているからずっと私の中に残っているような振舞いで踊る彼の映像に、当時の私は何か見てはいけない異様なモノを見た気がしてショックだった。それが大野一雄だと知ったのはずっと後、福岡の田舎から東京へ出てきてからであったが…。

わっていった。大野一雄さんや土方巽さんが舞踏を確立してくれたお陰です。本当に感謝してます。もったくさんの人が舞踏に出会って踊りの面白さを感じ、これからは共に、踊っていきましょう。心や記憶の中だけでなく、肉体に大野一雄さんの生と死を感じながら。

★(左上)土方巽に「ラ・アルヘンチーナ頌」の振付けを受ける大野一雄（1977年）
　(右上)「睡蓮」1988年
　(右中)「死海」1985年
　(右下)「わたしのお母さん」1981年
　(下段左)「サイレント・ナイト」1992年
　(下段右)「老いの力」1993年

なった。音楽をやっていた私はそのうち一緒に共演したりする企画をしたりするようになった。それから共に企画をしたり、カンパニーでスペインや韓国公演に行ったり、大野フェスにも参加したりした。いまでも舞踏家、コンテンポラリーダンサーたちと共演することは多い。だが実際に私が急速に舞踏に惹かれてからだ。大野氏の稽古の言葉」という本と出会ってからだ。音楽と舞踏という表現形態は違っても、そこに何か「表現」や「存在」の本質的なものを感じとったからだと思う。私は主にパーカッションをやるのだが、特にドラムなど全身を使う楽器をやっていると自然と身体に興味が行くようになった。そういうつながりもあったのかも知れない。

人はいつか死ぬ。それはわかっている。しかし一〇三歳という高齢でありながらも、最期まで舞台に立ち表現する意欲を失わなかったという。それを思うとき私は、人間の生や存在の妙、広大な表現の海原を感じる。そこまで大野氏を突き動かすものはなんだったのか……。身の引き締まる思いがする。

人は死によって何かに気づかされることがある。私は大野一雄の死によって、自分の内にある「思い」に気がついたのだっ

た。結局最期までお会いすることもなかったが、「大野一雄」はこれからも私にとって表現の先生でありまた、大きな「象徴」であり続けるだろう。

「立ち戻る場所」亜弥(舞踏家)

ヨーロッパ旅行中にマチス美術館に行った。圧倒されるほどのリズミカルな作品の数々。センスの良さ。素晴らしかった。当時デザインの勉強をしていた私にとってワクワクする刺激の連続だった。その後、シャガールの大きなステンドグラスがある教会に行った。まいった。マチスが飛んでしまった。その中に足を踏み入れたとたん「かっこいい」とか「センスいい」が及ばない、空間の粒子が一斉にキラキラしている中に包まれてしまった。マチスが良かったことはすぐ恥ずかしさであって、胸の中にしまい込んだ。

私が大野さんから受けた感激はそのシャガールに近い。失礼を承知でいえば、中では話は繋がっているのかもしれない。大野さんとは、私が日本にいる間、劇場やレセプションで何度かお会いした。「イタチがね、イタチがすーっと走ってくるの!大野さんが突然叫びだす。死海の話をしているのにこの人は…。でも彼の無垢で無邪気な姿をさらけ出して、愛の鱗粉をまき散らす蝶のように踊る。郭が溶けて空間が粒子になってはじけたばアーティスト同士というだけの関係でも、師弟でもなく仲間でもなく、いわけれど、師弟でもなく仲間でもなく、いわことを通じ、逝かれた人から学んだ記憶一つのこと、それは踊り続けること。踊る得ません。私たち踊る者にできるたった宙の流れの上にいることを感じざるを人の命も、私たちも超えた大自然の宇大野一雄先生が旅立たれました。

「旅立たれた大野一雄先生に捧ぐ」竹之内淳志(舞踏家)

「長距離ランナーの幸せな最期」有科珠々(Arishina Juju、舞踏家)

にお眠りください。
大野さん、お疲れさまでした。安らかさった大きな贈り物です。あるという希望を与えてくださったこ長年続けていれば踊り続けられることも涯現役であり続けることの難しさを思うと、生踊り続けることの難しさを思うと、生への情熱を失わない眼の輝きやかで微笑みをたたえ、いつまでも踊り前でさらさら踊られていた姿、そして穏景の試写会の際、そのままスクリーン訃報を聞いて思い出すのは「魂の風

われた大野さん。
後お会いする機会がないまま逝ってしま大野さんのパリ公演が中止になり、その移住して間もない頃、楽しみにしていた九〇年代の終り、私がフランスに

した。

中身ばかりの清冽な生きものが 生きて動いてさっさと意慾する」高村光太郎『智恵子抄』の一節をいつも思い起こす。このような表現を明確に届けてくれた大野さんに、自分が生きている時代にほんの少しでも触れることができたたことを感謝します。

そして、そういう行為をリアリティもって切り開いた大野さんの体験や勇気、その表現を支え守り抜いた御家族お弟子さんたちにも感謝します。見守り見つめ続ける存在が、必要な人だったのではないでしょうか。

今これから生き続ける自分にとって、真摯に生きた大野一雄さんの存在を、立ち戻るひとつの場所として大切に身に入れていきたい。ありがとうございました。

ことを心に刻みつけること。それが、深く祈

「追悼・大野一雄」 吉田悠樹彦（舞踊批評家）

近代日本のパイオニアともいうべき洋舞家たちと同年代の舞踊家たちは、いずれも幹が太くしっかりしている。大野一雄は現代舞踊の宮操子と同じぐらいの年月を生きた。大器晩成で舞踏のみならず現代舞踊においても独特な意義を持つ稀代の舞踊家だった。筆者は学生時代にまだ意識がしっかりしているころ、立ってもいる時代に会話をしたことがある。ダンサーが踊り終えた後の独特な雰囲気がとぽりとした話し方が心に残っていて、著作には登場するスウェーデンボルグのイメージを話してくれた。二〇〇一年に『花』(新宿パークタワー)を見たときは、足にノイエタンツのような自由な動きがでていたことも印象深かった。

評論家の合田成男さんの「この人は撮っておいたほうがいいよ」との一言で出かけた舞台が一九七七年十一月一日の「ラ・アルヘンチーナ頌」。二十三歳の私が出会った世界は、形容しがたい衝撃の舞台だった。それゆえ、二日目の公演に行く勇気が出ずに暗室にこもり、写真の現像に費やした。できあがった写真をすぐに上星川のお宅にお伺いして見ていただくと、数時間にわたって話が弾み、最後はチエ夫人手料理のステーキと赤ワインを頂き、至福の時を過ごした。以後、先生の舞台を撮ることがライフワークになっていったのだが、踊りに対する執念と試行錯誤される姿には常に圧倒され続けた。最高の一瞬を捉えるために最善を尽くしたつもりだが、今となっては自信がない。先生の限りなくして踊った世界を写真を通じて次代の舞踊家に伝えたいのが、今の私に課せられた仕事だと思っている。先生との三十三年間、本当に幸せでした。

「眠り続ける踊り」 吉本大輔（舞踏家、『ラ・アルヘンチーナ頌』舞台監督）

十一月の「ラ・アルヘンチーナ頌」の舞台袖、今日の葬儀（二〇一〇年八月五日）の「眠り続ける踊り」に。

「いよ〜〜〜、大〜〜野〜〜〜！！」

踊る事であることを信じます。

七年前の春、大野一雄舞踏研究所でじねん舞踏『Stone—石』の公演をさせていただいたときのことを鮮やかに思い出します。僕が踊っている公演の最中、何か懐かしい、合いの手のようなリズムで、囁きのような声が繰り返し聞こえました。「背中を押してくれ…、踊るんだ…。背中を押してくれ…、立つんだ…、踊るんだ…」。それは車椅子に座る大野一雄先生の声でした。その声は私の体と心に刻み込まれ、今も踊りの最中、はっきりと聞こえてくるのです。

踊家たちも高齢になっても死しても、社会に希望を与える存在でいて欲しい。

「慈しみ」 片山雄一（演出家、劇作家）

一九九五年だったと思う。私がまだ二十歳で学生の頃、師である金杉忠男の四谷アトリエ開きで、大野一雄さんは踊られていた。パネルの代わりに壁一面の鏡張りの世界の中、白塗りで正装をした老人は、まるで放課後の教室で戯れる子どものように無邪気で屈託がなく、純粋な生の喜びと、無私の力にあふれていた。

あれから十五年が経ち、四谷のアトリエも取り壊され、もう金杉忠男も、大野一雄もいないのだが、あの日体現した時間は、未だに私の心の大きな部分を占拠している。追悼に際して、不思議だけど悲しみはとても少ないように感じる。それよりも、なぜだろうか、なにか優しさのようなものを持ってその死を受け入れている自分がいる。きっと、初めて出会ったあの日の踊りがそうさせているのではないだろうか。

といっても、舞台袖からなので変わった見方があるだろうと思われても、やはり大野さんの踊りは横から見ようが、客席から見ようが何ら変わることがなく、むしろ、このごろ時間が過ぎように思えるが、一九七七年さんの姿しかありません。

小生、ほとんど舞台の袖から見た大野さんの自慢として間近に接した特権を感謝いたします。

「大野一雄先生との運命の日」 池上直哉（写真家）

舞台写真家への道を歩みだしたころ、

への移動の最中に聞に、成層圏の彼方の水母のように浮いている偉大な芸術家の意識をイメージさせた。現代を生きる舞危篤から訃報へというニュースは英国

※2010年夏刊行予定の『Corpus』第8号でも大野一雄追悼記事あり。寄稿に笠井叡、上杉満代、小林嵯峨、山本萌、岩名雅記、池田龍雄、古沢俊美、中村文昭、長谷川六、石井達朗、林浩平 他。

★映画監督W・シュロイターの撮影風景

80年、ナンシー演劇祭の大野一雄

●写真／文＝神山貞次郎

パリの東駅から急行で東へ三時間余、美しいフランスの田園風景の中に広がるナンシー市は、十九世紀から二十世紀初頭にかけて世界に広く影響を及ぼした芸術運動アール・ヌーボーの中心地、発祥地としても有名な町でもある。日本でいえば金沢市といった感じの地方都市である。この町で二年おきに開催されていたナンシー国際演劇祭は八〇年代半ばに幕を閉じた。

一九八〇年五月に行われた演劇祭は十四回目にあたる。世界各地十七カ国から四十余りのグループが参加し、演劇だけでなく舞踊、音楽など、広いジャンルの公演が行なわれた。特にこの年の日本から参加は、前回参加の寺山修司や鈴木忠志の演劇系ではなく、大野一雄、笠井叡らはストラスブルグ、ロンドン、シュトットガルト、パリ、ストックホルムと欧州各地を二ケ月余り巡り続けた。

大野舞踏団の団長役の舞踊評論家市川雅氏は、大野氏の余りにもエネルギッシュな行動を目の前にして、日本を立つ前心配は全部吹き飛んだと言った。

滞在約一週間の公演等撮影の為の舞踏等をこなした。ドイツの映画監督W・シュロイター氏の強い要望で、映画撮影の為の舞踏等を通して、毎回違う表情の舞踏家大野一雄がそこにいた。その後、彼らはストラスブルグ、ロンドン、シュトットガルト、パリ、ストックホルムと欧州各地を二ケ月余り巡り続けた。

田中泯、山海塾等全て、舞踏系であることと。他に、カナダのマギー・ギリス、ドイツのピナ・バウシュ、さらにオランダからも実験的ダンスグループが参加するなど、芝居ではない肉体言語によるパフォーマンスがフェスティバルの中で大きな比重を占めていたことは特筆される。

その中で、当時七十五歳の大野一雄は精力的に動いた。公演は合計七回。『ラ・アルヘンチーナ頌』四回、『おぜん』また胎児の夢』（他に上杉貢代、中村森網、池部篤治、秀島實が共演）三回。更に、クリスチャンであった氏の願望であった、信仰の証（イエスの招き）の為の教会での胎内舞踏。ナンシー演劇祭全体を映画におさめていたイツの映画監督W・シュロイター氏の映画撮影が行なわれたのは、五月晴れの空の下、ナンシー郊外の運河のほとりだった。『おぜん』に使用した白い胎児の衣裳を着けた大野一雄は、白い花飾りを髪につけ、花と樹と運河に囲まれた風景の中で少女のように舞った。ホテルに歩いて帰る道すがら大野さんはそっと呟いた。「今日、母親の胎内から私自身が掻き出しましたよ」そして大きな手を空に突き出し上げ、ぐっと胸に引き寄せた。

★約100年前に建てられた、天使の舞うステンドグラスの天蓋（写真右）と、舞台正面の壁を形成する巨大なパイプオルガンがあるサル・ポワレル（ポワレル劇場）

TH RECOMMENDATION

優しい視線で大野さんを撮り続けた吉田隆一さんを偲んで

●文=いわためぐみ

大野一雄さんに魅せられて、彼の写真を撮り続けた写真家は少なくない。本業を問わず多くの舞踏家の舞台には数名の写書No.28で、100歳のお祝いの大野一雄写真展「秘する肉体」を紹介したが、当時出品した写真家は47人。大野さんに限らず多くの舞踏家の舞台には数名の写真家の姿がよく見られる。

舞踏の現場で写真を撮ることには特別な魅力があるのかもしれない。劇場のみならず、ギャラリーや野外の土の匂いを感じることができる場面など、公演形態も作品同様に挑戦的で自由だ。ときには、公演本番がまるで写真撮影会のようだ、と観客から抗

★デュッセルドルフで開かれた大野一雄展での吉田隆一（写真：池上直哉）

議されることもある。

大野一雄さんが踊る場にはいつも何人ものカメラマンがいて、大きなホールでの公演の本番はともかく、野外の公演などでは、にぎやかなシャッター音に応えるように踊る大野さんの姿があった。「サンキュー」と応える大野さんの姿を思い出す。思い出しただけで、涙がこみ上げる。あの場に立ち会えたこと。踊りを観ていたこと。その場は、作品を観るだけじゃなくて、伝えたいことを踊る大野一雄さんの気持ち、記憶、想いを、受け止めた観客が、ありがとうの想いを大野さんに送ることで成立していた。拍手、花束、握手……そして、シャッターの音が、大野さんが踊ることを肯定していたのだと私は思う。

舞踏の公演であっても、舞台写真を「記録写真」としてしかとらえない演劇畑の製作者は「写真なんて一人入れば十分」と、記録者を特定して撮影を禁止する。「写真のために公演しているわけじゃない」という。けれど、作品は作った側が傲慢に発表するものじゃない。批評のない分野は廃れるというが、こうして作品を受け取った側が言葉や映像や写真で作品から受け取った何かを発表し

ていくことを肯定する側にいる私たちが、表現者としての写真家とも大事な関係を作れるようにしていかなくちゃいけないじゃないのか。歴史的な公演が、盗撮によってその価値を残された……そんな事例を撮してでも撮りたかったという撮影者の欲が、むしろ作品の価値として、評価のように感じられないか。

私はそういう気持ちで舞踏の企画にかかわってきた。そんな私の舞台写真観を育ててくれたのは、舞踏の現場。大野一雄さんの舞台写真を、本当に淡々と撮り続けていた写真家の一人だ。まるで家族が大事な行事のときに写真を撮っているような、そんな視線の優しい人だった。

最後にお逢いしたのは、2009年10月27日。大野一雄さんの103歳のお誕生日の日に、上星川の大野先生のご自宅だった。箏を演奏する私は数年前、ご縁あって「今度はぜひ、一雄の部屋で『六段』

★大野一雄フェスティバル2007年にて（写真：吉田隆一）

TH RECOMMENDATION

を演奏してください」と優しい言葉をいただいた。「六段」は一雄先生にとって、大事なおかあさんの思い出の曲。半端な演奏はできないと思った私には、重い果たせない約束になってしまった。そんな私の背中を押してくれたのが吉田さんだった。

「先生のおかあさんだって演奏家だったわけじゃない。先生が欲しいのは立派な演奏家の音じゃないんじゃないのかなぁ。弾いてあげなよ。約束したんでしょう？」

約束を果たしにでかけた上星川の家に、いつものとおり、吉田さんはカメラを抱えて座っていた。直前に会ったときと比べてずいぶん痩せていて、

大好きなお酒もあまり口にしないので、ちょっと心配だった。

その日は「特にお誕生会はしませんよ」と、アナウンスされていたけれど、前日から用意したという慶人さんの手作りの料理と、やってきたお客様をすべてあたたかく迎える空気があった。それが大野家だった。

私は一雄先生の休まれている部屋で「六段」を弾いた。吉田さんはいつものように、写真を撮ってくれた。「またね。次にあうときまでに写真焼いておくよ」それが、いろいろな意味で、最後になるなんて思ってもみなかった。

今回、大野一雄さんの訃報と共に、吉田さんが他界されていたことを知った。

すでにこの春、吉田さんの優しい視線の先にあった大野一雄さんとの日々をここに紹介したいと思った。

上星川の幼稚園では毎年のクリスマスに、一雄先生がサンタクロース

★上星川幼稚園でサンタクロースに扮した大野一雄。
上は2007年、下は2006年（写真：吉田隆一）

になって訪問していたという。車椅子に乗ったサンタクロースと子供たちの交流。そんな場面でも、吉田さんは優しいまなざしで、いつものように写真を撮っていた。なんだか、涙がとまらなかった。

吉田さんだけでなく、貴重な瞬間をおすそ分けしてくれる写真家さんたちに、大野一雄さんの声を思い出しながら、「サンキュー」の言葉を送りたいと思った。貴重な記憶を作品にしてもっと発表していただく企画をちゃんと形にしていかなくては、と残された私の宿題にさせていた

★大野一雄フェスティバル2006にて、舞台を見つめる大野一雄と吉田隆一（左手前の白いシャツ）（写真：池上直哉）

加納星也

第1回
熱視線と消耗の間で
――可能な限り、この眼で探求いたします

ある国際便のなかで普段見ないメジャー映画というものを集中的に見た。『アリス・イン・ワンダーランド』『2012』『アバター』『ラブリー・ボーン』などなど。世の中一般では、こうした映像が映画といわれるものなのだろうが、僕は普段見慣れていないせいか結構興味深く、そして非常に視神経が疲れ果てた。

何故こんなに疲れ果てたかというと、映画は実に良く出来ていたからである。これは、今更ながら僕が言わないでもいいことだろうが、おもしろくすら見してしまうのである。というより強引に見させられるのである。昨今はメジャー映画でも内容はマイナーなファンを喜ばすほど細かいところに気が配られ、実にマニア心をくすぐってくれるのだ。とにかく映像はバーチャル技術という観点に立てばみな完璧に近い。しかし疲れるのである。視神経のみならず、何かが本当に消耗するのである。まるで、ロールプレイングゲームにはまった後と同様のどうしようもない徒労感に陥るのだ。

という訳で、ここでは僕がこうした何かを消耗しないでも、非常に興味を持ったものを紹介することになる。それは、僕の眼が本当においしいと思ったものを、和洋中や食材やその材料費に関係なく、実際に食べてみたり触れてみたりしようと思う。いわば探求する眼のつぶやきである。

馬鹿しいと思いながら全編完見してしまった。出演者の一人には美少女もいるのだが、そんな男子の目線には関係なく、あや野のカメラアイは、あのメジャー『アイコ16歳』で隠蔽されていた女子の欲望と真なる物語を語りだす。それを語らしめるのは友人、自分のお母さんから、しまいには、美少女人形リカちゃんの恋人ジェフ君まで登場させ、かのハンサムボーイをストーカーに見立て、これでもか女子中学生の仲間で作られた映像ごっこの短編であるのだが、その常識も狙いもない、純粋な少女本能の表出には馬鹿にもいじめというテーマが唐突にコペ

『あや野13歳～人や人形で遊んでいたあの頃～』（あや野マニュファクチュア）は、本誌でもおなじみのあや野とうアーティストの中学生時代のビデオ作品を集めたもの。それこそ女子中

ルニクス的展開を見せる『積み木崩し』がおすすめ。

『dancingdolls』は写真家でもある加藤公和の新作ビデオ。『表現としての舞踏ではなく、何者かに動かされて舞う無意識のダンシングを映像化』しているとある。Juri（タナカジュリ）、azu（南阿豆）、中川（敬文）、譱財（大輔）といった舞踏手が主演している。というか、被写体になっているというのが正しいのかもしれない。彼らは文字通り裸で公和のカメラの前に立ち、公演の舞台とは全く違った状況で、各自のダンスを提示する。そこで提示されるのは誰かが意図した振り付けや運動ではなく、カメラと生の肉体に間に横たわる、もうひとつのダンスと呼べるものかもしれない。その映像はまた彩ら自身が気づかない魅力をまた際立たせている。

映像アートの祭典「イメージフォーラムフェスティバル2010」の一般審査通過作品では、うろこのある少女の物語をどこの国の物語でもなく、アニメともコラージュともつかぬ不思議なイメージでつむいだ『PEZOSIREN DAUGHTER』［松尾奈帆子／ビデオ／15分／2009］、8ミリフィルムのフッ

TH FLEA MARKET

東京 2010年4月28日(水)~5月5日(水) パークタワーホール 京都 2010年5月11日(火)~5月16日(日) ドイツ文化センター
EXPERIMENTAL FILM / VIDEO 映像アートの祭典
24th IMAGE FORUM FESTIVAL 2010
イメージフォーラムフェスティバル2010
特集 手への回帰：ドローイング・アニメーションの力

★「あや野13歳~人や人型で遊んでいたあの頃~」DVD

★「あや野13歳」DVDより、上から「積み木崩し」「ちょっぴりにこブン」「ストーカー追う男」

(右)「dancingdolls」
(左)「シルビアのいる街で」

アの眼差し」(トーキョーワンダーサイト渋谷)でのマルクス・シンヴァルドの映像インスタレーション『Ten In Love』(35ミリ→DVD、4分37秒)は、奇妙な近未来的なドームで立ち尽くす人々の愛の行動を奇妙な静けさとユーモアで描く作品。出演者の存在感とそれを支配する自動人形的な動きのフレーズが絶妙。こういう一見何げない設定の中に見えるニュアンスの深さは、やはりお国柄なのだろうか？

最後に、これから注目される作品として、愛の熱視線がいきすぎて、ストーカーすれすれの危険な美しさと、明確な正統的映画の伝統を継承するスペインの鬼才ホセ・ルイス・ゲリンの「シルビアのいる街で」(7月下旬~、渋谷シアターイメージフォーラム)と、あまりに身近ゆえ、長らく個展発表が途絶えていた映像作家・万城目純のレトロ/プロスペクティブ『万城目純 8ミリフィルム&ライブ』(8月14・15日、渋谷アップリンク)、神戸在住の実験映像作家・小池照男『生態系ダンスプロジェクト(映像+ダンス)』(8月13日、武蔵小金井アートランド)を挙げておこう。

テージを繰り返して、一見不調和ないギリス的なジグのメロディーにのせて独自なイメージをうめこんでいく試み『子どもが虫の死骸を埋めにいく』[葉山嶺/8ミリ/11分/2009]が気になった。

また、そのフェスの第一次審査通過作品から選ばれた時代を担う「ヤングパースペクティブ2010」では、タンザニアの邸宅における午後のまどろみの風景を、明晰な構図で切り取った『Cloud Land』[仲本拡史/ビデオ/12分/2009]、虫的なものに関するこだわりを、音楽、展開とも徹底させたアニメーションといっていいのか『an A』[丹下友希/ビデオ/14分/2009]、シングル8特有なにじむブルーの色調と浮遊するカメラ目線を今更継承する『ahead, we?』[しらくまいく子/ビデオ/7分/2009]が印象に残った。「サイコアナリシス：現代オーストラリアス・現代オーストラリ

小林美恵子

よりぬき[中国語圏]映画日記

映画にとって国際化・ハイブリッドとは——「行きて帰らぬ」物語

■パリより愛をこめて／仏一〇年／監督＝ピエール・モレル

リュック・ベッソン原案、パリを舞台にフランス人がハリウッドの俳優たちを主演に撮った大活劇。ハイブリッドな映画、混成雑種性が活劇の迫力を生んでいる〈朝日新聞6/15〉と好評だ。確かにスピーディな話の展開、アメリカから来た型破りなCIA捜査官と大使館員にして気弱な見習い諜報部員リースの掛合いの妙、あっと驚かされるテロ犯の正体、そしてリースの苦悩と、まさに息つく間もなく引き込まれる。しかし、ふと思うのは「これって、ホントにハイブリッド？」。

彼らが、テロ組織の金づるだとして麻薬密売の摘発に乗り込むのは中国人が経営する中国料理店。テロ組織の黒幕は、あきらかに中東人の風貌・スタイル、パリを訪れるアメリカの政府要人の一行が狙われ、自爆テロをしかけるのは女性。二人のアメリカ人はパリの街に住みつくアジア人や女性に大量の銃弾を見舞い、パリを引っ掻き回して引き上げて行く。パリの風景は描かれても生身のフランス人は彼らにとって単なる背景でしかない。そしてアジア人やアラブ人は悪、それを制圧するアメリカ人は正義というハリウッド的なステレオタイプがあいかわらず幅を利かせている。

今や、映画はあたりまえのこととして国境を越えて製作されている。越境や混成は新しい視点を生み出すはずだが、実際にはそれはなかなか難しいとのようだ。だがハイブリッドというからには、混成されるそれぞれの要素は対等に、主体的に在ってほしいと思う。

さて、それでは中国語圏映画はどうか。本誌三十八号でも紹介した『海角七号』（台湾〇八年／監督＝魏徳聖）の舞台、台湾最南端の海辺の町恒春は、藤井省三東大教授によれば、ネバーランド、死と再生の行われる神話的世界として描かれているという。街の端にある「西門」をヒロイン友子らの乗ったバスが通り抜けられないというシーンがある が、この門を通ることがその世界への通過儀礼となっている。そうして入った恒春の街では台湾人、先住民、客家人、老若男女が混じったバンドが組まれ、日本人の友子もマネージャーとして加わって、混成社会の中で怒りや苛立ちながら次第に再生を果たす。やがて彼品を撮ってきたトウ監督の初の「国際化」映画だ。

■冷たい雨に撃て、約束の銃弾を／仏・香港〇九年／監督＝杜棋峯（ジョニー・トウ）

香港やマカオなど中華圏に徹して作

女もこの混成の一員として生きていくだろうことが、同じ日本名を持つ台湾の六十年ぶりの「和解」とともに示される。友子は「行きて帰らない」。

異文化社会がネバーランドとして描かれること自体は新しい現象ではない。主人公はその世界にひょんなことから飛び込み冒険をする。ここでは異文化社会はあくまでも主人公の影響力を受ける客体的な存在であり、異文化があるがままに受け入れられることはない。ドラゴンは倒され、姫は幽閉から救われなくてはならず、主人公はその後、その世界を捨てて元の世界に戻る。いわゆる「行きて帰りし物語」である。しかし、帰ってしまう以上、異文化社会から飛び込み以上、国際化も起こりようもない。だからハイブリッドにとって主人公が「行きて帰らぬ」ことは重要な意味を持つのだ。

中国人と結婚しマカオに住む娘の一家が襲われ、家族が惨殺される。元殺し屋、今はフランス料理店を営む父は復讐のためにパリからマカオにやって来る。彼を助けるのは、トウ組の常連、アンソニー・ウォン（黄秋生）、林家棟、林雪が演ずる三人組の殺し屋だ（考えてみれば、英国人の父を持つ黄秋生、天津から渡ってきた林雪を含むこの三人組も「混成」とも言える）。

殺し屋時代に頭に受けた銃創がもとで、記憶を失いつつあり、なぜ復讐をするのかさえ忘れてしまう頼りない主人公を助けて三人組は侠気を発揮、命さえかけ復讐を遂げる。美しい夜の森、広大なごみ処理場などで繰り広げられる銃撃戦の様式美。娘の残した食材で主人公がシェフの腕をふるう食卓、妻子づれでの殺し屋たちの夜のピクニック、主人公が匿われる海辺での大勢の子どもたちとの食卓。それに例によって品の悪い敵役を演じるサイモン・ヤム（任達華）。情緒味やユーモアもまぶして、トウのロマンがまさに全開する。おもしろいことに、主人公がフランス人である、ということは物語の中ではほとんど意味を持たない。もちろん、

ここにはフィルムノワールを愛し影響を受けたトウ監督の夢はある。しかし、物語としてはジョニー・アリディ演じる主人公はアメリカ人であっても中国人であってもかまわない。あるのは私怨だけで、フランスから来ることの社会的意味も歴史的意味もない。さらに彼は中華圏で記憶を失い、復讐を遂げてもフランスに帰ることもなくマカオの海辺で、少々怪しげな外国人としてちなく箸を持つ外国人として、ポルトガルの血が混じっているのかバタ臭い風貌をした子どもたちとともに暮らしていく。彼にとってもパリに住むこととマカオに住むことの境界はない。まさに混成の世界なのだ。

■トロッコ／日本〇九年／監督＝川口浩史

日本の若い作家が、芥川龍之介を原作に、台湾で日本人・現地のキャスト・

スタッフと作った映画。李屏賓のカメラが台湾の森の煙るような湿気と温度を美しく感じさせる。

台湾出身の夫を喪った妻が二人の小学生の息子とともに、遺灰を届けて夫の実家に滞在する。上の息子は、母にうとまれているとも感じていて始終不機嫌で、弟にも当たる。二人が初めて会った台湾人の祖父はさらに不機嫌そうな面持ちで、父の遺灰を杖で打ってから家に入ることを許す。親に先立つ子の不孝を責める習慣だという。

この祖父はかつて植民地の日本人として日本語を学び、兵役にもついた。日本に親愛感を抱きつつも、日本が台湾に報いなかったことへの不満や怒りも持っている。また長男が日本へ憧れという「行きて帰りし物語」の構造を超えて、越境と混成の中で生きるという生き方への視点をもたらし、映画の奥行きを与えている。この地に住む日本兵にも決意をするものの、祖父に促されて子連れで日本に帰る母も、将来の息子の選択（それがたとえ日本人であることを選ぶものだったとしても）とともに、両方の地を生きるのであろうことを予測させる。「家族」という小さな世界ではあっても確実に国際化・ハイブリッドを描きえた佳作に心を洗われる。

たという祖父が昔日本に続く道として憧れた木材積み出し用のトロッコに乗り込み、森の奥深くにまで行くが幼い弟を抱えて帰り道に難渋する少年の、その経験を経た成長と日本への帰還という「行きて帰りし物語」の構造を超えて、越境と混成の中で生きるという生き方への視点をもたらし、映画の奥行きを与えている。この地に住む決意をするものの、祖父に促されて子連れで日本に帰る母も、将来の息子の選択（それがたとえ日本人であることを選ぶものだったとしても）とともに、両方の地を生きるのであろうことを予測させる。「家族」という小さな世界ではあっても確実に国際化・ハイブリッドを描きえた佳作に心を洗われる。

親愛の意識を持っている。植民地台湾に育ち、戦後は国民党の来台とともに価値観が一変したこの湿気を生き、息子を親しい日本に奪われたこの老人が抱く思いは個人のものではあるがまさに混成されている。そこに飛び込んだ少年は「ぼくは日本人なの？中国人なの？」と問い、祖父は「それはお前が大人になったら決めればいい」と答える。

この印象的な問いかけと返答こそ

ダンス評 ［2010年4〜6月］

海外からの風とともに
ピナ・バウシュ、バットシェバ　シェクター、シエール

志賀信夫

六月一日、大野一雄が亡くなった。詳しくは追悼特集で書いたが、この時期、舞踊界で最も大きな出来事だった。ご冥福をお祈りします。

昨年六月三十日、ピナ・バウシュが亡くなって一年。三十年前の八〇年、ピナと大野一雄はナンシー演劇祭で出会う。それから国際フェスティバルで互いの楽屋を訪ねるようになり、ピナは来日するたびに、大野のスタジオを訪れていた。ピナ・バウシュ・フェスに大野を招いたこともある。ノイエ・タンツを学んだこと、体と舞踊を追求し続けた考え方など、共感していた。

今回、ピナ・バウシュ・ブッパタール舞踊団の『私と踊って』が上演された（六月九日、十二日、新宿文化センター）。昨年ピナが亡くなる前に決めた演目で、七七年、ダンサーのジョセフィン・アン・エンディコットへの当て書きのような作品。ピナの創作法は出演者に子どものころなどさまざまな質問をし、言葉や動きによる回答を元に作品を作るもの。通常は多くの人々の経験が混ざるが、これはエンディコットに基づいた作品となったようだ。

巨大な白い壁、ダンサーの歌うドイツ古楽のなかで、「愛して」という女と受け付けない男。「愛して」を「私と踊って」という言葉に転換する。また「ダンスとは何？」という問いもある。ピナの作品には、こもったダンス場面がある。この作品を敢えて上演しようとしたのは、再びダンスを問い返そうとしたのではないか。『私と踊って』の初演は七七年、大野一雄の『ラ・アルヘンチーナ頌』初演と同じ年である。公演中の六月十日にドイツ文化センターでは、ピナ・バウシュの死を追悼して大野慶人が踊ることになっていた。だが、大野一雄の突然の死を追悼して丸まった身体だ。黒いゴムかビニール

の全身スーツにすっぽり包まれたまま、顔も肌も見せずに丸くなっている。少し動くのだが、その物体感。次に上手で黒いコートにくるまれて僅かに片手と、足と顔の一部が見え、下に置いた鏡に反射して壁に手の影がつく。コートを脱ぐと、太股に何か巻きつけ、眼のところをテープで止めてディフォルメしている。インパクトもちろんだが、そこにしっかりと存在する身体が感じられ、考えられた舞台を生み出した。この舞台を見た人は、ほとんど次の舞台を見たいと思うだろう。新たな女性舞踊家の誕生を心から喜びたい。

バットシェバ舞踊団『MAX』（四月十五日、さいたま芸術劇場）。三度目の来日であるイスラエルを代表するカンパニー。今回は音楽を振付家オハッド・ナハリン自身が別名で作っている。生声や楽器以外のものなどでのパーカッション、何語ともわからない言葉や太い低い声は舞台に静かな緊張感を与える。ダンサーたちはその言葉のリズムに従って踊るが、以前ほど激しくなくそれ以上のものを見せてくれた。舞台中央に僅かに光が入ると黒く輝く物体が徐々に見えてくる。どうやら丸まった身体だ。黒いゴムかビニール

『テルメトーレ佐緒里』（六月十八日、上杉満代テルプシコール）の百合子は、師事していたが、独立してソロを始めた。四月十三日に明大前のキッドアイラックホールで踊ったときに、ホリゾントを実にゆっくりと踊る姿が非常に素晴らしかったが、さらにこの舞台はそれ以上のものを見せてくれた。

ダンサーたちが数人ずつ自在に組み合ら丸まった身体がある。多くの、ねっとりした感触がある。多くのうな、ねっとりした感触がある。多くの丸みを帯びた動きは視覚に絡みつくよに従って踊るが、以前ほど激しくなく

わさり変化していくデュオや群舞は、本当に見事。登場するダンサーが音とともに見事な宇宙を作り出している。次々に展開する群舞は絡み合うことが少ない群舞的構成。儀式のような要素も見える。自ら「フォークダンス」という所以だ。日本でいうフォークダンスではなく、直訳の「民族舞踊」。特定の民族の舞踊ではなく、民族舞踊的な要素が混じったダンス。全体に暗いなか、ロックギターと重たい音楽によって展開される構成自体も一種の儀式性を見踏に触れたことで強い関心を抱き、一つのパフォーマンス、ダンスとしてとらえるから面白い。今回、フィリップはこれらのワークを舞踏家森繁哉や美術家宮島達男の教える山形の東北芸術大学、京都などで行った。東京都現代美術館のときにも、数名観客が参加した。そして最終日のトークは東大のパトリック・デュ・ボス、批評家の国吉和子、舞踏家の和栗由紀夫を迎えて行われた。後日、西荻窪でフィリップに踊ってもらったときに、最後に観客を交えてこのラインワークを行い、街に出ていったが、行き合わせた子どもたちが参加するなど、実に自然な楽しいワークであることが実証された。そしてこの「伝達」はダンサーと人々をつなぐ一つの道だと実感された。

ホフェッシュ・シェクター『ポリティカル・マザー』（六月二十五日、さいたま芸術劇場）。ホフェッシュはイスラエル出身、イギリスで活発に活動している振付家・ダンサー。バットシェバに若い頃在籍していたため、動きにはバットシェバのものがかなり入っている。特徴は、音楽とダンスとの関わり。ドラムを中心に音楽をやっていたこともあり、作品は音楽との関係が非常に強い。

舞台は甲冑を着けた武士のような姿の男が腹を刺して自決する場面から始まる。そして全体が暗いなか、デュオ、トリオ、数名のダンスを切り替える。そのときに、ホリゾント、舞台背景に作られた空間に演奏者が登場する。パーカッションを一斉に鳴らす、ギターを一斉にという視覚的効果も考えた音楽作り。エレキギター四台でベースなしという変則構成、パーカッションもドラムセットでできることを分割して鳴らす。それによって、音の厚みと重なりからポリフォニックな響きが生まれる。

フィリップ・シェエール「ジャンティエ・ポエティック・イン・プログレス」（五月二十日〜六月二十日、東京都現代美術館など）。フィリップ・シェエールはフランスのモンペリエ国立振付家センターの振付家・ダンサーである。コンテンポラリーダンスを学んだが、日本で舞バッハなどを挟みながら展開するホフェッシュの世界は、音楽と舞踊の可能性を追求する舞台である。

いる。その一つは、縦一列に並んで最初の人が右手を上げる。すると次の人、次の次の人というように、それを伝えていくもの。模倣ではなく伝達なので、伝言ゲームのように変化・変容しても構わないとする。これを一列になって参加者を増やしていく。トップが入れ替わっても変わると実に多様なアイデアで指示者自身も主体的に楽しめる。そしてそれは見る人にとっては、

★写真は、東京都現代美術館でのフィリップ・シェエール・ショーイング（撮影：志賀信夫）。フィリップ・シェエール http://www.philippechehere.com/

LITERATURE

倉阪鬼一郎 俳句の魔界

村上裕徳

倉阪俳句の怪奇趣味

　一般的には倉阪鬼一郎というと怪奇小説作家である。しかし俳句でも、いわゆるアンダー・グラウンドの世界では、いわゆる前衛俳句の新しい俊英のひとりでもあった。この『怪奇館』(弘栄堂書店、94年刊、一八〇〇円)は俳人・倉阪鬼一郎書き下ろしによる第一句集である。

　二十年ちかく前、弘栄堂が刊行する季刊(?)誌『俳句空間』があり、大変に魅力的な俳句雑誌だったが、惜しくも十冊ほどで廃刊してしまった。この雑誌に何度も入選していたのが、すでに作家だった倉阪鬼一郎で、その既知の名前に妙なところで出会い、驚かされた記憶がある。おぼえているのは、

　出あえ出あえ余は狂乱の殿なるぞ

の一句で、その型破りな自己諧謔に、思わず絶句し、たちまち倉阪の俳句ファンになった。自己諧謔は俳句表現の大きな武器のひとつだが、倉阪の表現は、一見すると捨て鉢のようで、その裏に倉阪一流の傲岸さとハニカミが感じられる。

　こうした個々の句が「場所」を設定するという、倉阪の俳句表現のかなめになっている。

　まずは、その表題ともなったゴシック・ロマン風から紹介しよう。

　館長の人形ばかり怪奇館
　鏡の間銀の仮面が鈴なりに
　甲冑のまなこ光って夏の月
　事もなし蝋人形の昼下がり
　卸し金古びてありぬ拷問室
　狂院の窓を見上げて薬売り
　文盲の女中と犬と夏館

　暗号や皿に一滴靆の血
　惨劇の跡幽かなり緋毛氈
　失踪者ついに帰らず魔法陣
　十月の探偵はなぜ殺される
　地下室の人形をまた絞め殺す
　謎は謎終日廻して死人
　鈍色の時計を嘔吐して死人
　春立つや倒叙推理の一行目
　傷つきし鳩よおまえが犯人だ

句集中、怪奇趣味やミステリー趣味は、ほんの一部に過ぎないが、こうした趣味があからさまでない句も含めて、表題の「怪奇館」があらわすように、一句の背景に血の惨劇を予感させる計算がなされ、ミステリアスな句が書き割り的な効果として作用している。つまり集中のどの普通の句も、ひとつ、あるいは多数の、広大な怪奇館での出来事として読まれることに、この句集の面白さがある。

　伝統的な俳句では、血なまぐさい犯罪を描くことや遊戯的試行はきびしく禁じられてきたが、俳句表現で何ができるか？──を問うなかで、倉阪のような俳句が生まれるのも当然だった。こうした傾向は戦後の、いわゆる前衛短歌と前衛俳句が成しえた成果であり、先駆者に塚本邦雄・高柳重信・寺山修司・藤原月彦(龍一郎)、そして怪奇作家でもあった歌人の仙波龍英などがあげられる。塚本以外に、すべて倉阪と同じ早稲田出身なのも、倉阪が俳句に近づいた原因のひとつと考えられる。

　『怪奇館』の句の順序はアイウエオ順で並べられ、「十月の探偵」の句はサ行、「地下室の人形」の句は二句並べると高木彬光の『人形はなぜ殺される』から来ている

ことは明らかである。ただし探偵小説と違い探偵の途中で探偵が唐突に殺され、物語の解明中で中断するナンセンスと、人形を「絞め殺す」という二重の不条理を含めて、本来の憎悪の対象に向かえない妄執が描ければ、物語の全体が確定しなくてもよいのである。

「鳩」の句は、ポーの作品を踏まえいかにも被害者らしいからこそ鳩を犯人と、うむを言わさず断定したナンセンスの快作であり、「終日廻る洗濯機」は「虚無への供物」の氷沼家の洗濯機かも知れないが、どこにでもある普遍的な洗濯機でもあるところが俳句表現の妙であり、伝統的な俳句表現でもないが、どこにでもある普遍的な洗濯機であるところが俳句表現の妙である。ただし「十月の探偵」の句の十月は動かしがたく十月で、季感の持つリアリティーがこの句を重厚なものにしている。俳句の伝統的恩寵だけは、したたかに倉阪は享受しているのである。

倉阪がこの句集で成そうとしたこととは、俳句という形式の中に、倉阪が愛してやまない怪奇趣味という異物を、強引に導入することだった。それと同時に、「一見すると何のそっけも無い俳句を、よく読むと、その句の背景に怪奇趣味があるように垣間見せることで、よ

り俳句表現を豊かにするという新機軸である。こうした異物配合は俳句の伝統的技術にも「取り合わせの妙」という語が多用したが、いまひとつにシュルレアリスムが多用した方法でもある。倉阪はこのふたつの方法を継承し統合することで、新奇な美や面白さを描くものだった。ただし、怪奇趣味はグロテスクをともなう一種のケレンでもくの場合に、怪奇趣味の背後にある「死」が穢れであるとの根拠に悪趣味とされてきた。しかし倉阪の俳句では、それが俳句表現で無くてはならないものように偽装されている。倉阪が怪奇趣味を心底愛していることがその理由だが、その強引な怪奇趣味によって結果的に、既存の俳句という、やや自閉的な表現空間を、表現の可能性として押し拡げていることだけは確かである。

『怪奇館』の秀句

枯野往く真赤な鳩を忍ばせて
灼熱の砂ありてこの砂時計
人形のしかばねひとつ波の上
雛壇のぼんぼりに似る殺意かな
炎天に醒め炎天の馬となる
一昼夜煮て頃合の五寸釘
夢の火事ハイヒールだけ焼け残る

とりわけ秀逸と思われる句をあげてみた。最初の二句はアイウエオ順に別のページにあるが、並べると合わせ鏡の表現になっている。幽霊画の名手でもあった円山応挙の忌日に、幽霊と縁の深いはずの柳に、何の変事も起きなかった――という詠嘆だが、散文で書くとツマラナイ報告が、俳句という短詩型の魔力を借りて生命を得ている。ひとえに助詞の「の」の使い方と「なにごとも なき」という否定形が持つ力であって、それをバネとし、印象としては描かれなかった「虚」の部分で、応挙忌の柳が当然のように幽霊が現れる。

「柳ふと」「ふとたまに」の句のほうは、「ふと思う」や「ふとたまに」を使用する月並俳句の多いなか、一瞬の風に流れる柳の木

が人間の「かたち」を見せたという変事を、さも真実しやかに「ふと」という軽妙な副詞で描き、その一瞬後には、もとのリアルな柳に戻っている、小説のような散文では描けない面白さである。つまり前の句の陰画のように、幽霊は一瞬、実体を現し、すぐさま消えることで印象を深くする。「ふと」の持つ軽みが柳と幽霊の持つ軽みと、うまくバランスをとり、「ふと」した「人のかたち」に見えたのは俳句ならではの見事な技であるという、意識の移ろいの表現として、俳句ならではの見事な表現になっている。怪奇小説作家の倉阪は、俳句でしか描けない怪奇性についても、たくみな技巧家だった。

「猫」の句は幻想味が強いが、しかし感覚的写実句。闇の中の影は視覚が暗さに慣れることで猫の形として定着し、やがて、それもまた闇の中に溶暗していくという視覚の移ろいで、こう描かれると、まったくそのとおり。

「犬」では一句が成立しないのは「猫」の持つ女性的な魔力のせいである。

「紙人形」の句は呪術のための形代（おそらく御幣のような吊り下げ型）を描いたもので、「いなびかり」の天変地

異に感応し、「ゆれ」るのは稲妻による放電のためである。ゆれる人形の形代と「いなびかり」の形とがアナロジーに感じられ、怪異を招来させるのに力をそえている。「五寸釘」の句も呪術の丑の刻参りの釘で、先行する類想句に、寺田澄史の伝説的な「くわらくわらと藁人形は煮られけり」がある。倉阪の句は「頃合」という言いまわしのトボケた味わいが賞味どころ。四十年前の先行作の藁人形に、それに見合った五寸釘を献じたものと考えられる。寺田は俳句界の魔王であった高柳重信の高弟であり、最も師の魔道士的な傾向を継承した俳人だった。

「枯野」の句は寺山修司の「売りにゆく柱時計がふいに鳴る横抱きにして枯野ゆくとき」――からの本歌取り。懐に鳩を入れた奇術師めいた姿の死神や吸血鬼を想起するが、その凶々しさの根源は、白鳩ならぬ「真赤な鳩」という「平和」と「血」を対照的にイメージするはずである。つまり「砂時計」の「砂」は、「灼熱の砂」から遠く離れた対照的なものであることが、回想のコントラストとして最も望ましい。熱砂に対しては異物の、天鷲絨のマントを翼のように拡げると、多数の真赤な鳩が羽ばたくのであろう。「真赤な鳩」を肺病の象徴化や殺され血に染まった鳩と解

しないのは、「忍ばせて」のなかに悪意めいたひそかな決意を感じるからで、その意志は、傷ついた鳩の死骸を枯野に葬するような感傷であってはならない。

「砂時計」の句は、見ばえは良いが徒事を述べただけの駄句のように見える。しかしよく読むと真中の「砂あり」で切れ、前と後の「砂」は同じ「砂」で同質ではないことがわかる。十七音の短詩型で同じ言葉を重複させているのには、それなりの理由がなければならない。さて、この句は無季の句だが「灼熱の砂」から季感として夏の俳句と、普通は考えるであろう。また、そう考えても間違いではない。しかし、それでは徒事俳句になってしまう。そうしないためには、まず、前後の「砂」の違いに目を向けることである。すると「砂時計」の「この」でわかるように目の前にある「砂」であり、「灼熱の砂」は回想の中にある「砂」であることがわかるのである。つまり「砂時計」の「砂」は、「灼熱の砂」から遠く離れた対照的な復讐心の炎を、周囲に気づかせないように育むことを志向する――というように読むことを志向するとよりもまず先に、句の中に復讐心は明示されていないが、状況に順応する「炎天」でなく、身体性を乗り越えて、状況に対し冷笑的な「炎天に醒め」

おり、それが静かに落ちているのである（その砂に愛憎の感情を読むことは可能だが、ここでは述べない)。そのため、回想の中での季節は「灼熱の」夏の真昼であり、「ありて・この」という順接に見せて逆接のレトリックを経て、対照的な冬の夜でなければならない。少なくとも、そう読まなければ、この句は生きてこない。前と後の「砂」の季節は、砂時計の砂のように上下が逆転しているのである。その技巧が倉阪の作為しているのであり、伝統的俳句のルールに従いながら伝統的俳句に竹篦返しをしているようで、非常に面白い。

同じ「炎天」という言葉を二度使ったある人形を「しかばね」と表現したところに魅力がある。おそらく縛割れた、「炎天の馬」の句は、意味が変化することよりもまず先に、句の中に復讐心はとりよりもまず先に、繰り返すことで呪文のような効果をねらっている。炎天下、熱気に負けることなく、そこでこそ覚醒し、炎天に猛り立つ暴れ馬のようなことで、かつては「生ける人形」だったかのような、生々しい生命感を得るのである。それが波間に現れたと思った瞬間に「波の上」に押し上げられ、映画のストップモーションのように、そこで停止する。俳句ならではの技法である。その映像は魔術の人体浮遊のように不思議

であることで、炎天の灼熱感が表層感覚として現れず、内に秘められた感情と直結しようとするならば、その感情は憎悪であり、復讐心に違いないと思う。この復讐心は「裏切られた相手に対する」というような具体的対象を持たないものだと考えるが、「炎天」という言葉の反復により、燠火を熾すように、復讐心をかきたてる呪文となる。しかも、この復讐心の炎は「炎天に醒め」の逆接が招き寄せるように、熱い炎でなく冷たい刃物のような炎として描かれ、いっそう効果的に表現されている。炎天の馬は、冷たい炎の青い馬なのである。

「人形」の句は、本来は命のない物である人形を「しかばね」と表現したところに魅力がある。おそらく縛割れた、片腕か片足の無い人形で、破損もしているのだろう。破損し捨てられる波間にあることで、人形の「しかばね」だったかのような、生々しい生命感を得るのであたかも、生々しい生命感を得るのである。それが波間に現れたと思った瞬間に「波の上」に押し上げられ、映画のストップモーションのように、そこで停止する。俳句ならではの技法である。その映像は魔術の人体浮遊のように不思議

TH FLEA MARKET

な美観がある。動詞がひとつも無いにもかかわらず流動感を感じさせるのは、俳句形式の五・七・五のリズムが持つ力でもあるが、末尾部分の「波の上で、読みなければ忘却していた「ぼんぼりに似る殺意」の記憶を、どこかに持つのではないかと思わせてくれる。

「波の上」という表現は、白波のうねりに漂うことを意味するが、波より高い空中で人形が水平に静止しているようにも読め、マグリットの絵画でも見るかのごとき非常な美しさがある。

「雛壇」の句は、「ぼんぼり」という丸くて柔らかい光と質感のものに、鋭角的で冷たい感じの「殺意」を結びつけた、異物配合の逸品である。おそらく「ぼんぼり」に「殺意」を読みとった句は空前と思う。「ぼんぼり」のある微温的・夢幻的・懐古的・幼童的な感じが、読む者を遠く幼児期に帰し、松本清張や、古くは大下

宇陀児と日影丈吉が描いたような、四味で持つが、かえって、その解きえない謎が魅力となり、解き明かされると溜飲が下がるような爽快感を残す。

「夢の火事」の句は、よく読むと芥川龍之介の「水涕や鼻の先だけ暮れ残る」——からの本歌取りとわかるが、鮮烈なイメージながら、いったい何が描かれているのか最初はわからない謎の句である。俳句は音数が限定された短詩型のために、状況説明が完全には成しえないこともあり、想像で補って読まなければならない特殊な表現である。この句で言うと「火事」と「ハイヒール」の間に、因果関係のドラマを仮定しないと、全体のイメージが見えてこない。こうした難解句は、初読の印象に淀みが

あり、不明瞭さのための弱点を、ある意味で持つが、かえって、その解きえない謎が魅力となり、解き明かされると溜飲が下がるような爽快感を残す。

状況を把握するために、火事で燃えたのは何かを探ってみよう。「ハイヒールだけ」という限定を裏返すと、燃えたのは「ハイヒール以外の全部」となる。この「全部」は、ハイヒール以外の多様な靴と考えられなくもないが、「夢の火事」を理由とするには難がある。やはり、それをはいていた女の全身であろう。「夢の火事」によって女がひとり燃えつきたのだ。この怪事件を読み解くヒントとなるのは、この句集が『怪奇句表現でいうところのひとつの「見立て」であり、倉阪独自の怪奇趣味による一番の見せ所だった。「火事の夢」なら自然発火による人体消失以外は考えられない。夢の中の火事に出会ったた

れない。夢の中の火事に出会ったためきょうもなく、あくまでも、夢魔が夢の目覚めた後の認識だから人体発火は起自然発火による人体消失を、こうした理由で信じ込んでるという意味で館」であることである。人体だけが燃えてしまう「火事」という、超常現象のは、まったくない。この「夢の火事」という比喩は、あまり具体的ではないが、俳句表現でいうところのひとつの「見立記憶があるため、その不思議を「夢の火事」と理由づけ、読む者に成る程と膝を打たせるところに、この句の魅力がある。ただし倉阪が超常現象を、こうした理由で信じ込んでるという意味では、まったくない。この「夢の火事」という比喩は、あまり具体的ではないが、俳句表現でいうところのひとつの「見立て」であり、倉阪独自の怪奇趣味による一番の見せ所だった。「火事の夢」なら自然発火による人体消失以外は考えられない。夢の中の火事に出会ったた

に、周囲には影響を与えず、家にも部屋にも火は燃え移らず、体と衣服だけが跡形もなく燃えて、ハイヒールだけが焼け残った——という意味だと思われる。自然発火による人体消失とされる写真で、室内にハイヒールはいた足首だけ燃え残ったものを見た記憶があるが、その不思議を「夢の火事」と理由づけ、読む者に成る程と膝を打たせるところに、この句の魅力がある。ただし倉阪が超常現象を、こうし

THIS IS PHOTOGRAPHY! ★ Chronicle 2009

飯沢耕太郎

これが写真だ！
クロニクル2009

ここに写真表現の"いま"がある！
岡本太郎から荒木経惟まで、鋭く斬った批評135本。
1年の展評などをこの1冊に集約した写真評論の第一人者による超保存版クロニクル！

THIS IS PHOTOGRAPHY!
★ CHRONICLE 2009
KOTARO IIZAWA

これが写真だ！
クロニクル2009
飯沢耕太郎

ここに写真表現の"いま"がある！
岡本太郎から荒木経惟まで——超保存版クロニクル！

発行・アトリエサード
発売・書苑新社
好評発売中!!
www.a-third.com

215

なかで当事者を内側から焼き殺すのが「夢の火事」なのであろう。その夢魔を呼び寄せたのが、その女の罪業のためなのか、他人からの怨みのためなのかわからないが、恐ろしい句である。

『怪奇館』の多様性

しかしながら『怪奇館』全体の印象は、こうした怪奇色はあるが端正な俳句ばかりが、整然と並んでいる感じではない。もっと多様で雑多な志向性を持った、稚気あふれる悪戯心によるときに行儀が悪い悪趣味であり、得体の知れない薄気味悪さを秘めた句の方が、出来は別として記憶に残っている。それは次のような面妖な句である。

　カバーのみ聖書犯罪紳士録
　懐手火刑の魔女のよく騒ぐ
　シダラを許容する容器として『怪奇館』
　其角忌の小舌嚙んだる柿の種
　蟻塚の蟻のうしろの蟻の顔
　夢の世は幽かに赤き蚊の卵
　頭上より蚯蚓蛞蝓蛆蜈蚣
　顔のない饅頭ばかり棺桶屋
　身のなかの赤い宮殿だれもいない
　想像の埒外にあるうどんかな

　おそらく一読、辟易したり失笑したり慄然と呆然と唖然が同居しているような俳人であろう。俳句だけを職業としている俳人ならば、自分のこだわっている俳句ジャンルに対する冒瀆になりかねないものであり、仮に思いついても自作に残さない俳句であろう。普通の句会の選に残るような句ではない。ここにはあざとさと作為的な間抜けさと悪意が無邪気さとして記されている。明らかに、句集の細部として一句一句があるようなテキストの均質性や方向性は見られず、そのフ

言いにくき肉挽き器かな憂国忌
ている。頻出する「赤」が、鮮血の赤という、無邪気な悪意による嘲笑の赤うより、無邪気な悪意による嘲笑の赤明もなされない形式と似かよっている。この両方を合成した上で文体を、挨拶なしに本題に入る行儀の悪さに無自覚な若者言葉、特に、傲慢さを隠し持ちながら内気を装った（ことにも無自覚な）「ぬいぐるみ」の句は、「君」と「僕」の関係で、「一見「君」が騙されているような歌風で、倉阪が傾倒していたのがよくわかる。怪奇小説は幻想小説と違い、こうした舌たらずの話し言葉による短歌は一四音ながいが、仙波の専門とする挨拶句だと思う。仙波の専英に対する挨拶句だと思う。仙波の専英に対する挨拶句だと思う。簡単に解説しておくと、最初の四句は、それぞれアイウエオ順に分散してあるが、先輩怪奇作家で歌人の仙波龍簡単な句のなかにも、この悪意は大なり小さく潜んでいるのであり、これが書きたいがために倉阪は俳句に近づいたとしか思えないところがある。しかしながら倉阪の俳句から、この真赤な悪意を取り去ると、面白さの大半を失ってしまう。端正な句のなかにも、この悪意は大

だまされて君は天使のぬいぐるみ
八月の私をぜんぶ食べちゃった
サンタ来る袋に首を詰め込んで
お話があるのと怪物現れる
福助や六尺豊かにして笑う
おみやげをどうぞ真っ赤な牛の首
人声の絶えて真赤な冷蔵庫

脱力したりであったと思う。慄然と呆然と唖然が同居しているような俳人である。俳句だけを職業としている俳人ならば、自分のこだわっている俳句ジャンルに対する冒瀆になりかねないものであり、仮に思いついても自作に残さない俳句であろう。普通の句会の選に残るような句ではない。ここにはあざとさと作為的な間抜けさと悪意が無邪気さとして記されている。明らかに、句集の細部として一句一句があるようなテキストの均質性や方向性は見られず、そのフ

簡単に解説しておくと、最初の四句は、それぞれアイウエオ順に分散してあるが、先輩怪奇作家で歌人の仙波龍英に対する挨拶句だと思う。仙波の専門とする短歌は一四音ながいが、まさに、こうした舌たらずの話し言葉による歌風で、倉阪が傾倒していたのがよくわかる。怪奇小説は幻想小説と違い、怪奇現象が起こる因果関係としての理由について、必ずしも言及する必要のないジャンルである。唐突に怪奇現象が起こり、その理由は解明されないまま読者は放置されて、物語は終わる。簡単な例で言うと「オバケが出たよ」――だけでも成立するのだ。この構造は俳句の、状況設定などの前説明を散文的に

定する「八月」の設定はうまい。「八月の私」は、八月の鯨ならぬ、八月のオスの青鮫を食べたり、青鮫に食べられて

はないというパラドックスによって成立している。特に、海でのバカンスを想定する「八月」の設定はうまい。「八月の私」は、八月の鯨ならぬ、八月のオスの青鮫を食べたり、青鮫に食べられた

「八月」の句は、「八月の私」は「私」ではないというパラドックスによって成立している。特に、海でのバカンスを想

216

りを、後腐れなく快楽的に満喫するのであろう。過去の「私」は、それぞれの瞬間に多重人格のような多数の「私」として快楽を貪り、その過去の「私」も赤の他人のような「私」として現在の「私」に食べられ、快楽として消費されていくという、十代の女の子の現代感覚であろう。「八月の私」をいくら食べても「私」は痛くないし、もっと食べたいのだ。「私」は傷つくことなく、いくらでも増殖するのである。こうした虚構の「私」を表現の背景にある人格として、私小説的に作者と同一の持続的人格として求道者のように考えてきた伝統的俳句の私性観への、痛切な一撃になっている。

「サンタ」の句は「おみやげ」の句と同じく、脳天気なまでに陽気でグロテスクな俳句。この二句だけでなく倉阪の俳句には生首の句も何度も登場するが、いずれも悲壮感は無く、目をむいて舌でも出しそうな感じで、表層的なブラック・ユーモアをねらったものである。「真赤な牛の首」は血のためにではなく、また赤毛の牛でもなく、ペンキを塗ったために赤いと解釈するのが一番に気味が悪い。このことは「冷蔵庫」の句でも同様である。

「お話」の句は「オバケが出たよ」型の典型だが、内気で気のちいさい女の子の俳句としては、最も成功している。つまり、怪奇趣味の俳句は無意味なものほど不気味で、ときには可愛い。フランケンシュタインの怪物のような武骨なものか、はにかみ状のナマコのような怪物が、ひとつ目でゼリーながら「お話があるの」——と現れるのが、最も絵になる解釈。怪物が話そうとする話にも興味がわく。鳥山明の一コママンガで見たい一枚。

「福助」の句も「オバケが出たよ」型である。大男の形容である「六尺豊か」を使ったことで、御辞儀姿でなく立ち姿の二メートル近い福助さんが、一メートル位もある大きな顔で笑っており、これは可愛らしいだけでなく不気味である。写実句として読むと、大きな呉服店の店先で正座のまま御辞儀をしている、高さが二メートル近い福助さんを描いた即物写生だが、これも顔が想像の中でだんだん巨大化していき不気味である。福助さんは元より笑っているのに、末尾に「笑う」と付けられると、急に薄笑いをしたかのようで、さほどむずかしくない。かえって、すぐさま忘れられてしまう平凡な好評作より、一度おぼえると忘れがたい名句として残るかも知れない。特に憂国忌の句は、多様な意味で「言いにくい」三島文学の、いわく言い難い傾向を「肉挽饅頭」を想像してみるが、人形焼きのようなものしか思いつかない。しかし何もわからない句でありながら、この不

発語しづらいという構造で見事にまとめた名句であろう。

昆虫をあつかった三句は、それぞれ山口誓子・永田耕衣の古典的名句と、俳人時代の小林恭二・作「芋うゐて狼・山猫・象・ゴジラ」——の本歌取りと思われるが、いずれも嫌悪感を覚えるほど攻撃的な俳句である。私情はさておき、こうしたグロテスクをも停滞した俳句界の活力としたいという試行と、好意的に評価したい。一読の印象では、乱歩作品以上の虫偏の漢字の連なる「虫」の句にインパクトがあるものの、よく読むと前の二句がミクロなものを巨大化させて、気味の悪いこと、この上ない。特に、蟻が黒蟻ならまだしも白蟻であることで、総毛立つものがある。また「幽かに赤き」という形容には、怖気を振るうものがある。

「饅頭」の句は、いまだに何が書かれているのかわからない謎の句である。葬式饅頭と言われそうだが、それがたくさん棺桶屋にあるというのが異様だけでなく、「顔のない」葬式饅頭というのも何か変である。逆に「顔のある」のも何か変だが、人形焼きのようなものしか思いつかない。しかし何もわからない句でありながら、この不

気味さは他の句を凌いでいる。おそらくその理由のひとつは、饅頭から葬式の饅頭と土葬の土饅頭が連想されるためであろう。また、この句の論理に従えば、死者が出ると、この棺桶屋の饅頭はすべて、その死者の顔になることを予感させるためにほかならない。不条理な句であるが、かえって、その不気味な不条理感のために、この句は印象深いものになっている。

「赤い宮殿」の句は、感覚的表現の前衛俳句の典型として採りあげた。こうした俳句を見慣れない読者には、共感や驚きを感じる方もあるだろう。

次の「うどん」の句は、前衛俳句の古典とも言うべき摂津幸彦の「大正の帽子の中のうどんかな」──の本歌取りで、この句の礼讃句だと思う。この摂津の句は、よく読むと、帽子の中からうどんが出てくる句を、帽子を素材にしているが、一読して最後の「うどん」の意外性にビックリさせられる。この意外性と奇術の手順とシンクロナイズしているのだ。うどんを素材とした月並句は世の中に数限りなくあるが、この「大正」と「帽子」と「うどん」の異物配合の取り合わせほど、想像の飛躍において見事

な句は、そうザラにないものと確信する。「室生犀星の『その女はうどんのように笑った』」──という形容と共通する、脱力感をともなった意外性の魅力がある。倉阪の句は摂津の句へのオマージュでありながら、それだけに終わらず、日頃ありふれた食品であるために日常生活から見えなくされた「うどん」を、意識の識域に浮上させた意味で、興味深い俳句になっている。

『怪奇館』における私性

『怪奇館』にはその他に、倉阪が自身を語った俳句、ないしは、それを装ったかに見える俳句がいくつかある。いずれも自己諧謔性の強い句のために、そのまま本音として鵜呑みには出来ないが、次のような句があげられる。

 剥製の我を欺く薄暮かな

 雪霏々と我が生涯の有機音

 初雪が降った私が死んだ夜

 とかく申す我もむじなぞ油坂

 冷奴哀れ鬼畜の口中に

 眉間をば撃たれて笑う私かな

 神無月われ土中より復活す

 鏡かな

 老年や人形を愛で柿をむく

 我すでになまことなりて鍋の中

 アイウエオ配列のため、最後の二句に関しては、配列に合わせて末尾に置くという計算のもとに、意識されて書かれた俳句と考えられる。

倉阪がこれらの俳句を書いたのは三十代はじめで、晩年意識や生涯を回顧するには早すぎる時期にあたる。そのため「老年や」の句は永田耕衣を気どって(その句のパロディーでもある)、晩年の理想を俳句にしたものだが、老人じみた偽者性を誇示する演技がある。また、最初の二句にも、ことさら悲壮感を演出した気配がある。倉阪は、俳句の中で死んだり生き返ったりしても、それもまた演技と自覚しているのだ。つまり倉阪の俳句には、いくら自分を語っても自己韜晦があり、それは照れのためだけでなく、自分を語るということの虚構性に気付いているせいであろう。句集の中に「晩秋の我を映さぬ

──という句もあるように、表現欲求と自分自身とは結びついても、出来あがる表現は虚構になってしまうのである。そのため倉阪の虚構性に居直ることで、過剰な自己諧謔や極端な自虐趣味を自分から演じながら笑って見せ、それを読者への挑発的な表現として提示するのである。「冷奴」の句などは「鬼畜」を他者と考えがちだが、自己諧謔と考えたほうが当たっていると思われる。

そのように考えると鍋の中のナマコも、何かヌルヌルした妖怪の眷族のようでありながら、その強かさが意外に可愛い。タヌキが自分から人間を騙すタヌキであると称するのは、タヌキが化けられるのが一つ目小僧や大入道であろうとも、捨身の大言壮語に他ならない。そこには倉阪鬼一郎の自己諧謔を武器にした妖怪の最後の愚直さを垣間見ることができる。いかように俳句で読者を怯えさせ、また騙してくれるのか、そういう期待をこめたエンターテイメントとしての俳句を語ってくれる意味での俳句であろう。今後も倉阪鬼一郎の俳句には、眉に唾を付けながら、大いに期待したい。

図版も豊富に掲載した〈禁断異系シリーズ〉好評発売中！　TH SERIES ADVANCED

禁断異系の美術館3 NEW!!
エロスのハードコア●相馬俊樹・著

第3弾は、よりハードコアでディープな表現をするアーティストをピックアップ！

極限まで突き進んだラジカルな作品群を解題し、またその源流としての古典ヌードをエロスの見地から読み解く。

ISBN 978-4-88375-113-6

禁断異系の美術館2
魔術的エロスの迷宮●相馬俊樹・著

ゴシックを愛で、頽廃美に耽溺するダーク・ヴィジョン。

魔術的エロスに彩られた驚異の美術館第2集！

ゴシック・ヴィジョンや魔術的エロスの創造者、デカダンに耽溺する者、少女幻想を追い求める者……禁断の作家たち。

ISBN 978-4-88375-101-3

禁断異系の美術館1
エロスの畸形学●相馬俊樹・著

驚異の異端美術館！

情報があふれ返っているこの時代だからこそ、かつての澁澤龍彦や種村季弘らのように道標を示してくれる存在が必要なのであり、とりわけ埋もれたり排除されがちな異系の作家に関しては、その重要性は高い。

本書は、その貴重な成果のひとつであると言えよう。長年にわたって異系の作家ばかりを追い続けてきた相馬俊樹ならではの見地で、私たちが目にする機会がなかなかない異端作家たちを紹介してくれるのは、うれしいかぎりであり、そしてそれ以上に重要な労作という感を抱かずにはいられないのである。

ラブドール、ピッシング（放尿）、ロリータ、サディズム、マゾヒズム、フェティシズム、身体改造、緊縛等々、性癖をアートに昇華する作家たち。

澁澤龍彦や種村季弘らが切り開いてきた異端芸術の"いま"を集約したアーティストファイル！

いずれも、四六判・並製・192頁・税込定価**2100**円／発行：アトリエサード　発売：書苑新社

※全国書店からご注文いただけます（発売＝書苑新社（しょえんしんしゃ））とお伝え下さい。詳細・通信販売は **http://www.a-third.com**

TH特選品レビュー

(梟)梟木
(S)沙月樹京

くもりときどきミートボール
監督／クリストファー・ミラー&フィル・ロード

DVD＝10年3月19日、3800円

★大西洋にぽつりと浮かぶ島、スワロー・フォールズ。小さい頃から発明家になることを夢見ていたフリント・ロックウッドは、ある日水を食べ物に変える機械を発明する。予想外のアクシデントによって機械は成層圏の彼方へと飛ばされてしまうが、それ以来、島にはハンバーガーやピザ、ホットドッグといったジャンク・フードの雨が降るようになる。おかげでサーディンの缶詰ぐらいしかまともな地元産業のなかった島の経済は潤い、人々の食生活はすっかり変えていくのだが、機械の暴走による未曾有のフード・パニックは目前に迫っていた……。

これがただのお子様向けのフィクションでなくアメリカナイズされた現代ファストフード社会の寓話（その作り方が「遺伝子レシピの組み換え」なんて、いかにも食品業界から苦情が出そうだ）になっていることは明らかだが、原作となった絵本は三十年以上も前のものだというから恐れ入る。

全体としてのテイストはB級であり、ギャグの精度がイマイチ安定しないとか、これはとどのつまり発明家のマッチポンプじゃないかとか、やっぱり子供向けなんじゃないかとか、他人にオススメするぶんにはハラハラするところもたくさんある。しかしここのところ駄作続きのハリウッド製のそれよりかは、こちらのほうがよっぽど夢もリアリティもある終末映画であることは間違いない。（梟）

ぼくのエリ 200歳の少女
監督／トーマス・アルフレッドソン

10年7月10日より、銀座テアトルシネマほかで全国ロードショー

★学校ではイジメにあっている孤独な少年オスカー。夜、集合住宅の中庭でひとり寂しく鬱憤晴らしをしていると、そこに黒髪の少女が現れた。隣の家に越してきたという彼女は、夜になると姿を現す。「年は幾つ？」彼がそう尋ねると、少女はこう応えた。「だいたい12歳」……

タイトルが「200歳の少女」だとはネタバレも激しいが、そう、年を取らずに何百年も長生きするものといったらヴァンパイアに決まっている。その期待は裏切られず、血を抜き取られるという謎の殺人事件（観客にとっては謎ではなくて、バレバレなんだが）が続発して町の人間を恐怖に陥れる。日光に弱いとかヴァンパイアの性質そのまま受け継がれておりそうした面で目新しさはないのだが、この映画のミソは、12歳の少年と自称12歳の少女、この孤独な者どおしの純愛物語に仕上げたところだろう。とはいえ生ぬるいメルヘンチックな話に終始するのではなく、12歳の少女とはいえ美化したりせず、殺人シーンなどは血しぶき飛ばし容赦なくグロテスクに描き出す。

だがその一方で、北欧的な澄んだ空気感、降り積もる雪の美しさがそのグロテスクさと対照され、残酷ではあるが情感のあふれる映像に仕上がっている。その空気感がいちばんの見どころかもしれない。決して皮肉とかじゃなくて。（S）

Komm Zu Mir

Trump Room、０９年４月１７日

★Phyzofia

★Zin-François Angélique

★時ならぬ春の雪も、夜更けには幻の如く消え去っていた。去る４月１７日、渋谷 Trump Room にて、Mistress Setsura こと Jill the Darkwaver 嬢のオーガナイズによるイベント、Komm Zu Mir（独語で Come to me の意）の幕が開かれた。壁面にびっしりと鏡やシャンデリアが施され、ベルベットのアンティークソファが並んだ退廃的で豪華な空間で知られる Trump Room。その独自性をこの上なく生かし、ゴシックとフェティッシュの２つの要素がバランス良く調合された、遊びを知る大人のための饗宴が"KommZu Mir"だ。赤の間・黒の間・白の間の３フロアを使用し、そのうち赤の間・黒の間でのプログラムは麗しきドラァグクイーン・マーガレットによる軽妙な司会により進行していった。

DJ陣は A04、千尋、hAj、Kimura-L、泰造、そして Zinny Aerodinamica。ゴシッククラブシーンから選りすぐられた５人は、エレクトロ、NEW WAVE、ポジティヴパンクなど、さまざまなジャンルを網羅した選曲でフロアを魅了していた。

黒の間では Setsura 嬢ら、気品溢れるミストレス達によるディシプリンが繰り広げられ、この世ならぬ爛れた空気と、ある種の洗練を醸し出していた。この日のスペシャルアクトは、退廃的な悪の華の如きマダム・エドワルダの Zin-François Angélique であった。Zin は優雅で気高い佇まいで、キャバレー色濃い「イノセント」などのオリジナル曲に加え、ヴェルヴェット・アンダーグラウンドやドアーズのカヴァーを歌い上げた。麗しきアンドロギュヌス……その艶かしい動きと、上質の天鷲絨のような歌声のもつ抗し難い魔力に、その場にいたすべての人々が酔い酔いしれた。Zin のバックダンサーを務めた MARS と Kyo-co によるユニット Solmon Grandy の官能的なコメディアデラルテ風パフォーマンスやマダム・エドワルダの LamiaSebastian の Effects も相まって、比類なき魔術的な舞台が繰り広げられていた。

そして、いよいよ明け方近くに登場した Jill 嬢と舞踏家・泰造による Phyzofia は、この日が初演とは思えぬほどの完成度の高いステージを見せてくれた。「自我の目覚めていないガイアとウラヌス」をイメージしたというだけあって、無邪気ささえ感じられる純粋なまでの愛の舞踏。血糊まみれとなった二人は、ただひたすらに美しく、幻想的でさえあった。

また、最上階の白の間では占い師香里による英国式タロットが行われ、バーでは Setsura 嬢考案によるオリジナルカクテルが供されており、夜ノ帳/TH によるブース出店も設けられた。Komm Zu Mir……その魅惑的な夜の帳は、今後もまた密やかに開かれるようだ。貴方もぜひ、その空間に漂う甘美な毒に身を委ねてみては如何だろう。（Keiko Iki）

No.26 アヴァンギャルド1920
A5判・224頁・並装・1429円(税別)・ISBN4-88375-076-0
●未来派、ダダ、キュビズムなど、20世紀初頭のアヴァンギャルド・ムーヴメントを誌上で追体験!「笠井叡ニジンスキーを語る」、図版構成「アヴァンギャルド年代記」、溝口健二の幻の表現主義映画等。巻頭レビューは富崎NORI、三浦悦子など。

No.25 廃墟憂愁〜メランコリックな永遠。
A5判・176頁・並装・1280円(税別)・ISBN4-88375-073-6
●廃墟は遠い過去や未来、そして広大な宇宙へと我々の意識を導く――劇団第七病棟・石橋蓮司やクリエーター・作場知生、映画作家・中island芫爾へのインタビューや堀江ケニーの作品を掲載。その他ベクシンスキー、ピラネージ、バラードなど。

No.23 昭和幻影絵巻〜闇夜の散歩者たち
A5判・176頁・並装・1238円(税別)・ISBN4-88375-068-X
●昭和的・日本的な闇の世界への憧憬を特集!対談・実相寺昭雄vs柳家喬太郎、カラー特集・闇を愛でる絵師たち〜山本タカト・佐伯俊男・丸尾末広・上田風子の他、近藤聡乃、中井英夫、江戸川乱歩、団鬼六、寺山修司、伊藤潤二などレビュー多数!

No.22 特集・異装〜きしょかわいさのパラダイス!
A5判・144頁・並装・1200円(税別)・ISBN4-88375-055-8
●キュピキュピ、大野一雄、児嶋サコ、トーストガール、ディヴァインなど、服装の奇抜さで常識を打ち破る「異装者」たち。

No.21 少女×傍若無人
A5判・208頁・並装・1429円(税別)・ISBN4-88375-053-1
●無防備で恐れ知らずなパワーを持った"少女"たち!会田誠、毛皮族、トレヴァー・ブラウン、黒田育世(インタビュー)、ニブロール、珍しいキノコ舞踊団、「ひなぎく」、ジョージ朝倉、西原理恵子、鈴木いづみなどからその破壊力を探る!

No.20 中華モード〜非常有希望的上海台湾前衛芸術大饗宴
A5判・208頁・並装・1480円(税別)・ISBN4-88375-051-5
●現代美術最前線や上野千鶴子による作家・李昂論、藤井省三インタビュー、台湾映画の「いま」と「これから」、台湾映画ロケ地めぐり、王力宏&陳昇のコンサートレポなど。

No.18 身体★表現主義〜ゲルマニックな身体のリアル。
A5判・208頁・並装・1400円(税別)・ISBN4-88375-044-2
●超人的・ロボット的・グロテスク・消滅…ヴェルーシュカ、ピナ・バウシュ、サシャ・ヴァルツなど、ドイツに生まれた先鋭的な身体表現を紹介。他にリーフェンシュタール、ベルメール等。

No.16 パリーエトランジェ〜異邦人の、エネルギーと、孤独。
A5判・160頁・カバー装・1100円(税別)・ISBN4-88375-032-9
●異邦人が、より「立派に」異邦人になれる街、パリ。文学、映画、アートなどで新しい刺激をもたらした異邦人の感覚。

No.15 ホット・ブリット・グルーバーズ・エキシビション〜英国偏屈展覧会
A5判・224頁・並装・1300円(税別)・ISBN4-88375-023-X
●新しいけど古い。都会的だけど田舎。先鋭的だけど保守的……。あらゆる面で両極端なイギリスを多面的に分析。

No.14 トーキョーキューティーズ
A5判・192頁・並装・1200円(税別)・ISBN4-88375-013-2
●女性作家による、性と愛とその心の痛みに正面から対峙した物語。マンガ家・小野塚カホリ・インタビュー等。

No.13 アン・ライス・ウィズ・ヴァンパイア・ジェネレーション
A5判・288頁・カバー装・1800円(税別)・ISBN4-88375-002-7
●アン・ライスの魅力を徹底解剖。幻の未訳短編2編やアン・ライスや訳者・柿沼瑛子へのロングインタビュー、評論など満載。パット・キャディガンのヴァンパイア小説の翻訳もあり。

No.12 ヴォルマン、お前はなに者だ!
A5判・256頁・並製・1500円(税別)・ISBN4-915125-94-7
●社会の逸脱者を描き続ける作家。邦訳13編。

■トーキングヘッズ叢書(TH Seires)以外の主な出版物
◎TH Series ADVANCED

相馬俊樹「禁断異系の美術館3 エロスのハードコア」
978-4-88375-113-6 ／税別2000円

飯沢耕太郎「これが写真だ! クロニクル2009」
978-4-88375-112-9 ／税別1500円

相馬俊樹「禁断異系の美術館2 魔術的エロスの迷宮」
978-4-88375-106-8 ／税別2000円

相馬俊樹「禁断異系の美術館1 エロスの畸形学」
978-4-88375-101-3 ／税別2000円

小林嵯峨「うめの砂草――舞踏の言葉」
4-88375-075-2 ／税別1500円

◎TH Art series

「秋吉巒・四条綾 エロスと幻想のユートピア〜風俗資料館 秘蔵画選集1」
978-4-88375-115-0 ／税別2000円

堀江ケニー「タコさっちゃん」
978-4-88375-110-5 ／税別1429円

森馨「眠れぬ森の処女(おとめ)たち」
978-4-88375-108-2 ／税別2800円

二階健「グリムの肖像〜 Portraits of GRIMM」
978-4-88375-109-9 ／税別2800円

二階健「Murder Goose 〜マザーグース殺人事件」
978-4-88375-103-7 ／税別2800円

TORICO他「不思議ノ国ノ」
978-4-88375-100-6 ／税別2800円

こやまけんいち「少女たちの憂鬱」
978-4-88375-096-2 ／税別2800円

たま「under the Rose 〜少女主義的水彩画集」
978-4-88375-092-4 ／税別2800円

富﨑NORI「幻の箱で創られた少女」
978-4-88375-084-9 ／税別2800円

◎その他

「凛として、花として〜舞踊の前衛、邦千谷の世界」
978-4-88375-090-0 ／税別2000円

ラダンス コントラステ 写真集「アール デュ タン」
978-4-88375-085-6 ／税別2800円

ひびきみか「かがみのとびら」
4-88375-070-1 ／税別1429円

チャップ&グリーンバーグ「ノド書」
4-88375-039-6 ／税別2800円

■トーキングヘッズ叢書(TH Seires)既刊書

No.42 ドールホリック～機械仕掛けの花嫁を探して
A5判・208頁・並装・1429円(税別)・ISBN978-4-88375-114-3
●なぜ人は、人間もどきを恐れながらも愛するのか。人形からアンドロイドまで、人間もどきへの愛着を探る。富崎NORI、三浦悦子、西条美咲、塚本晋也インタビュー、ジゼル・ヴィエンヌインタビュー、ラブドールのオリエント工業工場見学記、ジェミノイドにみるアンドロイドの心、H・R・ギーガーほか。市場大介小特集も。

No.41 トラウマティック・エロティクス
A5判・208頁・並装・1429円(税別)・ISBN978-4-88375-111-2
●トラウマは、すべての創造力の原動力である!! 早見純インタビュー、対談・大越孝太郎×森馨、カラー図版構成[龍口経太、平林貴宏、レン・ジン、児嶋都ほか]、人形作家・与偶、ヨーゼフ・ボイス論、包帯・眼帯萌え論などさまざまな見地からトラウマ的エロスを解剖。指輪ホテル・羊屋白玉インタビューも。

No.40 巫女系～異界にいざなうヒメたち
A5判・208頁・並装・1429円(税別)・ISBN978-4-88375-107-5
●巫女系──それは、特別な感応力。その不思議な魔力／霊力の魅力とは──対談・飯島耕太郎×相馬俊樹、対談・真珠子×あや野、柴田景子インタビュー、「アマテラス、不可視の巫女」「妹属性と霊力、または現代の"イモの力"」「キャリントンとバロの異界」「二次元世界の巫女的少女」、谷敦志ほか。

No.39 カタストロフィー～セカイの終わりのワンダーランド
A5判・208頁・並装・1429円(税別)・ISBN978-4-88375-104-4
●セカイなんか 壊れてしまえば いいのに──カタストロフィーを通して、セカイを考える。巻頭写真・堀江ケニー、図版構成／元田久治・前田さつき・大島梢・池田学・市場大介、インタビュー／ヨシダ・ヨシエ、高原英理、対談・飯沢耕太郎×相馬俊樹、ヤノベケンジ論などのほか、二階健インタビューも収録。

No.38 愛しきシカバネ
A5判・192頁・並装・1429円(税別)・ISBN978-4-88375-102-0
●"屍"とは忌むべきものではない。屍的なものの美学とは何か──美術家・西尾康之インタビュー、死体写真家・釣崎清隆インタビュー、映画監督・TORICOインタビュー、人形作家・中川多理、井桁裕子「反ヴァニタスの饗宴」、ボーカロイド的身体、ベクシンスキー、人形遣い・黒谷都インタビューなど。

No.37 特集・デカダンス～呪われた現世を葬る耽美の楽園
A5判・192頁・並装・1429円(税別)・ISBN978-4-88375-097-9
●19世紀末に出現したムーブメント、デカダンス。その特色を紐解きながら、現代におけるデカダンスに迫る! TAIKI×写真:谷敦志、二階健、園子温インタビュー、キジメッカインタビュー、対談:飯沢耕太郎×相馬俊樹、サロメとスフィンクス、ファム・ファタールの世紀末、日本のデカダンス探偵小説など。

No.36 胸ぺったん文化論序説
A5判・208頁・並装・1429円(税別)・ISBN978-4-88375-095-2
●貧乳はステータスか? いや、そこにこそ未来が! 弱さとネオテニー(幼形成熟)の表象としての"胸ぺったん"文化を探る!! 図版構成／イオネスコ・山本タカト・町野好昭等、人形作家対談・埜亞×森馨、こやまけんいちインタビュー、アニメAIR・らき☆すた等、谷崎潤一郎、ユイスマンスほか。ダダカン小特集も。

No.35 変性男子～HENSEI☆DANSHI
A5判・192頁・並装・1429円(税別)・ISBN978-4-88375-093-1
●"オトコ"を脱ぎ捨てれば、もっと自由になれる! 女装や両性具有、ショタを含め、「男らしさ」を脱ぎ捨てた新しい男子像を探る! モデル・J'zK、ドラァグクイーン・ヴィヴィアン佐藤、カウンターテナー・湯澤幸一郎等へのインタビューや、リンゼイ・ケンプ、ぽ～じゅ、女装マンガほか。人形作家・清水真理小特集も。

No.34 奇想ジャパネスク
A5判・192頁・並装・1429円(税別)・ISBN978-4-88375-091-7
●日本は奇想の国だ! 伝統と土着風土から生まれた突拍子もないものたちを特集──舞踏の麿赤兒(大駱駝艦)、ファッションのタクヤ・アンジェル、音楽の母檸檬にそれぞれインタビューしたほか、寺山修司、土方巽、河鍋暁斎、鈴木清順、武智鉄二、裸のラリーズ等をピックアップ。宮西計三インタビューも掲載。

No.32 幻想少女～わ・た・しの国のアリス
A5判・192頁・並装・1429円(税別)・ISBN978-4-88375-087-0
●あなたの心の中には、どんな"アリス"が棲んでいますか? "少女"にさまざまな幻想を込める作家たちを特集! 天野可淡、村田兼一、上田風子、西牧徹、富崎NORI、朝倉景龍やバルテュス論、インタビュー〈辛酸なめこ・真珠子・黒色すみれ〉、アリスをめぐる幻想展、初音ミク萌えな幻想少女など。

No.31 拘禁遊戯～エレガンスな束縛
A5判・192頁・並装・1429円(税別)・ISBN978-4-88375-083-2
●人は拘束によって生きる力を得る!──拘束にまつわる文学・アートなどを一望。三島由紀夫などを撮った細江英公のロングインタビュー、鳥飢実写真＆インタビュー、舞踏家・宮下省吾×縄師・有末剛のサド対談、ピンク・フロイド「ザ・ウォール」論、「ローカル線少女」、マリーナ・アブラモビッチなど。

No.29 特集・アウトサイダー
A5判・208頁・並装・1429円(税別)・ISBN978-4-88375-079-5
●アウトサイドから放たれる、既成概念を突き破る驚きの表現!! アウトサイダー・アートなど障害と表現を考察。近藤良平インタビュー、カンドゥーコ、愛咲なおみ、雫境、「アウトサイダー・アートの境界線を探せ!」等。第2特集:異端の画廊・アートスペース美蕾樹23年の軌跡／飯沢耕太郎ほか。保存版年譜付。

No.28 分身パラダイス
A5判・176頁・並装・1333円(税別)・ISBN4-88375-078-7
●ドッペルゲンガーに双子に球体関節人形……真のあなたに出会う瞬間! 井桁裕子インタビュー「人形と分身」、夢野久作と分身、多重人格探偵サイコ論、アルトーと相ську取る私(前編)、山本竜基展、映画「エコール」小特集、エコール人形:陽月＋写真:吉田良、大野一雄写真展、トレヴァー・ブラウンほか。

No.27 奴隷の詩学～マゾヒズムからメイド喫茶まで
A5判・224頁・並装・1429円(税別)・ISBN4-88375-077-9
●「家畜人ヤプー」の沼正三や、AV女優・監督・漫画家の卯月妙子へのインタビューから、メイド喫茶、Googlezonの話題まで、"しもべ"になることの悦楽や美学を探る。ベルメールや女犬幻想、佳嶋、近藤聡乃、猿轡をめぐる江戸川乱歩論なども。ブルーノ・シュルツの倒錯的絵画論を図版満載で一挙掲載!

トーキングヘッズ叢書（TH series）No.43
秘密のスクールデイズ～学校というフェティッシュ

発行日　2010年8月4日

編集長　鈴木孝（沙月樹京）
編　集　岩田恵／望月学英・徳岡正肇

発行人　鈴木孝
発　行　有限会社アトリエサード
　　　　東京都新宿区高田馬場 1-21-24-301
　　　　〒169-0075
　　　　TEL.03-5272-5037 FAX.03-5272-5038
　　　　http://www.a-third.com/
　　　　th@a-third.com
　　　　振替口座／00160-8-728019

発　売　株式会社書苑新社
印　刷　株式会社厚徳社
定　価　本体 1429 円＋税
ISBN978-4-88375-116-7 C0370 ¥1429E

©2010 ATELIERTHIRD 本書からの無断転載、コピー等を禁じます。

http://www.a-third.com/
ご意見・ご感想をお寄せ下さい。Webで受け付けています。
新刊案内などのメール配信申込もWebで受付中!!

携帯サイトでも、既刊情報・取扱店などを掲載しています。
http://www.a-third.com/th/mobile/

■mixi　http://mixi.jp/view_community.pl?id=230547

■編集長 twitter　https://twitter.com/st_th

AFTERWORD

★奇蹟だ！と書いたのは前号だけど、今号も似た状況で、なんだか毎回奇蹟で……てゆーことは、年に4回も奇蹟を経験しているわけで、これは幸せなことなのか？（そんなことはない）。今号はページ増量、特選品レビューが2本しか載らないという異常事態で文字びっしり。さらに微妙にデザインリニューアル。なんだか最近老眼気味で、小さい字がよく見えなくなってきてて、自分が作っている本の文字が読めないのってどーよ、って感じなので、将来的にTHも大活字本になるのかな。次号は10月末。乞うご期待（S）。
★鶴巻稲荷日記＝デザインリニューアル。内容増量、ここはスペース削減。いいたいことはたくさんあるのですが、詳細は mixi と twitter を…。TH には公式 ID はありません。私はオルフ祝祭合唱団、団員募集ほかいただいた情報と子育て日記を呟き中。以下次号（め）twitter https://twitter.com/mahamayuri

■展覧会や上映・上演等の情報は、編集部あてにお送りください（なるべく発売の1カ月前までに。本誌は1・4・7・10の各月末発売です）。
■巻末の「TH特選品レビュー」では、文学・アート・映画・舞台等のレビューを随時募集しています。1本400字以内で、数本お送り下さい。採用の方には原稿料は出ませんが、掲載誌を差し上げます。内容の良し悪しはもちろん、THの色にあったものかどうかも採否の基準になります。投稿は E-Mail（th@a-third.com）で OK です。
■イラストレーターの応募は、モノクロを中心とした作品をコピーしてお送り下さい。最初のうちは基本的に原稿料は出ませんのでご了承下さい。
■詳しくはホームページもご覧ください。

※応募の際には、本名・筆名・住所・TEL・E-mail・年齢・職業・趣味の傾向等簡単な自己紹介・本書のご感想を必ずお書き添え下さい。
※恐れ入りますが、原則的に採用の方にのみご連絡を差し上げています。ご了承ください。

アトリエサードの出版物の購入のしかた・通信販売のご案内

● TH series（トーキングヘッズ叢書）の取扱書店は、http://www.a-third.com/ へ。定期購読は富士山マガジンサービスにて受付中！（HP右上のリンクからどうぞ）●書店店頭にない場合は、書店へご注文下さい（発売＝書苑新社と指定して下さい）。全国の書店からでもOK）。●ネット書店もご活用下さい。

●アトリエサードのインターネットショップでもご購入できます。
■ http://www.a-third.com/ より、「通信販売」をクリック！●郵便振替／代金引換／C-CHECK で決済可能。

■インターネットをご利用になれない方は、郵便局より郵便振替にて直接ご送金いただいても結構です（送料・消費税の加算は不要！ 連絡欄に希望書名・冊数を明記のこと）。入金の通知が届き次第お送りいたします（お手元に届くまで、だいたい1週間～10日ほどお待ち下さい）。振込口座／00160-8-728019　加入者名／有限会社アトリエサード

■また TEL.03-5272-5037 にお電話いただければ、代金引換での発送も可能です（取扱手数料350円が別途かかります）